JICHU KUAIJIXUE

基础会计学

JICHU KUAIJIXUE

（第二版）

主　编◎戈国莲　江易华

副主编◎刘　云　刘桂芳

首都经济贸易大学出版社

Capital University of Economics and Business Press

·北京·

图书在版编目(CIP)数据

基础会计学/戈国莲,江易华主编. —2 版. —北京:首都经济贸易大学出版社,2013.5

ISBN 978 - 7 - 5638 - 2101 - 3

Ⅰ.①基… Ⅱ.①戈… ②江… Ⅲ.①会计学—高等学校—教材 Ⅳ.①F230

中国版本图书馆 CIP 数据核字(2013)第 067151 号

基础会计学(第二版)
戈国莲 江易华 主编 刘 云 刘桂芳 副主编

出版发行 首都经济贸易大学出版社
地　　址 北京市朝阳区红庙(邮编 100026)
电　　话 (010)65976483 65065761 65071505(传真)
网　　址 http://www.sjmcb.com
E - mail publish@cueb.edu.cn
经　　销 全国新华书店
照　　排 北京砚祥志远激光照排技术有限公司
印　　刷 人民日报印刷厂
开　　本 787 毫米×980 毫米 1/16
字　　数 384 千字
印　　张 21
版　　次 2009 年 5 月第 1 版 **2013 年 5 月第 2 版**
2018 年 9 月总第 7 次印刷
书　　号 ISBN 978 - 7 - 5638 - 2101 - 3/F · 1195
定　　价 39.00 元

前言

经济越发展,会计越重要,这已成为大家的共识。我国加入世界贸易组织后,市场经济不断深入发展,会计作为国际通用的商业语言,其意义和作用越来越重大。著名经济学家、诺贝尔奖得主萨缪尔森曾说:“我们正处在一个科技时代,同时也是一个会计时代,在这个时代里,掌握一些会计知识已成为人们的基本需求。”因此,培养会计意识、学习掌握一定程度的会计知识,不仅有利于个人的更好发展,还将有助于整个社会经济效益的提高和经济秩序的稳定。

2006 年 2 月财政部召开会计准则体系发布会,发布了一项基本会计准则、38 项具体会计准则,并随后发布了新的会计科目和会计报表的规定。这些变化对原有的会计教学和会计工作形成了较大的冲击和挑战。面对准则体系的变化,很多会计教材的内容对问题的分析显得不合时宜。出版一本适合广大相关专业学生以及自学自考者的新会计教材迫在眉睫!

为了满足新环境下会计教学以及学习之需,我们认真研究和探讨了我国会计学的最新发展趋势与动态,根据财政部公布的自 2007 年 1 月 1 日起在上市公司范围内施行的《企业会计准则》的新会计准则体系的内容和最新的会计理论研究成果,在汲取同类教材众家之长的基础上,结合编者多年累积的研究教学经验,编写了这本书。

本书具有内容创新、结构清晰和实务性强的特点。

(1)内容创新。会计内涵与外延是会计理论体系的内在主体,目前国内外会计学界对会计内涵与外延的表述主要有管理工具、艺术、应用技术、信息系统和管理活动五种代表性的观点。本书采用科学抽象法,从会计产生与发展出发,以会计要素运动为主体,科学地表述了会计的内涵与外延,提出了会计要素运动是实物运动、资金运动和会计信息系统的统一。

(2)结构清晰。结构体系是会计的表现形式。本书采用系统分析法和结构

第一章

总　论

【内容简介】

本章主要介绍会计的产生和发展、会计的概念、会计的对象、会计的职能、会计循环的基本前提、会计循环的基本原则以及会计循环的基本方法。

【学习精要】

会计是随着经济的发展逐步产生和发展的,经济越发展,会计越重要。

会计是指以货币为主要计量单位,连续地、全面地、系统地、综合地反映和监督一个单位经济活动的一种经济管理工作。

会计的对象是社会再生产过程中主要以货币表现的经济活动,即企业和行政事业单位中的资金运动。

会计的职能包括进行会计核算、实施会计监督、参与经营决策。

会计循环是有前提条件(又称基本假设)的,包括会计主体、持续经营、会计分期和货币计量。会计循环必须在这些前提条件下进行,没有这些前提条件,会计循环就不能进行。

会计循环过程中遵循了一定的原则,主要有关于会计信息质量、会计确认和计量的原则。

会计循环中采用了一系列的方法:设置账户、复式记账、填制和审核会计凭证、登记账簿、成本计算、财产清查及编制财务报告等。

【重要概念】

会计　反映　监督　会计循环　基本假设　基本方法　会计信息质量

录、计算和反映该单位日常发生的经济业务，并按规定的会计期间正确、及时地编报会计报告。

二、会计基础

《企业会计准则》规定企业应当以权责发生制为基础进行会计确认、计量和报告。

所谓权责发生制，就是按照权利和责任是否发生来确认收入和费用的归属期。由于会计核算是分期进行的，有些收入和费用在相邻的会计期间是相互交错的。例如，前期预付费用后期取得收益，或者前期收益后期付费，前期发送商品后期收回货款，等等。对于这些收益和费用归属期的确定，在会计处理上通常有两种不同的方法：一种是权责发生制（亦称应收应付制）；一种是收付实现制（亦称现收现付制）。按照权责发生制的要求，凡是当期实现的收入和已经发生或应当负担的费用，不论款项是否收付，都应作为本期的收入和费用入账；凡不属于当期的收入和费用，即使款项已在当期收付，也不应作为当期的收入和费用处理。

收付实现制是与权责发生制相对应的一种确认基础，它是以收到或支付现金作为确认收入和费用的依据。收付实现制强调财务状况的切实性，主要适用于行政事业单位；权责发生制强调经营成果的计算，适用于企业。

第六节　会计循环的基本原则

会计循环的基本原则是对会计循环提供信息的标准和质量的要求，是处理具体会计业务的基本依据。本节主要介绍会计循环中与会计信息质量有关的原则和会计要素计量属性及其应用原则。

一、与会计信息质量要求有关的原则

（一）可靠性

可靠性原则要求企业应当以实际发生的交易或事项为依据进行会计确认、计量和报告，如实反映符合确认和计量要求的各项会计要素及其他相关信息，保证会计信息真实可靠、内容完整。会计必须根据审核无误的原始凭证，采用特定的专门方法进行记账、算账、报账，保证所提供的会计信息内容完整、真实可靠。

如果会计核算不是以实际发生的交易或事项为依据，为使用者提供的就是虚假的会计信息，会误导信息使用者，使之作出错误的决策。

（二）相关性

相关性原则要求企业提供的会计信息应当与会计信息使用者的经济决策需要相关，有助于会计信息使用者对企业过去、现在或者未来的情况作出评价或者预测。因此，应采用适当的会计核算方法为有关方面的决策提供有用的信息。

（三）可理解性

可理解性原则要求企业提供的会计信息应当清晰明了，便于会计信息使用者理解和使用。会计信息使用人员只有理解了财务会计报告所提供的会计信息，才能真正实现会计的目标。

（四）可比性

可比性要求有两层含义：对同一企业来说，同一企业不同时期发生的相同或者相似的交易或者事项应当采用一致的会计政策，不得随意变更，确需变更的，应当在附注中说明；对于不同企业来说，不同企业发生的相同或者相似的交易或者事项应采用规定的会计政策，确保会计信息口径一致、相互可比。这一原则规定便于纵向上对同一企业前后各期会计信息进行比较和分析，从而有利于预测企业的未来发展趋势；横向上对同一期间不同企业的会计信息进行相互比较和分析，为有关决策提供可比的信息。

（五）实质重于形式

实质重于形式原则要求企业应当按照交易或事项的经济实质进行确认、计量和报告，不应仅仅以交易或者事项的法律形式为依据。因为在实际生活中，交易或事项的外在法律形式并不总能完全真实地反映其经济实质，在某些情况下，交易或事项的实质可能与外在的法律形式所反映的内容不尽相同。为了使会计信息能更加真实地反映客观的经济生活，就必须依据交易或事项的实质而非外在的法律形式进行核算，即坚持实质重于形式的要求。

（六）重要性

重要性原则要求企业提供的会计信息应当反映与企业财务状况、经营成果和现金流量等有关的所有重要交易或者事项。在进行会计核算时，应当区别交易或事项的重要程度，采用不同的核算方式。对资产、负债、损益等有较大影响，进而影响会计信息使用者据以作出合理判断的重要的交易或事项，必须按规定的会计方法和程序进行处理，并在财务会计报告中予以充分、准确的披露；对于次要的交易事项，在不影响会计信息真实性和不至于误导会计信息使用者的前提下，可适当简化处理，以节省提供会计信息的成本。

（七）谨慎性

谨慎性原则要求企业在对交易或者事项进行会计确认、计量和报告时应当保持应有的谨慎，不应高估资产或者收益、低估负债或者费用。在市场经济环境下，企业的生产经营活动面临许多不确定的因素，企业在进行职业判断时，应保持应有的谨慎，充分估计各种风险和损失。

（八）及时性

及时性原则要求企业对于已经发生的交易或者事项及时进行会计确认、计量和报告，不得提前或者延后。会计信息除了必须保证真实性、可靠性外，还应保证时效性。不及时的信息其有用性也会大打折扣，甚至毫无价值。因此，会计核算中必须做到及时记账、算账、报账。

二、会计要素计量属性及其应用原则

（一）会计要素计量属性

1. 历史成本。在历史成本计量下，资产按照购置时支付的现金或者现金等价物的金额，或者按照购置资产时所付出的对价的公允价值计量；负债按照因承担现时义务而实际收到款项或者资产的金额，或者承担现时义务的合同金额，或者按照日常活动中为偿还负债预期需要支付的现金或者现金等价物的金额计量。

2. 重置成本。在重置成本计量下，资产按照现在购买相同或者相似资产所需支付的现金或者现金等价物的金额计量；负债按照现在偿付该债务所需支付的现金或者现金等价物的金额计量。

3. 可变现净值。在可变现净值计量下，资产按照其正常对外销售所能收到现金或者现金等价物的金额扣减该资产至完工时估计将要发生的成本、估计的销售费用以及相关税费后的金额计量。

4. 现值。在现值计量下，资产按照预计从其持续使用和最终处置中所产生的未来净现值现金流入量的折现金额计量；负债按照预计期限内需要偿还的未来净现金流出量的折现金额计量。

5. 公允价值。在公允价值计量下，资产和负债按照在公平交易中熟悉情况的交易双方自愿进行资产交换或者债务清偿的金额计量。

（二）计量属性的应用原则

企业在对会计要素进行计量时，一般应当采用历史成本。在某些情况下，为了提高会计信息质量、实现财务报告目标，企业会计准则允许采用重置成本、可变现净值、现值、公允价值计量的，应当保证所确定的会计要素金额能够取得并可靠计量，如果这些金额无法取得或者可靠计量，则不允许采用其他计量属性。

第七节　会计循环的基本方法

一、会计方法

会计方法是用来反映和监督会计对象、完成会计任务的手段。

会计方法包括会计循环方法、会计分析方法和会计预测与决策方法等。会计循环是会计的基本环节，会计分析、会计预测与决策等都是在会计循环方法的基础上，利用会计循环资料进行的。本节只阐述会计循环的方法，这是初学会计时必须掌握的基础知识。会计分析方法和会计预测与决策等方法将在以后章节和相关课程中，结合具体业务讲述。

二、会计循环的方法

会计循环的方法是对会计对象（会计要素）进行完整的、连续的、系统的反映和监督所应用的方法，主要包括以下七种。

（一）设置会计科目和账户

设置会计科目是对会计对象的具体内容分类进行核算的方法。所谓会计科目，就是对会计对象的具体内容进行分类核算的项目。设置会计科目就是在设计会计制度时事先规定这些项目，然后根据它们在账簿中开立账户，连续地分类记录各项经济业务，反映由于各经济业务的发生而引起的各会计要素的增减变动情况和结果，为经济管理提供各种类型的会计指标。

（二）复式记账

复式记账是与单式记账相对应的一种记账方法。这种方法的特点是对每一项经济业务都要以相等的金额，同时记入两个或两个以上相互关联的账户。通过账户的对应关系，可以了解有关经济业务内容的来龙去脉；通过账户的平衡关系，可以检查有关业务的记录是否正确。

（三）填制和审核会计凭证

会计凭证是记录经济业务、明确经济责任的书面证明，是登记账簿的依据。填制和审核会计凭证是指任何一项经济业务发生后都必须取得或填制会计凭证，并经过会计机构、会计人员审核。只有经过审核并认为正确无误的会计凭证，才能作为登记账簿的依据。填制和审核会计凭证，不仅可以为经济管理提供真实可靠的数据资料，也是实行会计监督的一个重要方面。

（四）登记账簿

账簿是用来全面、连续、系统地记录各项经济业务的簿籍，是保存会计数据资料的重要工具。登记账簿就是将会计凭证记录的经济业务，序时、分类记入有关簿籍中开立的账户。登记账簿必须以凭证为依据，并定期进行结账、对账，以便为编制会计报表提供完整而又系统的会计数据。

（五）成本计算

成本计算是指在生产经营过程中，按照一定对象归集和分配发生的各种费用支出，以确定该对象的总成本和单位成本的一种专门方法。通过成本计算，可以确定材料的采购成本、产品的生产成本和销售成本，可以反映和监督生产经营过程中发生的各项费用是否节约或超支，并据以确定企业经营盈亏。

（六）财产清查

财产清查是指通过盘点实物、核对账目，保持账实相符的一种方法。通过财产清查，可以查明各项财产物资和货币资金的保管和使用情况以及往来款项的结算情况，监督各项财产物资的安全与合理使用。在清查中如发现财产物资和货币的实存数与账面结存数额不一致，应及时查明原因，通过一定审批手续进行处理，并调整账簿记录，使账面数额与实存数额保持一致，以保证会计核算资料的正确性和真实性。

（七）编制财务报告

财务报告包括财务报表和其他应当在财务报告中披露的相关信息和资料。

财务报表是根据账簿记录定期编制的、总括反映企业和行政事业单位特定时点（月末、季末、年末）和一定时期（月、季、年）财务状况、经营成果以及成本费用等的书面文件。编制财务报表，就是按照会计制度的要求，定期向报表使用者编报各种财务报表。财务报表提供的资料，不仅是分析考核财务成本计划和预算执行情况、编制下期财务成本计划和预算的重要依据，也是进行经济决策和国民经济综合平衡工作的必要的参考资料。

上述各种会计循环方法相互联系、密切配合，构成了一个完整的方法体系。在会计循环方法体系中，就其工作程序和工作过程来说，主要是三个环节：填制和审核会计凭证、登记账簿和编制财务报告。在一个会计期间所发生的经济业务，都通过这三个环节周而复始地进行会计处理，将大量的经济业务转换为系统的会计信息。这个转换过程,就是一般所称的会计循环。其基本内容是:经济业务发生后,经办人员要填制或取得原始凭证,经会计人员审核整理后,按照设置的会计科目,运用复式记账法,编制记账凭证,并据以登记账簿;对生产经营过程中发生的各种费用要进行成本计算,对于账簿记录,要通过财产清查加以核算,在保证账实相符的基础上,根据账簿资料编制财务报告。

在以后各章中,我们将依次介绍这些循环方法的原则及其应用。

复习思考题

1. 会计是怎样产生和发展的?有哪几个阶段?以何为标志?
2. 如何界定会计的概念?
3. 会计对象的一般表述在工业企业中的具体表现是什么?
4. 会计有哪些职能?各职能有哪些特点?各职能之间有什么关系?
5. 会计的根本任务是什么?具体表现为哪些内容?
6. 会计循环有哪些基本前提?其内容如何?
7. 什么是权责发生制?
8. 会计循环有哪些基本原则?其内容如何?
9. 会计循环有哪些基本方法?它们之间的关系如何?

业务操作题

目的:理解会计确认、计量的基础。

资料:下面是某企业7月份发生的经济业务:

1. 2日,销售产品40 000元,货款当日收妥并存入银行。
2. 5日,销售产品60 000元,货款尚未收到。
3. 10日,以银行存款预付本年度7~12月份办公用房租金6 000元。
4. 14日,收到前欠销货款70 000元存入银行。
5. 20日,收到某购货单位预付的购买产品款20 000元存入银行,下月交货。
6. 25日,以银行存款支付销售产品运费2 000元。
7. 30日,结算本月应负担的短期借款利息1 000元,利息于到期一次支付。

要求:分别按权责发生制、收付实现制计算本月的收入和费用。

第二章

设置会计科目和账户

【内容简介】

本章主要介绍会计六要素、会计恒等式、会计科目的设置、账户的结构以及会计科目和账户之间的关系。

【学习精要】

会计要素是对会计核算对象的基本分类，是设定会计报表结构和内容的依据，是进行会计确认和计量的依据。

反映企业财务状况的会计要素包括资产、负债和所有者权益；反映企业经营成果的会计要素包括收入、费用和利润。

会计要素之间不是相互独立的，而是存在一定数量关系。会计要素之间的这种联系可以用会计恒等式表示：

资产 = 负债 + 所有者权益

会计科目是指对会计要素的具体内容进行分类核算的项目。会计科目涵盖了各类企业的各种交易或事项，是以《企业会计准则》中确认、计量的规定为依据制定的。

账户是根据会计科目设置，具有一定格式和结构，用于分类反映会计要素增减变动情况及其结果的载体。

【重要概念】

会计要素　会计恒等式　会计科目　账户

第一节　会计要素

会计要素是对会计对象的具体内容按其经济特征所作的分类。我国《企业会计准则》将企业会计要素划分为资产、负债、所有者权益、收入、费用和利润。

一、资产

（一）资产的定义

资产是指企业过去的交易或者事项形成的，由企业拥有或者控制的，预期会给企业带来经济利益的资源。

拥有或控制一定数量的资产，是企业进行生产经营活动的前提条件。资产的确认要满足三个条件：首先，资产是一种能为企业带来经济利益的经济资源，即通过对它的有效使用能够为企业带来经济利益。其次，资产要由企业拥有或者控制。拥有指企业对其有所有权，控制则指企业已掌握了某项资产的实际未来利益和风险。前者泛指归企业所有的各种财产（可能是有形的，也可能是无形的），后者仅指企业以融资租赁方式租入的固定资产。虽然不拥有所有权，但由于租赁期接近于资产的使用寿命，该资产的全部风险和报酬实质上已经转移给承租方，因此，承租方有权控制该项资产，所以承租方将融资租入的固定资产视为企业自有资产。最后，资产是由企业过去的交易或者事项形成的。例如，企业有购买某商品的意愿或者计划，但是购买行为尚未发生，就不符合资产的定义，不能因此而确认该商品为资产。

（二）资产的确认条件

资产的确认条件有以下两点。

1. 与该资产有关的经济利益很可能流入企业。

2. 该资产的成本或者价值能够可靠地计量。

符合资产定义和资产确认条件的项目，应当列入资产负债表；符合资产定义但不符合资产确认条件的项目，不应当列入资产负债表。

（三）资产的分类

资产有不同的分类方法，比较常见的有按流动性和有无实物形态进行分类。

企业的资产按流动性不同和有无实物形态可以分为流动资产、长期投资、固定资产、无形资产和其他资产。

1. 流动资产。流动资产是指主要为交易目的而持有的，可以在 1 年或者超过 1 年的一个营业周期内变现、出售或耗用的资产，以及交换其他资产或清偿负债的能力不受限制的现金或现金等价物，包括库存现金、银行存款、短期投资、应收及预付账款、库存商品等。

2. 长期投资。长期投资是指不准备在 1 年内变现的投资，包括持有时间准备超过 1 年(不含 1 年)的各种股权性质的投资，不能变现或不准备随时变现的债券、其他长期投资。

3. 固定资产。固定资产是指使用期限超过 1 年的房屋、建筑物、机器、机械、运输工具以及其他与生产、经营有关的设备、器具、工具等。不属于生产经营主要设备的物品，单位价值在 2 000 元以上，并且使用年限超过 2 年的，也应当作为固定资产。

4. 无形资产。无形资产是指企业为生产商品或者提供劳务、出租给他人或为管理目的而持有的、没有实物形态的非货币性长期资产。无形资产主要包括专利权、专利技术、商标权、著作权、土地使用权、商誉等。

5. 其他资产。其他资产是指除上述资产以外的其他资产。比如，企业已经支出但摊销期限在 1 年以上(不含 1 年)的各项费用，包括固定资产大修理支出、租入固定资产的改良支出等长期待摊费用。

综上所述，企业资产的构成如图 2 - 1 所示。

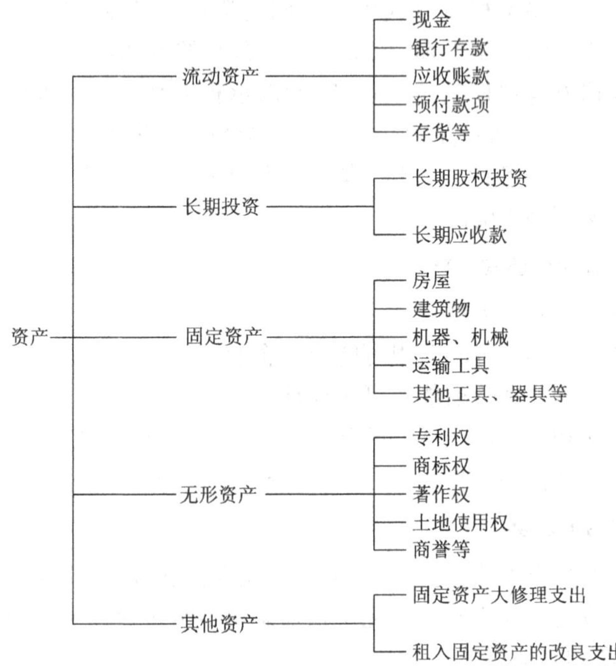

图 2 - 1　资产的构成

二、负债

负债是指企业过去的交易或者事项形成的,预期会导致经济利益流出企业的现时义务。

这个定义说明负债的确认必须满足以下条件:首先,企业的负债只能由过去的交易活动或本期经济业务所形成,且必须于未来某一特定时期予以清偿。其次,负债的清偿必会导致经济利益流出企业。再次,负债是企业现实承担的义务。最后,负债必须有其可用货币额反映的价值量。

负债的清偿又可有多种方式,即以资产偿还或以提供劳务偿还等。总之,负债的形成意味着未来资产的减少、应提供劳动量的增加或者这样的事项将继续延伸下去。

负债按其流动性,实际上是按偿还期限的长短,可以分为流动负债和长期负债。流动负债是指将在 1 年或者超过 1 年的一个营业周期内偿还的负债,包括短期借款、应付票据、应付账款、预收账款、应付职工薪酬、应交税费、应付股利或利润、其他应付款、应付利息等。长期负债是指偿还期限在 1 年或者超过 1 年的一个营业周期以上的债务,包括长期借款、应付债券、长期应付款等。

符合负债定义及确认条件的负债项目,应当列入资产负债表。

三、所有者权益

所有者权益是指企业资产扣除负债后,由所有者享有的剩余权益。公司的所有者权益又称股东权益。

所有者权益来源主要包括所有者投入资本、直接计入所有者权益的利得和损失、留存收益等。所有者投入资本是指所有者投入企业的资本部分,包括股本和股本溢价。直接计入所有者权益的利得和损失,是指不应计入当期损益、会导致所有者权益发生增减变动的、与所有者投入资本或者向所有者分配利润无关的利得或者损失。其中,“利得”是指由企业非日常活动所形成的、会导致所有者权益增加的、与所有者投入资本无关的经济利益的流入,包括直接计入所有者权益的利得和直接计入当期利润的利得。直接计入所有者权益的利得,如可供出售的金融资产的公允价值超过账面的价值等;直接计入当期利润的利得,如处置固定资产的净收益、处置无形资产的净收益和罚款收入等。“损失”是指由企业非日常活动所发生的、会导致所有者权益减少的、与向所有者分配利润无关的经济利益的流出,包括直接计入所有者权益的损失和直接计入当期利润的损失。直接计入所有者权益的损失,如可供出售的金融资产的公允价值低于账面的价值等;直接计入当期利润的损失,如处置固定资产的净损失、处置无形资产的净损失、罚款支出、对外捐赠等。留存收益是企业历年实现的净利润留存于企业的部分,主要包括盈余公积和未分配利润。

所有者权益包括实收资本(或者股本)、资本公积、盈余公积和未分配利润等。

(1)实收资本,是指投资者实际投入企业经营活动的各种财产物资和货币资金,在股份制企业中被称做股本,是企业所有者权益构成的主体,是企业注册成立的基本条件之一,也是企业正常运行所必需的资金和承担民事责任的财力保证。

(2)资本公积,包括资本溢价、外币资本折算差额等。资本公积金可以按照法定的程序转增资本。

(3)盈余公积,是指按照国家有关规定从净利润中提取的公积金和公益金。盈余公积金可以用来弥补亏损和按规定程序转增资本金。

(4)未分配利润,是指企业留于以后年度分配的利润或称待分配利润。

从会计要素的角度来看,负债和所有者权益同为企业资产的取得来源,但负债体现的是债权人对企业资产的索偿权,而所有者权益则是投资人对总资产扣除负债后的剩余的索偿权。因此,所有者权益也常被称为净资产,该项目应当列入资产负债表。

企业负债和所有者权益的构成,如图 2-2 所示。

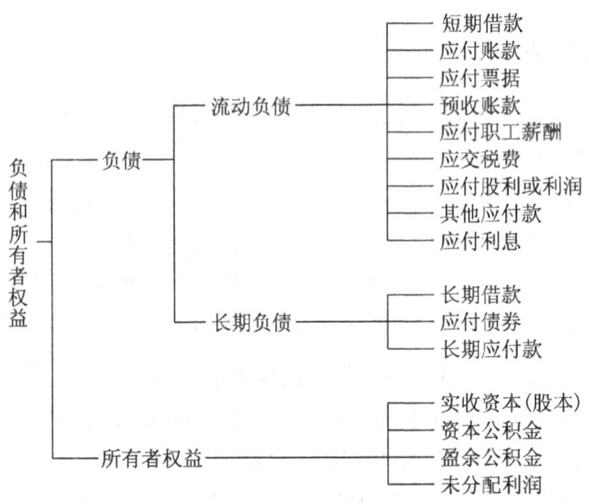

图 2-2 负债和所有者权益的构成

在 1992 年我国《企业会计准则》发布以前,我国会计制度未将负债和所有者权益作为基本的会计要素,而是将两者统一作为“资金来源”对待。发展社会主义市场经济,需要建立相应的资本金制度和明确的产权关系,因而要求将原有的

“资金来源”划分为性质完全不同的负债和所有者权益两个会计要素。

四、收入

收入是指企业在日常活动中形成的、会导致所有者权益增加的、与所有者投入资本无关的经济利益的总流入。

收入有以下特点:收入是在企业日常活动中形成的;收入会导致经济利益的流入,该流入不包括所有者投入的资本;收入最终会导致所有者权益的增加。收入可以有不同的分类方法:按照企业所从事日常活动的性质分为销售商品收入、提供劳务收入、让渡资产使用权收入;按日常活动在企业所处的地位可分为主营业务收入和其他业务收入。

收入项目应当列入利润表。

五、费用

费用是指企业在日常活动中发生的、会导致所有者权益减少的、与向所有者分配利润无关的经济利益的总流出。

按照费用与收入的关系,费用可分为营业成本和期间费用。营业成本是指销售商品或提供劳务的成本,分为主营业务成本和其他业务成本。期间费用包括管理费用、财务费用和销售费用。

费用项目应当列入利润表。

六、利润

利润是指企业在一定会计期间的经营成果,是企业在生产经营过程中各种收入扣除各种费用后的盈余。

利润包括收入减去费用后的净额、直接计入当期利润的利得和损失等。其中,收入减去费用后的净额反映的是企业日常活动的业绩,直接计入当期利润的利得和损失反映的是企业非日常活动的业绩。直接计入当期利润的利得和损失,是指应当计入当期损益的、最终会引起所有者权益发生增减变动的、与所有者投入资本或者向所有者分配利润无关的利得或者损失。

利润按其构成的不同层次可分为营业利润、利润总额和净利润。一般企业实现的利润应按以下渠道进行分配:①按净利润的一定比例提取盈余公积;②向投资者分配利润。按上述渠道进行分配后,如有剩余则为未分配的利润,留待以后年度分配。

利润项目应当计入利润表。

第二节　会计等式

会计要素之间存在着一定数量上的联系。资产、负债和所有者权益反映企业的财务状况,它们的联系是:资产 = 负债 + 所有者权益。这个等式称为会计恒等式。在任何情况下,该等式都不会被破坏,此为静态等式。收入、费用和利润反映企业的经营成果,它们之间的关系是:收入 - 费用 = 利润,此为动态等式。

一、资产、负债和所有者权益(静态)

(一)资产、负债和所有者权益的依存关系

企业的资金来源于所有者投入和债权人投入两类,企业资金的占用形态就形成了企业的资产。而对企业来讲,所有者投入和债权人投入是所有者权益和债权人权益(简称负债),所以,资产与权益(包括所有者权益和债权人权益)必相等。即:

资产 = 权益 = 债权人权益 + 所有者权益 = 负债 + 所有者权益

因此,从一定时期这一相对静止状态来看,资产总额同负债总额和所有者权益总额的合计必然相等。

(二)资产、负债和所有者权益变动的对应平衡关系

通过以上客观事实可知,虽然企业经济业务种类繁多,但是无论何种业务,都不会影响资产与负债、所有者权益的平衡关系。这种平衡关系,一般是通过编制资产负债表反映的,也是编制该表的依据。资产负债表是反映企业在某一特定日期的资产、负债、所有者权益的会计报表,该表左方反映资产,右方反映负债和所有者权益。

【例 2 - 1】某企业 2008 年 1 月初有关资产、负债、所有者权益的资料以资产负债表列示,如表 2 - 1 所示。

表 2 - 1　资产负债表

资　　产	金额(元)	负债及所有者权益	金额(元)
流动资产:		负债:	
库存现金	3 000	短期借款	23 000
银行存款	26 000	应付账款	11 000

续表

资　　产	金额(元)	负债及所有者权益	金额(元)
原材料	42 000	长期借款	7 000
非流动资产:			
长期投资	40 000	所有者权益:	
固定资产	200 000	实收资本	270 000
合　计	311 000	合　计	311 000

由表2－1可以看出,该企业在1月初所拥有的资产总额为311 000元,这些资金表现为库存现金、银行存款、原材料、长期投资、固定资产等几个资产项目;而企业拥有这些资产的来源为短期借款、应付账款、长期借款、实收资本,合计为311 000元,两者相等。

该企业的几项业务具体如下:

(1)用银行存款偿还短期借款3 000元。

该项经济业务引起银行存款(资产)减少3 000元,短期借款(负债)减少3 000元。资产与负债、所有者权益的平衡关系依然不变。具体变动如表2－2所示。

表2－2　资产负债表

资　　产	金　　额	负债及所有者权益	金　　额
库存现金	3 000	短期借款(－3000)	20 000
银行存款(－3000)	23 000	应付账款	11 000
原材料	42 000	长期借款	7 000
长期投资	40 000		
固定资产	200 000	实收资本	270 000
合　计	308 000	合　计	308 000

(2)收到投资者投入资金12 000元。

该项经济业务引起的是银行存款(资产)增加12 000元,实收资本(所有者权益)增加12 000元。资产与所有者权益同时增加。资产与负债、所有者权益的平衡关系依然不变。具体变动如表2－3所示。

表 2-3 资产负债表

资产	金额	负债及所有者权益	金额
库存现金	3 000	短期借款	20 000
银行存款(+12000)	35 000	应付账款	11 000
原材料	42 000	长期借款	7 000
长期投资	40 000		
固定资产	200 000	实收资本(+12 000)	282 000
合计	320 000	合计	320 000

(3)用现金 2 000 元购买原材料，已经付款收货(增值税略，且假设该企业不设“材料采购”账户)。

该项经济业务引起的是库存现金(资产)减少 2 000 元，原材料(资产)增加 2 000 元。资产同时增加、同时减少，一增一减金额相等，不影响资产总额的变化，也不影响负债与所有者权益的变化，资产与负债、所有者权益的平衡关系依然不变。具体变动如表 2-4 所示。

表 2-4 资产负债表

资产	金额	负债及所有者权益	金额
库存现金(-2000)	1 000	短期借款	20 000
银行存款	35 000	应付账款	11 000
原材料(+2000)	44 000	长期借款	7 000
长期投资	40 000		
固定资产	200 000	实收资本	282 000
合计	320 000	合计	320 000

(4)已将短期借款 15 000 元转为长期借款。

该项经济业务引起的是短期借款(负债)减少 15 000 元，长期借款(负债)增加 15 000 元。负债同时增加、同时减少，一增一减金额相等，不影响负债与所有者权益总额的变化，也不影响资产的变化，资产与负债、所有者权益的平衡关系依然不变。具体变动如表 2-5 所示。

表 2-5 资产负债表

资产	金额	负债及所有者权益	金额
库存现金	1 000	短期借款(-15 000)	5 000
银行存款	35 000	应付账款	11 000

续表

资 产	金 额	负债及所有者权益	金 额
原材料	44 000	长期借款(+15 000)	22 000
长期投资	40 000		
固定资产	200 000	实收资本	282 000
合 计	320 000	合 计	320 000

二、收入、费用和利润(动态)

企业经营的目的是为了获取收入,实现盈利。因此,企业的各项资产经过一定时期的营运,将会发生耗费,形成费用;生产出的产品经销售后会获得收入;收支相抵后确认为当期损益。由此分离出收入、费用及利润三项资金运动呈显著变动状态的会计要素。这三者的关系是:

收入 - 费用 = 利润

上述关系,是编制利润表的基础。

由于收入的增加会引起利润的增加(或减少亏损),可以看做所有者权益增加。同理,费用的增加会减少利润(增加亏损),可以视为所有者权益的减少。实际的工作中,在对利润进行结算之前,将收入视同所有者权益的增加处理,而将费用作为一种资产的转化形态;在对利润进行结算时,再将费用作为所有者权益减少处理。所以,企业的各项资产经过一定时期的运营,会计等式仍会保持平衡,会计要素之间的关系表现为下列扩展的会计等式:

资产 + 费用 = 负债 + 所有者权益 + 收入

或

资产 = 负债 + 所有者权益 + 利润(收入 - 费用)

在会计期末,收入减去费用计算出的利润按规定程序进行分配以后,留归企业的部分要转为所有者权益,因此,会计等式又恢复为期初的会计等式,即

资产 = 负债 + 所有者权益

三、会计恒等式变化的规律及类型

任何一项经济业务,都可归为以下八类(如图 2 - 3 所示)。

(1)资产与负债同增。

(2)资产与负债同减。

(3)资产与所有者权益同增。

(4)资产与所有者权益同减。

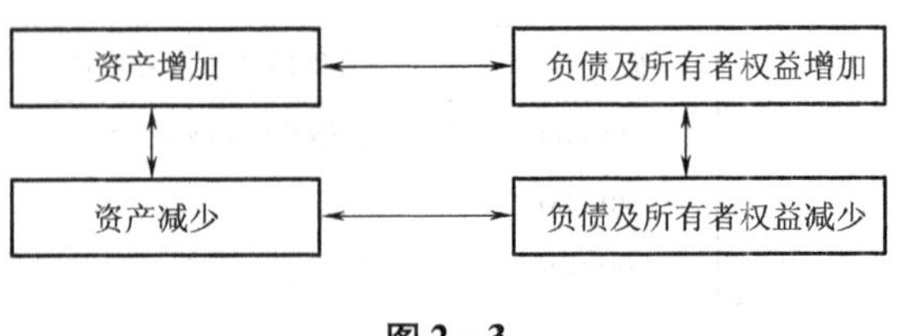

图 2－3

(5)资产相互转化,一增一减。

(6)负债相互转化,一增一减。

(7)所有者权益相互转化,一增一减。

(8)负债与所有者权益相互转化,一增一减。

能够引起资产总额和负债、所有者权益总额变动的是前四种类型的经济业务,而后四种类型的经济业务则不影响资产总额和负债、所有者权益总额。

综上所述,总结如下:

第一,经济业务的发生,涉及资产与负债及所有者权益两个方面变动的,会使双方总额均发生增加或减少的变动,但变动后的双方总额仍然相等。

第二,经济业务的发生,只涉及资产或负债及所有者权益一方变动的,不但不会影响双方总额的平衡,而且各自原来的总额也不会变动。

第三,无论发生任何类型的经济业务,资产总额与负债、所有者权益总额必然保持相等。

资产与权益的恒等关系,是设置会计科目、复式记账和编制会计报表的理论依据。

第三节　会计科目

一、设置会计科目的意义和原则

(一)设置会计科目的意义

会计科目是对会计对象的具体内容进行分类核算的项目。为了全面、系统地反映和监督各项会计要素的增减变动情况,分门别类地为经济管理提供会计信息,就需要设置会计科目。例如:为了反映和监督各项资产的增减变动,设置了“库存现金”、“原材料”、“短期投资”、“固定资产”等科目;为了反映和监督负债及所有者权益的增减变动,设置了“短期借款”、“应付账款”、“长期借款”和“实收资本”、“资本公积”、“盈余公积”等科目;为了反映和监督收入、成本、费用及利润的增减变动,设置了“主营业务收入”、“生产成本”、“销售费用”、“本年利润”和“利润分配”等科目。

在实际工作中,会计科目是通过会计制度设计预先规定的,它是开设账户、处理账务所必须遵守的规则和依据,是正确组织会计核算的一个重要条件。

(二)设置会计科目的原则

设置会计科目应遵循以下原则。

1. 必须结合会计对象的特点,全面反映会计对象的内容。会计科目作为对会计具体内容进行分类核算的项目,其设置应能够全面、系统地反映会计对象的全部内容,不能有任何遗漏。同时,会计科目的设置必须结合会计对象的特点,除各行各业通用的会计科目外,还应根据各行各业会计对象的特点设置相应的会计科目。例如:工业企业的主要经营活动是制造工业产品,因而必须设置反映生产耗费、成本计算和生产成果的会计科目;商品流通企业的基本经营活动是购进和销售商品,因而必须设置反映商品采购、销售以及在购、销、存环节发生的各项费用的会计科目;行政、事业单位则应设置反映经费收支情况的会计科目。

2. 既要满足对外报告的要求,又要符合内部经营管理的需要。前面曾经指出,企业提供的会计信息应当符合政府部门加强宏观调控、制定方针政策的要求;满足投资人、债权人及有关方面对企业经营和财务状况作出准确判断的需要;满足企业内部加强经营管理的需要。因此,在设置会计科目时,要兼顾对外报告信息和企业内部经营管理的需要,并根据需要提供数据的详细程度,分设总分类科目和明细分类科目。总分类科目提供的是总括性指标,这些指标基本上能满足企业外部有关方面的需要;明细分类科目是对总分类科目的进一步分类,它提供的明细核算资料主要为企业内部管理服务。

3. 既要适应经济业务发展的需要,又要保持相对稳定。会计科目的设置要适应社会经济环境的变化和本单位业务发展的需要。例如,随着技术市场的形成和专利法、商标法的实施,为了反映和监督企业拥有的非专利技术、专利权、商标权等无形资产的价值及其变动情况,专门设置了“无形资产”科目。但是,会计科目的设置应保持相对稳定,以便在一定范围内综合汇总和在不同时期对比分析其所提供的核算指标。

4. 做到统一性与灵活性相结合。所谓统一性,是指在设置会计科目时,应根据提供会计信息的要求,对一些主要会计科目及其核算内容进行统一的规定,以保证会计核算指标在同一个部门乃至全国范围内综合汇总和分析利用。所谓灵活性，是指在保证提供统一核算指标的前提下，各单位可以根据本单位的具体情况和经济管理要求，对统一的会计科目作必要的增补或合并。例如，统一规定的会计科目未设“废品损失”和“停工损失”科目，企业如果需要单独核算废品损失和停工损失，可以增设“废品损失”和“停工损失”科目。

5. 会计科目要简明、适用，并要分类、编号。每一个会计科目都应有特定的核算内容，在设置会计科目时，对每一个科目的特定核算内容必须严格、明确地界定。会计科目的名称应与其核算的内容相一致，并要含义明确、通俗易懂。科目的数量和粗细程度应根据企业规模大小、业务的繁简和管理的需要而定。

二、会计科目的内容和级次

会计科目作为一个体系包括科目的内容和科目的级次。科目的内容反映各科目之间的横向联系，科目级次反映科目内部的纵向联系。

（一）会计科目的内容

会计科目的内容是指在设计会计制度时，要规定会计科目反映的经济内容和登记方法，要依据会计要素各组成内容的客观性质划分，并要适应宏观和微观经济管理的需要。

为了便于掌握和运用会计科目，使记账工作正常进行，对会计科目还应进行分类和编号，并编成会计科目表，如表 2－6 所示。

表 2－6 工业企业常用会计科目表

顺序号	编号	会计科目名称	顺序号	编号	会计科目名称
		一、资产类	10	1121	应收票据
1	1001	库存现金	11	1122	应收账款
2	1002	银行存款	12	1123	预付账款
3	1003	存放中央银行款项	13	1131	应收股利
4	1011	存放同业	14	1132	应收利息
5	1012	其他货币资金	15	1201	应收代位追偿款
6	1021	结算备付金	16	1211	应收分保账款
7	1031	存出保证金	17	1212	应收分保合同准备金
8	1101	交易性金融资产	18	1221	其他应收款
9	1111	买入返售金融资产	19	1231	坏账准备

续表

顺序号	编号	会计科目名称	顺序号	编号	会计科目名称
20	1301	贴现资产	49	1541	存出资本保证金
21	1302	拆出资金	50	1601	固定资产
22	1303	贷款	51	1602	累计折旧
23	1304	贷款损失准备	52	1603	固定资产减值准备
24	1311	代理兑付证券	53	1604	在建工程
25	1321	代理业务资产	54	1605	工程物资
26	1401	材料采购	55	1606	固定资产清理
27	1402	在途物资	56	1611	未担保余值
28	1403	原材料	57	1621	生产性生物资产
29	1404	材料成本差异	58	1622	生产性生物资产累计折旧
30	1405	库存商品	59	1623	公益性生物资产
31	1406	发出商品	60	1631	油气资产
32	1407	商品进销差价	61	1632	累计折耗
33	1408	委托加工物资	62	1701	无形资产
34	1411	周转材料	63	1702	累计摊销
35	1421	消耗性生物资产	64	1703	无形资产减值准备
36	1431	贵金属	65	1711	商誉
37	1441	抵债资产	66	1801	长期待摊费用
38	1451	损余物资	67	1811	递延所得税资产
39	1461	融资租赁资产	68	1821	独立账户资产
40	1471	存货跌价准备	69	1901	待处理财产损溢
41	1501	持有至到期投资			二、负债类
42	1502	持有至到期投资减值准备	70	2001	短期借款
43	1503	可供出售金融资产	71	2002	存入保证金
44	1511	长期股权投资	72	2003	拆入资金
45	1512	长期股权投资减值准备	73	2004	向中央银行借款
46	1521	投资性房地产	74	2011	吸收存款
47	1531	长期应收款	75	2012	同业存放
48	1532	未实现融资收益	76	2021	贴现负债

续表

顺序号	编号	会计科目名称	顺序号	编号	会计科目名称
77	2101	交易性金融负债	105	3001	清算资金往来
78	2111	卖出回购金融资产款	106	3002	货币兑换
79	2201	应付票据	107	3101	衍生工具
80	2202	应付账款	108	3201	套期工具
81	2203	预收账款	109	3202	被套期项目
82	2211	应付职工薪酬			四、所有者权益类
83	2221	应交税费	110	4001	实收资本
84	2231	应付利息	111	4002	资本公积
85	2232	应付股利	112	4101	盈余公积
86	2241	其他应付款	113	4102	一般风险准备
87	2251	应付保单红利	114	4103	本年利润
88	2261	应付分保账款	115	4104	利润分配
89	2311	代理买卖证券款	116	4201	库存股
90	2312	代理承销证券款			五、成本类
91	2313	代理兑付证券款	117	5001	生产成本
92	2314	代理业务负债	118	5101	制造费用
93	2401	递延收益	119	5201	劳务成本
94	2501	长期借款	120	5301	研发支出
95	2502	应付债券	121	5401	工程施工
96	2601	未到期责任准备金	122	5402	工程结算
97	2602	保险责任准备金	123	5403	机械作业
98	2611	保户储金			六、损益类
99	2621	独立账户负债	124	6001	主营业务收入
100	2701	长期应付款	125	6011	利息收入
101	2702	未确认融资费用	126	6021	手续费及佣金收入
102	2711	专项应付款	127	6031	保费收入
103	2801	预计负债	128	6041	租赁收入
104	2901	递延所得税负债	129	6051	其他业务收入
		三、共同类	130	6061	汇兑损益

续表

顺序号	编号	会计科目名称	顺序号	编号	会计科目名称
131	6101	公允价值变动损益	144	6511	赔付支出
132	6111	投资收益	145	6521	保单红利支出
133	6201	摊回保险责任准备金	146	6531	退保金
134	6202	摊回赔付支出	147	6541	分出保费
135	6203	摊回分保费用	148	6542	分保费用
136	6301	营业外收入	149	6601	销售费用
137	6401	主营业务成本	150	6602	管理费用
138	6402	其他业务成本	151	6603	财务费用
139	6403	营业税金及附加	152	6604	勘探费用
140	6411	利息支出	153	6701	资产减值损失
141	6421	手续费及佣金支出	154	6711	营业外支出
142	6501	提取未到期责任准备金	155	6801	所得税费用
143	6502	提取保险责任准备金	156	6901	以前年度损益调整

资料来源:《企业会计准则——应用指南》

该科目表是《企业会计准则——应用指南》中所列的全部会计科目,既包含了一般工商企业所使用的会计科目,也包含了证券公司、保险公司以及其他金融企业的会计科目。作为基础会计学,本书只涉及一些最基本的会计科目,其他会计科目将在有关的专业会计中阐述。

(二)会计科目的级次

会计科目的级次要体现提供核算指标的详细程度,即要兼顾各会计信息使用者的需要。一般情况下,会计科目的级次可分为以下两类。

1. 总分类科目。总分类科目是对会计要素具体内容的总括分类,是提供总括性核算指标的科目,如“固定资产”、“原材料”、“实收资本”、“应付账款”等。

2. 明细分类科目。明细分类科目是对总分类科目的内容所作的进一步分类,是提供详细、具体核算指标的科目,如“应付账款”总分类科目下按具体单元分设明细科目,具体反映应付哪个单位的货款。

为了适应经济管理工作的需要,在有的总分类科目下设的明细科目太多时,可在总分类科目与明细分类科目之间增设二级科目(也称子科目)。一般讲,明细科目可分为二、三等级次，即总分类科目统辖下属数个明细科目，或者是统辖下属数个二级科目，再在每个二级科目下设置明细科目。

按我国现行会计制度规定，总分类科目一般由财政部统一制定，在不影响会计核算要求和会计报表指标汇总，以及对外提供统一的会计报表的前提下，各单位可以根据实际情况自行增设，减少或合并某些会计科目。明细分类科目除会计制度规定设置的以外，在不违反统一会计核算要求的前提下，各单位可根据实际需要自行设置。

当然，也不是所有总分类科目都设置明细分类科目，有的总分类科目就不设明细分类科目，如“库存现金”、“银行存款”等。

会计科目按提供指标详细程度的分类如表 2－7 所示。

表 2－7　会计科目按提供指标详细程度的分类

<table>
<tr><th rowspan="2">总分类科目
（一级科目）</th><th colspan="2">明细分类科目</th></tr>
<tr><th>二级科目（子目）</th><th>明细科目（细目）</th></tr>
<tr><td rowspan="2">生产成本</td><td>××车间</td><td>×产品
×产品</td></tr>
<tr><td>××车间</td><td>×产品
×产品</td></tr>
<tr><td>其他应收款</td><td>备用金</td><td>×部门或个人</td></tr>
</table>

第四节　账户及其基本结构

账户是根据会计科目的设置，具有一定格式和结构，用于分类反映会计要素增减变动情况及其结果的载体。也就是说，账户的名称必须与会计科目一致，会计科目规定了账户的核算范围。

一、设置账户的必要性

开设账户的作用在于，它能够经常提供有关会计要素变动情况和变动结果的数据资料。账户的开设也与科目的级次有关，即根据总分类科目开设总分类账户，根据明细分类科目开设明细分类账户。由于总分类账户提供的是总括分类核算指标，因而一般只用货币计量；明细分类账户提供的是明细分类核算指标，因而除用货币量度外，有的还用实物（件、千克、吨等）辅助计量。

会计科目是在对各会计要素内容分类的基础上形成的项目名称，并不能通过其本身把这些内容的数量变动表现出来，因而必须设置账户，对经济业务进行记录，并把这些信息资料加以汇总整理、分析，以全面、完整、系统地反映一定期间的经济活动情况及结果。

二、账户的基本结构

由于每一项经济业务的发生都会引起各项会计要素的增减变动，从数量上看不外乎是增加和减少两种情况。因此，账户结构也相应地分为两个基本部分，划分为左右两方，一方登记增加额，另一方登记减少额。

账户要依附于簿籍开设，亦即账簿。这样，每一个账户的具体表现形式为账页，它们应包括下列内容：

(1)账户的名称（即会计科目）。

(2)日期栏，用以填写记账的具体时期。

(3)凭证号数，用以说明账户记录的资料来源（即登账的依据）。

(4)摘要栏，概括说明经济业务的内容。

(5)金额栏，本期增加或减少的金额及余额。

账户格式如表2－8所示。

表2－8　账户格式

账户名称（会计科目）：　　　　第　页

日　期	凭证号	摘　要	金　额		
			增加	减少	余额

如表2－8所示的账户格式是手工记账经常采用的格式。其金额栏下设左右两方，分别记录增加额和减少额，增减相抵后的差额称为账户的余额。余额按其表示的时间不同，分为期初余额和期末余额。会计期间内增加额、减少额称为发生额。因此，在账户中所记录的金额有期初余额、本期增加发生额、本期减少

发生额和期末余额。

本期增加(减少)发生额是指一定会计期间内账户所登记的增加(减少)金额的合计数。

上期的期末余额就是本期的期初余额,因此,期初余额数字来源于相同账户上期期末余额的结转。

以上四者的关系用公式表示为:

期末余额 = 期初余额 + 本期增加发生额 - 本期减少发生额

为便于说明问题,在教学上常使用简化的账户格式,称为"T"形账户,只保留左右方金额栏,其他略去,将余额写在下面,如图2-4所示。

T形账户的左方(记账符号为"借")、右方(记账符号为"贷")分别用来记录增加金额和减少金额。每个账户的本期增加额和本期减少额都应分别记入该账户左、右金额栏,以便分别计算本期增减发生额和余额。一方记增加额,另一方必记减少额,余额反映在增加的一方。至于账户的左、右两方哪方记增加额、哪方记减少额,取决于所采用的记账方法和所记录的经济业务的内容。

借方	账户名称	贷方

图2-4　简易账户结构

三、账户与会计科目的联系和区别

账户与会计科目是两个既相互联系又有区别的概念。

二者的联系在于:它们都被用来分门别类地反映会计对象的具体内容,两者口径一致,性质相同。会计科目是账户的名称,也是账户设置的依据;而账户则是会计科目的具体运用。

二者的区别在于:会计科目仅仅是账户的名称,不存在结构,它只能表明该科目核算的经济内容;而账户则有一定的格式和结构,可以对会计对象进行连续、系统地记录,以反映该账户所记录经济内容的增减变化及其结果。

由于账户按照会计科目命名,两者完全一致,因而在实际工作中,会计科目和账户常被作为同义词来理解,互相通用,不加区别。

复习思考题

1. 什么是会计要素？各个会计要素的组成内容是什么？

2. 什么是会计等式？如何理解会计等式是设置会计科目、复式记账和编制会计报表等会计核算方法建立的理论依据？

3. 经济业务发生引起的会计要素变化有几种类型？为什么不会影响会计等式的平衡关系？

4. 什么是账户？账户与会计科目是什么关系？

5. 账户的基本结构是什么？四项金额之间的关系怎样？

6. 账户左右两方，哪一方记增加？哪一方记减少？取决于什么？

业务操作题

【练习一】

目的：练习常用会计科目的分类。

资料：

银行存款	实收资本	物资采购
原材料	制造费用	应付账款
应收账款	生产成本	库存商品
主营业务收入	主营业务成本	短期借款
固定资产	累计折旧	库存现金
财务费用	预收账款	预付账款
利润分配	盈余公积	销售费用
管理费用		

要求：请你将上列会计科目分别归于某一类。

【练习二】

目的：练习对会计要素进行分类，并掌握它们之间的关系。

资料：某企业月末各项目余额如下：

1. 银行里的存款 120 000 元。

2. 投资者投入资本 7 000 000 元。

3. 向银行借入两年期的借款 600 000 元。

4. 出纳处存放现金 1 500 元。

5. 向银行借入半年期的借款 500 000 元。

6. 仓库里存放的原材料 519 000 元。

7. 应付外单位货款 80 000 元。

8. 机器设备价值 2 500 000 元。

9. 房屋及建筑物价值 420 000 元。

10. 仓库里存放的产成品 194 000 元。

11. 应收外单位货款 100 000 元。

12. 以前年度尚未分配的利润 750 000 元。

13. 正在加工中的产品 75 500 元。

14. 对外长期投资 5 000 000 元。

要求：

1. 判断上列资料中各项目的类别（资产、负债、所有者权益），并将各项目金额填入表 2－9。

2. 计算表 2－9 内资产总额、负债总额、所有者权益总额，并检验是否符合会计基本等式。

表 2－9

项目	金额		
	资产	负债	所有者权益
合计			

【练习三】

目的：练习会计要素之间的相互关系。

资料：假设某企业 12 月 31 日资产、负债和所有者权益的情况如表 2－10 所示。

表 2－10 金额单位：元

资产	金额	负债及所有者权益	金额
现金	1 000	短期借款	10 000
银行存款	27 000	应付账款	32 000

续表

资　产	金　额	负债及所有者权益	金　额
应收账款	35 000	应交税费	9 000
原材料	52 000	长期借款	B
长期投资	A	实收资本	240 000
固定资产	20 000	资本公积	23 000
合　计	375 000	合　计	C

要求:

1. 计算表中应填的数据为:A ____、B ____、C ____
2. 计算该企业的流动资产总额。
3. 计算该企业的负债总额。
4. 计算该企业的净资产总额。

【练习四】

目的:练习会计恒等式的各构成要素之间的关系。

资料:

1. 甲企业2008年12月31日部分资产、负债及所有者权益资料如表2－11所示。

表2－11　　　　金额单位:元

资　产	金　额	负债及所有者权益	金　额
银行存款	26 800	短期借款	48 000
应收账款	35 000	长期借款	26 000
原材料	22 000	实收资本	260 000
库存商品	20 000	盈余公积	9 800
固定资产	240 000		
总　计	343 800	总　计	343 800

2. 该企业2009年1月发生部分经济业务如下:

(1)销售产品一批,货款28 000元,尚未收到(增值税略)。

(2)结算本月应付行政管理部门职工工资5 000元。

要求:

1. 根据表中资料,计算并列出2008年12月31日的会计等式。

2. 根据表中资料及2009年1月发生的经济业务,计算并列出2009年1月31日扩展的会计等式。

3. 根据表中资料,分别计算2008年12月份流动资产、非流动资产、净资产及存货等项目的金额(列出计算过程)。

4. 计算2009年1月31日流动负债、长期负债的金额。

第三章

复式记账法

【内容简介】

本章主要介绍复式记账法的原理以及借贷记账法的基本内容。

【学习精要】

单式记账法是早期的记账法,复式记账法突破其不完整、不全面地反映内容和账户间缺乏联系的记载的缺点,取代了单式记账法。复式记账法指对发生的每一项经济业务,都以相等的金额、相反的方向,在相互关联的两个或两个以上账户中进行登记的记账方法。

借贷记账法是以“借”和“贷”两字为记账符号的复式记账法。其遵循“有借必有贷,借贷必相等”的原则。通过借贷记账法,可以进行试算平衡。

【重要概念】

复式记账法　借贷记账法　借贷记账法规则　会计分录　试算平衡

第一节　复式记账原理

一、记账方法及其种类

记账方法是在账户中登记经济业务的方法。经济业务的发生会引起各有关会计要素的增减变动,如何将这些经济业务登记在有关的账户中,曾采用过不同

二、借贷记账法的记账符号

借贷记账法是以“借”、“贷”作为记账符号，反映各项会计要素价值量增减变动情况的一种记账方法，是各种复式记账法中应用最广泛的一种方法。

“借”、“贷”两字的含义，最初是从借贷资本家的角度来解释的，即用来表示债权（应收款）和债务（应付款）的增减变动。借贷资本家对于收进的存款，记在贷主的名下，表示债务；对于付出的放款，记在借主的名下，表示债权。这时，“借”、“贷”两字表示债权债务的变化。随着社会经济的发展，经济活动的内容日益复杂，记录的经济业务已不再局限于货币资金的借贷业务，仍以“借”、“贷”两字记录其增减变动情况。这样，“借”、“贷”两字就逐渐失去原来的含义，而转化为纯粹的记账符号。因此，现在讲的“借”、“贷”，已失去原来的字面含义，只作为记账符号使用，用以标明记账的方向。

三、借贷记账法的账户结构

借贷记账法的理论依据是会计要素和会计恒等式关系，其内容必须符合会计要素和会计恒等式的原则。在借贷记账法下，账户的基本结构是：左方为借方，右方为贷方。人们习惯地把一切账户的左方称为“借方”，右方称为“贷方”。在不同的账户中，“借”、“贷”所表示的经济业务的内容是不相同的，至于“借”表示增加还是“贷”表示增加，取决于账户的性质和结构。即借贷记账法下，哪一方登记增加，哪一方登记减少，要根据账户反映的经济内容的性质决定。一般账户格式如表 3－1 所示。

表 3－1　一般账户格式

会计科目：（账户名称）

年		凭证		摘要	借方	贷方	借或贷	余额
月	日	字	号					

为方便教学和说明，可简化账户格式表示（T 形账户），如图 3－2 所示。

借方	会计科目:(账户名称)	贷方

图3-2 简化的账户格式

确定借贷记账法账户的结构,也就是规定账户的借方、贷方所登记的内容及可能存在的账户余额的方向和内容。在借贷记账法下,所有账户的借方和贷方都要按相反的方向记录,即一方登记增加额,另一方登记减少额。

在会计恒等式和资产负债表中,资产列在左边,而负债、所有者权益则列在右边。依照这一惯例,资产的余额应在账户的左边(即借方),而所有者权益、负债的余额则应在账户的右边(即贷方)。所以,资产的增加数应记在账户的借方,而所有者权益、负债的增加数就记在账户的贷方。

(一)资产、负债及所有者权益类账户的结构

按照会计等式建立的资产负债表,资产的项目一般列在左方,负债及所有者权益项目一般列在右方。为了使账户中的记录与资产负债表的结构相一致,各项资产的期初余额,应分别记入各该账户的左方(借方);各项负债及所有者权益的期初余额,应分别记入各该账户的右方(贷方)。这样,在账户中登记经济业务时,资产的增加,应记在与资产期初余额的同一方向,即账户的左方(借方);资产的减少,应记在资产增加的相反方向,即账户的右方(贷方)。同样道理,负债及所有者权益的增加,应记在账户的右方(贷方);负债及所有者权益的减少,应记在账户的左方(借方)。

上述资产类和负债及所有者权益类账户的结构特点见图3-3、图3-4。

借方　　资产类账户　　贷方

借方	贷方
期初余额 本期增加额	本期减少额
本期发生额合计	本期发生额合计
期末余额	

图3-3

借方　　负债及所有者权益　　贷方

借方	贷方
本期减少额	期初余额 本期增加额
本期发生额合计	本期发生额合计
	期末余额

图3-4

【例3－1】某企业3月初“银行存款”账户余额为50 000元，3月4日因购买原材料用银行存款支付50 000；3月6日销售产品一批，收到存款100 000元；3月10日收到应收账款40 000元；3月20日从银行取出现金5 000元。3月份该企业“银行存款”账户余额计算如图3－5所示。

借方	银行存款		贷方
期初余额：	50 000		
本期增加额：	100 000	本期减少额：	50 000
	40 000		5 000
本期发生额合计：	140 000	本期发生额合计：	55 000
期末余额：	85 000		

图3－5

【例3－2】某企业7月初“短期借款”账户余额为10 000元。7月4日向银行借1 000元现金。7月12日以银行存款还款3 000元。“短期借款”账户余额计算如图3－6所示。

借方	短期借款		贷方
		期初余额：	10 000
本期减少额：	3 000	本期增加额：	1 000
本期发生额合计：	3 000	本期发生额合计：	1 000
		期末余额：	8 000

图3－6

（二）成本和费用、收入、利润类账户的结构

成本和费用可理解为资产耗费的转化形态，在抵消收入之前，可以将其看做是一种资产。所以，成本和费用类账户的结构类似资产类账户，增加额记借方，减少额记贷方。期末如有余额应在借方，表示期末尚未结转的成本。

由于收入、利润可理解为所有者权益的增加，所以，收入类和利润类账户的结构类似负债及所有者权益类账户，增加额记在贷方，减少额记在借方。收入或利润结转后，账户一般没有余额，如有余额则表示本期所有者权益的变动额，可能在借方，也可能在贷方。若余额在贷方，表示所有者权益的增加；反之，若余额在借方，则表示所有者权益的减少。

成本和费用、收入、利润类账户结构的特点见图3－7、图3－8。

借方 成本和费用类账户 贷方

本期增加额	本期减少额
本期发生额合计	本期发生额合计

图 3-7

借方 收入、利润类账户 贷方

本期减少额	本期增加额
本期发生额合计	本期发生额合计

图 3-8

为便于初学者掌握,也可将上述四类账户合并为两类:①资产、成本和费用类账户;②负债及所有者权益、收入、利润类账户。这两类账户结构明显不同,突出表现在登记增加、减少和余额的方向正好相反。

其结构如图 3-9 所示。

借方 贷方

资产、费用类增加: 负债、所有者权益、收入类减少:	资产、费用类减少: 负债、所有者权益、收入类增加:

图 3-9

(三) 双重性账户结构

借贷记账法的账户设置比较灵活,除设置上述资产、所有者权益、负债、收入、费用类账户,有时为了简化核算和集中计算,还可以设置具有双重性质的账户,合并在同一个账户内。能够设置双重性质账户是借贷记账法的一大特点。

(四) 借贷记账法账户的基本结构

综合账户结构的分类,可以概括出借贷记账法账户的基本结构:账户分左右两方,左方为借方,右方为贷方;账户借方登记资产、成本和费用增加,负债及所有者权益、收入、利润减少;账户贷方登记负债及所有者权益、收入、利润增加,资产、成本和费用减少;期末如有借方余额,表示期末资产余额;如为贷方余额,表示期末负债及所有者权益余额。

借贷记账法账户基本结构见图 3-10。

借方	账户名称(会计科目) 贷方
期初余额:资产 本期:资产、成本和费用增加额;负债及所有者权益、收入、利润的减少额	期初余额:负债及所有者权益 本期:负债及所有者权益、收入、利润的增加额;资产、成本和费用减少额
期末余额:资产	期末余额:负债及所有者权益

图 3-10

资产、费用、成本类借方账户期末余额 = 借方期初余额 + 借方本期发生额 - 贷方本期发生额

负债及所有者权益、收入、利润类账户期末余额 = 贷方期初余额 + 贷方本期发生额 - 借方本期发生额

注意:对于费用,月末一般结转;对于收入,年末转入所有者权益中。所以图 3-10 中未注明费用和收入的期末余额。

根据上述账户的基本结构,可进行如下概括。

1. 从每一个账户来说,期初余额只可能在账户的一方,或借方或贷方,反映期初资产、负债及所有者权益余额。

2. 如果某一账户借方期初余额和本期借方发生额之和大于贷方本期发生额,则期末余额在借方,反映期末资产余额;反之,如果贷方期初余额和本期贷方发生额之和大于借方发生额,则期末余额在贷方,反映期末负债及所有者权益余额。

3. 如果期初余额和期末余额的方向相同,说明账户登记项目的资产、负债及所有者权益性质未变;如果期初余额在借方,期末余额在贷方,说明该账户登记项目已从期初的资产变为期末的负债及所有者权益,反之亦然。

总结以上几点,我们将账户结构分为两类,主要是便于初学者学习和掌握。但由于会计要素之间往往会相互转化,因而对账户这种分类的理解也不要绝对化。例如,应收账款是资产,如果多收了,多收部分就转化成应退还给对方的款项,变为负债。另外,"应收账款"账户还可以登记预收账款这一负债项目的增减变动,因而期末余额也可能出现在贷方。类似情况在很多账户都存在。也就是说,这些账户实际上都是既反映资产、又反映负债,既反映债权、又反映债务的双重性质账户。期末,应根据账户余额的方向确定其反映的经济业务的性质。因此,学习中应注意对借贷记账法账户基本结构的理解,以便更好地学习和掌握双重性质账户的原理和应用。

四、借贷记账法的记账规则

借贷记账法的记账规则，概括地说就是“有借必有贷，借贷必相等”，适用于任何类型的经济业务。

为了保证账户对应关系的正确性，登账前应先根据经济业务所涉及账户及其借贷方向和金额编制会计分录，据以登账。会计分录，就是标明某项经济业务应借、应贷账户及其金额的记录。

（一）编制会计分录的步骤

编制会计分录，应按以下步骤进行。

1. 一项业务发生后，首先分析这项业务涉及的会计要素是资产、成本和费用，还是负债、所有者权益、收入、利润，是增加，还是减少。

2. 根据第一步分析来确定应记账户的方向是应借还是应贷。

3. 根据会计科目表，确定记入哪个账户的借方或贷方。

4. 检查分录中应借、应贷科目（账户名称）是否正确；检查借贷方金额是否相等，有无错误。

（二）会计分录的种类

会计分录有以下三种。

1. 简单会计分录，指一个账户借方只同另一个账户贷方发生对应关系的会计分录，即一借一贷的会计分录。

2. 复合会计分录，指一个账户借方同几个账户贷方发生对应关系，或一个账户贷方同几个账户借方发生对应关系，即一借多贷或多借一贷，它由若干个简单分录构成。

3. 复杂会计分录，指几个账户借方同几个账户贷方发生对应关系的会计分录，即多借多贷的会计分录。由于这种分录账户之间的对应关系不够清楚，因而一般情况下不使用，但如果来龙去脉清晰也可以采用。

（三）会计分录的格式

会计分录有固定的格式：先写借方账户，后写贷方账户，借贷错开一格或两格。但在记账凭证中编制会计分录，则按不同的凭证格式填列。

【例3－3】用银行存款100 000元归还长期借款。

按上述步骤，经分析这项业务涉及的是资产和负债同时减少；资产减少记贷方，负债减少记借方；反映银行存款和长期借款增减变动的账户是“银行存款”和“长期借款”，据此，编制如下会计分录：

借：长期借款　　　　100 000

月)的全部经济业务的会计分录都记入有关账户后,全部账户的借方和贷方的本期发生额合计数额也必然相等。期末结账后,全部账户借方和贷方期末余额合计数额也必然相等。

(二)试算平衡的优点

从以上所述中,可以看出借贷记账法具有以下优点。

1. 账户对应关系清楚,可以鲜明地反应各种经济活动的来龙去脉。

2. 账户设置适用性强,账户的基本结构为使用既反映资产又反映负债的双重性质账户提供了理解的基础。

3. 依据“有借必有贷,借贷必相等”的记账规则记账,对日常核算记录的汇总和检查十分简便。

(三)试算平衡表

账户余额和发生额试算平衡,一般是在期末结算出各账户的本期发生额和期末余额后进行的。进行试算平衡时,可分别编制“总分类账户余额试算平衡表”和“总分类账户本期发生额试算平衡表”,如表3-2、表3-3、表3-4所示。上述各表是直接根据总分类账期初、期末余额和本期借、贷方发生额编制的。

表3-2　总分类账户余额试算平衡表

会计科目	借方余额	贷方余额
合　计		

表3-3　总分类账户本期发生额试算平衡表

会计科目	借方发生额	贷方发生额
合　计		

表3-4　总分类账户本期发生额和余额试算平衡表

<table>
<tr><td rowspan="2">会计科目</td><td colspan="2">期初余额</td><td colspan="2">本期发生额</td><td colspan="2">期末余额</td></tr>
<tr><td>借方</td><td>贷方</td><td>借方</td><td>贷方</td><td>借方</td><td>贷方</td></tr>
<tr><td></td><td></td><td></td><td></td><td></td><td></td><td></td></tr>
<tr><td>合　计</td><td colspan="2"></td><td colspan="2"></td><td colspan="2"></td></tr>
</table>

下面举例说明，采用借贷记账法如何编制会计分录、登记账户和进行试算平衡。

【例3－9】

1. 某企业总分类账户的月初余额如表3－5所示。根据表中资料开设账户，登记账户的期初余额。

表3－5　　单位：元

资　产	金　额	负债及所有者权益	金　额
银行存款	20 000	短期借款	10 000
原材料	60 000	应付账款	4 600
库存商品	8 200	实收资本	199 600
固定资产	150 000	资本公积	10 000
生产成本	6 000	盈余公积	20 000
合　计	244 200	合　计	244 200

2. 该企业本月发生下列经济业务（增值税略，且假设该企业不设“材料采购”账户）。

(1)用银行存款购买材料3 000元，材料已验收入库。

(2)向银行借入短期借款2 000元，直接偿还应付账款。

(3)用银行存款还短期借款5 000元。

(4)收到投资者追加投资60 000元，存入银行。

(5)本期生产产品领用材料10 000元。

(6)销售产品一批，价款8 000元，款项已收讫并存入银行。

3. 根据上述经济业务编制会计分录。

(1)借：原材料　　3 000
　　贷：银行存款　　3 000

(2)借：应付账款　　2 000
　　贷：短期借款　　2 000

(3)借：短期借款　　5 000
　　贷：银行存款　　5 000

(4)借：银行存款　　60 000
　　贷：实收资本　　60 000

(5)借：生产成本　　10 000
　　贷：原材料　　10 000

(6)借:银行存款　　　　　　　　　　8 000

　　贷:主营业务收入　　　　　　　　　　8 000

4. 根据以上会计分录登记账户,期末结出账户的本期发生额和期末余额,见图 3－11 至图 3－21。

银行存款

期初余额 20 000 (4) 60 000 (6) 8 000	(1)3 000 (3)5 000
本期发生额 68 000	本期发生额 8 000
期末余额 80 000	

图 3－11

固定资产

期初余额 150 000	
本期发生额—	本期发生额—
期末余额 150 000	

图 3－12

原材料

期初余额 60 000 (1) 3 000	(5)10 000
本期发生额 3 000	本期发生额 10 000
期末余额 53 000	

图 3－13

生产成本

期初余额 6 000	(5)10 000
本期发生额 10 000	本期发生额—
期末余额 16 000	

图 3－14

库存商品

期初余额 8 200	
本期发生额 —	本期发生额 —
期末余额 8 200	

图 3－15

短期借款

(3)5 000	期初余额 10 000 (2)2 000
本期发生额 5 000	本期发生额 2 000
	期末余额 7 000

图 3－16

实收资本

	期初余额 199 600 (4)60 000
本期发生额 —	本期发生额 60 000
	期末余额 259 600

图 3－17

应付账款

(2)2 000	期初余额 4 600
本期发生额 2 000	本期发生额—
	期末余额 2 600

图 3－18

资本公积

	期初余额 10 000
本期发生额 —	本期发生额 —
	期末余额 10 000

图 3－19

盈余公积

	期初余额 20 000
本期发生额—	本期发生额—
	期末余额 20 000

图 3－20

主营业务收入

	(6)8 000
本期发生额—	本期发生额—
	期末余额 8 000

图 3－21

5. 根据账户记录进行试算平衡，编制发生额及余额试算平衡表，详见表 3－6。

表 3－6 发生额及余额试算平衡表 单位：元

	期初余额		本期发生额		期末余额	
会计科目	借方	贷方	借方	贷方	借方	贷方
银行存款	20 000		68 000	8 000	80 000	
原材料	60 000		3 000	10 000	53 000	
库存商品	8 200		—	—	8 200	
固定资产	150 000		—	—	150 000	
生产成本	6 000		10 000	—	16 000	
短期借款		10 000	5 000	2 000		7 000
应付账款		4 600	2 000	—		2 600
实收资本		199 600	—	60 000		259 600
资本公积		10 000	—	—		10 000
盈余公积		20 000	—	—		20 000
主营业务收入		—	—	8 000		8 000
合　计	244 200	244 200	88 000	88 000	307 200	307 200

必须指出，试算平衡只是通过借贷合计金额是否平衡来检查账户记录的正

确性。如果借贷不平衡,则可以肯定是账户的记录或计算有错误,如果借贷平衡,一般来说记录基本正确。但是也存在以下情况的错误是无法检查出的,比如某项经济业务在有关账户中全部漏记或重记,对某项经济业务错记了账户,借贷记账方向记反,多记的金额与少记的金额抵消等等。

复习思考题

1. 什么是复式记账法？其与单式记账法相比优点是什么？
2. 什么是借贷记账法？如何理解借贷记账法"借"、"贷"两字的含义？
3. 借贷记账法下账户的结构、记账规则和试算平衡的特点是什么？
4. 什么是会计分录？会计分录有哪几种？
5. 全部账户借贷方发生额合计和余额合计平衡,是否就说明记账没有错误？
6. 为什么《企业会计准则》规定企业的记账方法一律采用借贷记账法？

业务操作题

【练习一】

目的:练习账户本期发生额和期末余额的计算。

资料:某企业2008年12月有关账户的资料如表3－7所示。

表3－7 单位:元

账户名称	期初余额	本期增加发生额	本期减少发生额	期末余额
银行存款		400 000	300 000	220 000
短期借款	50 000		60 000	35 000
固定资产	250 000	80 000		310 000
应付账款		45 000	41 000	5 000
累计折旧	9 000	21 000	0	
实收资本		150 000	0	460 000

要求:

1. 根据以上资料计算每个账户的未知数额并填入表中。
2. 按账户发生额试算平衡法进行试算平衡(列出计算过程)。

【练习二】

目的:练习借贷记账法下编制会计分录、登记账户并编制试算平衡表。

资料:

1. 某企业6月1日有关账户余额如表3－8所示。

表3－8　2008年6月1日科目余额表　　　　单位:元

资　　产	借方余额	贷方余额
固定资产	360 000	
原材料	106 000	
生产成本	142 000	
库存现金	1 000	
应收账款	12 000	
银行存款	38 600	
其他应收款	4 000	
实收资本		330 000
短期借款		112 000
应交税费		88 000
应付账款		133 600

2. 该企业本月发生下列经济业务(增值税略,且假设该企业不设“材料采购”账户)。

(1) 6月2日,国家投资修建厂房一栋,总造价为400 000元,已投入使用。

(2) 6月3日,从银行取得短期借款100 000元,存入银行。

(3) 6月5日,用现金支付办公用品100元。

(4) 6月7日,购入材料60 000元,材料已验收入库,料款未付。

(5) 6月9日,用银行存款20 000元,归还银行短期借款。

(6) 6月11日,开出转账支票一张,偿还上月所欠购货款48 000元。

(7) 6月12日,接银行通知,上月销货款10 000元已入账。

(8) 6月14日,开出现金支票,从银行提取现金1 000元备用。

(9) 6月16日,采购员李某预借差旅费1 200元,用现金支付。

(10) 6月18日,向银行借入短期借款4 500元,直接归还前欠购货款。

(11) 6月22日,用银行存款缴纳税金50 000元。

(12) 6月24日,生产产品领用材料86 000元。

(13) 6 月 30 日,将现金 200 元送存银行。

要求:

1. 根据上述资料开设有关的 T 账户,并登记期初余额。
2. 根据上述资料编制会计分录。
3. 根据会计分录登记账户并结算每个账户的本期发生额和期末余额。
4. 编制试算平衡表。

第四章

借贷记账法的应用

【内容简介】

本章主要介绍借贷记账法在工业企业的应用。

【学习精要】

工业企业的资金运动包括资金投入、资金循环和资金退出，其中资金循环具体环节分为供应过程、生产过程和销售过程。

企业资金的来源主要是投资人投入的资金和向银行及其他金融机构借入的资金两方面。

供应阶段主要的经济业务是用货币资金购买原材料，发生材料买价、运输费、装卸费等材料采购成本，与供应单位发生货款结算关系。

生产阶段主要的经济业务是把原材料投入到生产领域，经过加工生产出产品。在生产过程中发生材料费、人工费、固定资产的折旧费等。

销售阶段主要的经济业务是销售商品、取得货款、发生销售费用、交纳税费等业务，并与购货单位与税务机关发生货款及税务的结算业务。

资金退出是指企业用资金偿还债务、上交税费、向投资者分配利润等。

【重要概念】

资金筹集　采购成本　生产成本　制造费用　累计折旧　销售成本　经营成果　利润分配

第一节　工业企业的主要经济业务

工业企业的生产经营活动过程是以产品生产为主要经济活动的生产准备、产品生产和产品销售过程的统一。为了独立地进行生产经营活动，每个企业都必须拥有一定数量的经营资金，作为从事经营活动的物质基础。这些资金都是从一定的来源渠道获取得的，并在经济活动中被具体运用，表现为不同的占用形态。随着企业生产经营活动的进行，资金的占用形态不断转化，周而复始形成资金的循环和周转。

企业将从各种渠道筹集的资金建造厂房、购买机器设备和各种材料物资，为进行产品生产准备必要的生产资料，这时资金就由货币资金形态转化为固定资金形态和储存资金形态。在产品生产过程中，劳动者借助于劳动资料对劳动对象进行加工，制造出各种为社会所需要的产品。在产品生产过程中发生的各种材料费用、固定资产折旧费用、职工薪酬等生产费用的综合构成了产品成本。这时，资金就从固定资金、储备资金和货币资金形态转化为生产资金形态。随着产品制成和验收入库，资金又从生产资金形态转化为资金形态。在产品销售过程中，企业一方面将产品销售给购买单位，同时要办理结算，收取贷款，通过这一过程，产品的资金形态又转化为货币资金形态。将企业一定期间所取得的全部收入（包括营业收入和营业外收入）与全部费用支出相抵后的差额，即为企业的财务成果（利润或亏损）。如为利润要进行分配；如为亏损还要进行弥补。通过分配，一部分资金退出企业，一部分要重新投入生产周转。在上述企业生产经营过程中，资金筹集和资金退出企业与生产准备、产品生产和产品销售三个过程的首尾相接，构成了工业企业的主要经济业务。

为了全面、连续、系统地反映和监督由上述企业主要经济业务所组成的生产经营活动过程和结果，提供管理上所需要的各种会计信息，企业必须根据各项经济业务的具体内容和管理要求，相应地设置不同的账户，并运用借贷记账法，对各项经济业务的发生进行账务处理。

第二节　资金筹集业务的核算

企业筹集资金的主要渠道有两种：一是投资者投入的资本；二是从债权人处

借入的资金。从企业所有者处筹集的资金,即所有者投资,通常称之为实收资本;从企业债权人处筹集的资金,则属于企业的负债。

一、实收资本的核算

实收资本是指企业实际收到的投资者投入的资本,它是企业所有者权益中的主要部分。企业的资本按照投资主体的不同,分为国家投入资本、法人投入资本、个人投入资本和外商投入资本等;按照投入资本的不同物质形态,分为货币投资、实物投资、证券投资和无形资产投资等。

(一)开设账户

为了反映和监督实收资本的增减变动情况及其结果,应设置“实收资本”账户。账户贷方登记所有者投资的增加额,借方登记所有者投资的减少额,期末余额在贷方,表示期末所有者投资的实有数额。该账户按投资者设置明细账,进行明细分类核算,如图 4-1 所示。

借方　　　实收资本	贷方
投入资本的减少	收到投资者投入的资本
	余额:期末投入资本的实有数额

图 4-1

企业收到的所有者投资应按实际投资数额入账。以货币资金投资的,应按实际收到的款项作为投资者的投资入账;以实物形式投资的,按双方认可的估价数额作为实际投资额入账。企业在生产经营中所取得的收入和收益、所发生的费用和损失,不得直接增减投入资本。

(二)实收资本的总分类核算

【例 4-1】2008 年 12 月 1 日宏达公司收到国家投资 350 000 元,款项存入银行。

这项经济业务的发生,一方面使企业的银行存款增加 350 000 元,另一方面使国家对企业的投资也增加 350 000 元。因此,这项经济业务涉及“银行存款”和“实收资本”两个账户。银行存款增加是资产的增加,应记入“银行存款”的借方;国家对企业投资增加是所有者权益的增加,应记入“实收资本”账户的贷方。这项业务应编制如下会计分录:

借:银行存款　　　　350 000

　　贷:实收资本　　　　350 000

【例4－2】12月2日某企业收到中阳公司作为投资投入的新设备一台，该设备所确认的价值为60 000元。

这项经济业务的发生，一方面使该企业的固定资产增加60 000元，另一方面使中阳公司对企业的投资也增加60 000元。因此，这项经济业务涉及“固定资产”和“实收资本”两个账户。固定资产增加是资产的增加，应记入“固定资产”账户的借方；中阳公司对企业投资的增加是所有者权益的增加，应记入“实收资本”账户的贷方。对这项经济业务应编制如下会计分录：

借：固定资产　　　　60 000

　贷：实收资本　　　　60 000

二、借款的核算

企业在生产经营过程中，为弥补生产周转资金的不足，经常需要向银行或其他金融机构等债权人借入资金，偿还期限在1年以内的各种借款为短期借款，偿还期限在1年以上的各种借款为长期借款。企业借入的各种款项应该按期支付利息和按期归还。

（一）短期借款的核算

短期借款属于企业的流动负债。短期借款的核算包括取得借款、支付借款利息和归还借款三项主要内容。

1. 账户设置。为了反映和监督短期借款的取得、归还和企业遵守信贷纪律的情况，应开设“短期借款”账户。企业取得短期借款，表明流动负债增加，应记入“短期借款”账户贷方；归还借款时，表明流动负债减少，应记入“短期借款”账户借方；期末余额在贷方，表示期末尚未归还的短期借款。该账户应按债权人设置明细账，并按借款种类进行明细分类核算。“短期借款”账户的结构见图4－2。

借方　　　　短期	借款　　　　贷方
归还短期贷款	取得短期借款
	余额：期末尚未归还的短期借款

图4－2

2. 短期借款的总分类核算。

【例4－3】企业12月1日从银行取得借款60 000元，期限为6个月，年利率为6%，利息每季结算一次，所得借款存入银行。

这项经济业务的发生，一方面使银行存款增加60 000元，另一方面使企业的短期借款增加60 000元。因此，这项业务涉及“银行存款”和“短期借款”两个账

户,应编制如下会计分录:

借:银行存款 60 000

贷:短期借款 60 000

企业从银行借入的短期借款所应支付的利息,一般采用按季结算的办法。借款利息支出较大的企业可以采用按月计提的方式计入各月财务费用,按季结算,于季末一次支付。有关借款利息的计算和账务处理,将在本章第六节财务成果核算中具体说明。

(二) 长期借款的核算

1. 开设账户。长期借款是指企业向银行或其他金融机构借入的期限在1年或1年以上的各种借款。长期借款属于企业的长期负债。为了反映和监督长期借款的取得、偿还和借款利息的支付情况,应设置"长期借款"账户。账户贷方登记取得的各种长期借款和应付未付的借款利息,借方登记偿还长期借款的本金和利息,期末余额在贷方,表示期末尚未偿还的长期借款的本金和利息。该账户应按借款单位设置明细账,并按借款种类进行明细核算。该账户的结构见图4-3。

借方	长期借款 贷方
偿还长期借款的本金和利息	(1) 取得长期借款 (2) 应付未付的借款利息
	余额:尚未偿还的长期借款的本金和利息

图4-3

2. 长期借款的总分类核算。

【例4-4】12月5日企业从银行借入期限为3年、年利率为4%的长期借款80 000元,存入银行。

这项经济业务的发生,一方面使企业的银行存款增加了80 000元;另一方面使企业的长期借款增加了80 000元。因此,这项经济业务涉及"银行存款"和"长期借款"两个账户。银行存款增加是资产的增加,应借记"银行存款"账户;长期借款增加是负债的增加,应贷记"长期借款"账户。这项经济业务应编制如下会计分录:

借:银行存款 80 000

贷:长期借款 80 000

经营性的长期借款的利息,应在"财务费用"的账户核算。计算出应付长期借款利息支出时,借记"财务费用"账户,贷记"长期借款"账户。借款到期偿还本金和利息时,借记"长期借款"账户,贷记"银行存款"账户。

第三节　生产准备业务的核算

为了进行产品生产，企业必须建造厂房、建筑物，购置机器设备和进行材料采购。因此，固定资产购建业务和材料采购业务的核算，就构成了生产准备业务核算的主要内容。

一、固定资产购入业务的核算

固定资产，一般是指使用期限在 1 年以上，单位价值较高，能在若干个生产周期中发挥作用，并保持其原有实物形态的劳动资料，包括房屋、建筑物、机器、机械、运输工具、器具等。与其他资产一样，固定资产应按取得时的实际成本（即原始价值）入账。实际成本是指为购建某项固定资产达到可使用状态前所发生的一切合理、必要的支出，包括买价、税费、运输费、包装费和安装费等。

（一）开设账户

为了反映和监督企业固定资产的增减变动和结存情况，应设置“固定资产”账户。该账户借方登记增加固定资产的原始价值，贷方登记减少固定资产的原始价值，期末余额在借方，表示期末结存固定资产的原始价值。“固定资产”账户应按固定资产的种类设置明细账，进行明细分类核算。

“固定资产”账户的结构见图 4－4。

借方　　　　固定资产	贷方
增加固定资产的原始价值	减少固定资产的原始价值
余额：结存固定资产的原始价值	

图 4－4

（二）固定资产购入业务的总分类核算

以机器设备为例，企业购入的机器设备中，有的不需要安装，即可投入生产使用，有的则需要安装、调试后才能投入生产使用。如果购入的是需要安装的机器设备，应将其购进时支付的价款、包装费、运输费和安装费用记入“在建工程”账户的借方，在安装完工交付使用时，再将购进和安装该设备的全部支出，即其原始价值，从“在建工程”账户贷方转入“固定资产”账户的借方。

【例4-5】12月3日,企业购入不需要安装的机器设备一台,买价和税金共18 000元,包装费和运输费360元,全部款项已用银行存款支付。

这项经济业务的发生,一方面使企业的固定资产增加18 360元,另一方面使企业的银行存款减少18 360元。因此,这项经济业务涉及"固定资产"和"银行存款"两个账户。固定资产的增加是资产的增加,应按其原始价值记入"固定资产"账户的借方;银行存款的减少是资产的减少,应按购置该项固定资产的全部支出记入"银行存款"账户的贷方。对这项业务应编制如下会计分录:

借:固定资产　　18 360

　　贷:银行存款　　18 360

【例4-6】12月4日,企业购入需要安装的机器设备一台,买价和税金26 000元,包装费和运输费420元,共计26 420元,全部款项已用银行存款支付。在安装过程中,耗用材料1 200元,耗用人工700元。

购入固定资产的安装工程这项经济业务的发生,一方面使企业的在建工程支出增加28 320元;另一方面使企业银行存款减少26 420元,库存材料减少1 200元,应付工资增加700元。因此,这项经济业务涉及"在建工程"、"银行存款"、"原材料"、"应付职工薪酬"四个账户。为了反映和监督固定资产在安装过程中的这项支出,计算工程的实际成本,应开设"在建工程"账户。在建工程支出的增加是费用的增加,应记入"在建工程"账户的借方;银行存款和库存材料的减少是资产的减少,应记入"银行存款"和"原材料"账户的贷方;应付工资的增加是负债的增加,应记入"应付工资"账户的贷方。这项业务应编制如下会计分录:

(1)将购入固定资产交付安装:

借:在建工程　　26 420

　　贷:银行存款　　26 420

(2)安装过程耗用的材料和人工费用:

借:在建工程　　1 900

　　贷:原材料　　1 200

　　　　应付职工薪酬　　700

【例4-7】12月10日,安装完毕,经验收合格交付使用。

安装完毕,经验收合格交付使用时,应按该项工程的实际成本(即固定资产的原始价值),借记"固定资产"账户,贷记"在建工程"账户。应编制如下会计分录:

借:固定资产　　28 320

　　贷:在建工程　　28 320

二、材料采购业务的核算

企业要进行正常的生产经营活动，就必须购买和储备一定种类和数量的材料。在材料采购过程中，一方面是企业从供应单位购进各种材料物资，另一方面是企业要支付材料的买价、税金和各种采购费用，包括运输费、装卸费和入库前的整理挑选费用等，并与供应单位发生货款结算关系。企业购进的材料，经验收入库后即为可供生产领用的库存材料。材料的买价加上各种采购费用，就构成了材料的采购成本。

（一）开设账户

为了加强对材料采购业务的管理，反映和监督库存材料的增减变动和结存情况，以及因采购材料而与供应单位发生的债务结算关系，核算中应开设以下账户。

1.“在途物资”账户。该账户是资产类账户，是用来反映和监督企业外购材料的买价和采购费用，计算确定材料采购成本和反映采购资金支出情况的账户。账户借方登记应计入购入材料采购成本的买价和采购费用，即不论材料实物是否运达企业和是否验收入库，采购材料的实际支出都要计入该账户的借方；贷方登记已验收入库材料的实际成本，即对已验收入库的外购材料，在确定其采购成本后，按其成本，从“在途物资”账户贷方结转计入“原材料”账户的借方。期末“在途物资”账户如有余额在借方，表示尚未运达企业或已运达企业尚未验收入库的在途材料的实际成本。“在途物资”账户应按材料品种设置明细账，进行明细分类核算。“在途物资”账户的结构见图4－5。

借方　　　　　　　　在途物资	贷方
购入材料的买价和采购费用	已验收入库材料的实际成本
余额：在途材料的实际成本	

图4－5

2.“原材料”账户。该账户是用来反映和监督企业库存各种材料增减变动和结存情况的账户。账户借方登记已验收入库材料的实际成本；贷方登记发出材料的实际成本，期末余额在借方，表示库存材料的实际成本。“原材料”账户应按照材料的保管地点（仓库）、材料的类别、品种和规格设置材料明细账（或材料卡片）进行明细分类核算。“原材料”账户的结构见图4－6。

借方	原材料　　　　　　贷方
入库材料的实际成本	发出材料的实际成本
余额:期末结存材料的实际成本	

图 4 – 6

3.“应付账款”账户。该账户是用来反映和监督企业因采购材料而应付给供应单位的款项增减变动情况的账户。账户贷方登记应付供应单位的款项(买价和代垫运杂费);借方登记已偿还供应单位的款项,余额一般在贷方,表示尚未偿还的应付款项,如为借方余额,表示企业预付的款项。该账户应按供应单位设置明细账进行明细分类核算。“应付账款”账户的结构见图 4 – 7。

借方	应付账款　　　　　　贷方
偿还应付供应单位款项	应付供应单位款项
	余额:尚未偿还的应付款项

图 4 – 7

4.“应付票据”账户。当企业购买材料是采用商业汇票(商业承兑汇票或银行承兑汇票)结算方式来结算供应单位贷款时,应相应地开设“应付票据”账户,用来反映和监督与供应单位结算债务的情况。企业开出承兑汇票时,贷记本账户;偿还应付票据时,借记本账户;期末如有余额在贷方,表示持有的尚未到期的应付票据票面价值。企业应设置“应付票据备查簿”,详细登记每一票据的种类、签发日期、票面金额、收款人、付款日期和金额等资料。应付票据到期付清时,应在备查簿内逐笔注销。“应付票据”账户的结构见图 4 – 8。

借方	应付票据　　　　　　贷方
本期偿付的应付票据款	本期增加的应付票据款
	余额:期末持有的尚未偿付的应付票据款

图 4 – 8

5.“预付账款”账户。该账户是用来反映和监督企业按照购货合同规定预付给供应单位的款项,而与供应单位发生的债权结算业务情况的账户。企业向供应单位预付款项,表明企业的债权增加,应记入“预付账款”账户借方;收到供应单位提供的材料、冲销预付款时,表面上企业的债权减少,应记入“预付账款”账户贷方,补付的款项,借记本账户,退回多付的款项,贷记本账户。期末如有借方余额,表示实际预付而尚未结算的款项;如为贷方余额,表示应付大于预付,应向供应单位补付的款项。该账户应按供应单位设置明细账,进行明细分类核算。“预付账款”账户的结构见图 4 -9。

借方　　　　　　预付账款	贷方
向供应单位预付款项	冲销预付供应单位款项
余额:期末实际预付而尚未结算的款项	

图 4 -9

6.“应交税费”账户。该账户是用来反映和监督企业与税务机关之间有关税金结算情况的账户,账户贷方登记应交纳的各种税费,借方登记实际上交的各种税费,期末余额可能在贷方也可能在借方。如为贷方余额表示应交未交的各种税费,如为借方余额表示多交的税费。该账户应按税种设置明细账,进行明细分类核算,其中,“应交税费——应交增值税”账户是用来反映和监督企业应交和实交增值税结算情况的账户,一般纳税人增值税税率为售价的 17%。企业购买材料时交纳的增值税进项税额记入该账户的借方;企业销售产品时向购买单位收购的销项税额记入该账户的贷方。期末将贷方所记销项税额与借方所记进项税额相抵扣后,如为贷方余额表示企业尚未交纳的增值税税额;如为借方余额,表示企业多交或尚未抵扣的增值税税费。“应交税费”账户的结构见图 4 - 10。

借方　　　　　　应交税费	贷方
实际交纳的各种税费	应交纳的各种税费
余额:多交的税费	余额:未交的税费

图 4 -10

(二)材料采购业务的总分类核算

【例 4 -8】12 月 5 日企业从广源公司购入甲、乙两种材料,材料买价为:

甲材料 40 吨	单价 700 元	合计 28 000 元
乙材料 60 吨	单价 900 元	合计 54 000 元
		合计 82 000 元

购入材料的运杂费 2 600 元,增值税进项税额 13 940 元(82 000 元 ×17%)。上述款项已用银行存款支付,材料已运达企业并已验收入库。

这项经济业务的发生,一方面使材料采购支出增加98 540元,其中材料买价82 000元,运杂费2 600元,增值税进项税额13 940元;另一方面使企业的银行存款减少98 540元。因此,这项经济业务涉及"在途物资"、"应交税费——应交增值税(进项税额)"和"银行存款"三个账户。材料价款(包括买价和运杂费)支出的增加是资产的增加,应记入"在途物资"账户的借方;增值税进项税额的增加是负债的减少,应记入"应交税费——应交增值税(进项税额)"账户的借方;银行存款的减少是资产的减少,应记入"银行存款"账户的贷方。这项业务应编制如下的会计分录:

借:在途物资	84 600	
应交税费——应交增值税(进项税额)	13 940	
贷:银行存款		98 540

【例4-9】12月6日企业从裕丰公司购进丙材料7吨,每吨1 600元,材料的运杂费400元,增值税进项税额1 904元(11 200元×17%)。材料已运达企业并已验收入库。账单、发票已到,但材料价款、税费尚未支付。

这项经济业务的发生,一方面使材料采购支出增加13 504元,其中材料买价和运杂费11 600元,增值税进项税额1 904元;另一方面使应付账款增加13 504元。因此,这项经济业务涉及"在途物资"、"应交税费——应交增值税(进项税额)"和"应付账款"三个账户。材料价款支出应记入"在途物资"账户的借方,增值税进项税额应记入"应交税费——应交增值税(进项税额)"账户的借方,应付账款增加是负债增加,应记入"应付账款"账户贷方。对此项业务应编制如下会计分录:

借:在途物资	11 600	
应交税费——应交增值税(进项税额)	1 904	
贷:应付账款		13 504

【例4-10】12月7日企业从乐华工厂购买丁材料5吨,每吨1 800元,运杂费300元,增值税进项税额1 530元,货款采用商业承兑汇票结算,企业开出并承兑半年期商业承兑汇票一张,但材料尚未运达企业。

这项经济业务的发生,一方面使企业材料采购支出增加10 830元,其中材料买价9 000元,运杂费300元,增值税进项税额1 530元;另一方面使企业的应付票据增加10 830元。因此,这项经济业务涉及"在途物资"、"应交税费——应交增值税(进项税额)"和"应付票据"三个账户。材料采购支出的增加,应记入"在途物资"账户的借方;增值税进项税额应记入"应交税费——应交增值税(进项税额)"账户的借方;应付票据的增加是企业负债的增加,应记入"应付票据"账户的贷方。对这项经济业务应编制如下会计分录：

借：在途物资　　9 300

　应交税费——应交增值税（进项税额）　　1 530

　贷：应付票据　　10 830

【例4－11】12月7日，企业按照购货合同规定以银行存款26 400元，向光华工厂预付材料货款。

这项经济业务的发生，一方面使预付账款增加26 400元；另一方面使企业的银行存款减少26 400元。因此，这项经济业务涉及“预付账款”和“银行存款”两个账户。预付账款增加是企业资产（债权）的增加，应记入“预付账款”账户的借方；银行存款减少是企业资产的减少，应记入“银行存款”账户的贷方。这项业务应编制如下会计分录：

借：预付账款　　26 400

　贷：银行存款　　26 400

【例4－12】12月8日，企业用银行存款偿还前欠裕丰公司的货款13 504元。

这项经济业务的发生，一方面使企业的应付账款减少13 504元；另一方面使企业的银行存款减少13 504元。这项业务涉及“应付账款”和“银行存款”两个账户。应付账款的减少是企业负债的减少，银行存款是企业资产的减少。因此，对这项业务应编制如下会计分录：

借：应付账款　　13 504

　贷：银行存款　　13 504

【例4－13】12月9日，企业收到光华工厂发运来的已预付货款的材料，并验收入库。该批材料的买价27 700元，运杂费500元，增值税进项税额4 709元，应付款项共计32 909元。

这项经济业务的发生，一方面使材料采购支出增加32 909元，其中材料价款28 200元，增值税进项税额4 709元；另一方面使预付款项减少32 909元。因此，这项经济业务涉及“在途物资”、“应交税费——应交增值税（进项税额）”、“预付账款”三个账户。材料采购支出的增加应记入“在途物资”账户的借方，增值税进项税额应记入“应交税费——应交增值税（进项税额）”账户的借方；预付款项的减少是资产（债权）的减少，应记入“预付账款”账户的贷方。

借：在途物资　　28 200

　应交税费——应交增值税（进项税额）　　4 709

　贷：预付账款　　32 909

【例4－14】计算并结转已验收入库材料的实际采购成本。

已验收入库材料的实际采购总成本 = 84 600 + 11 600 + 28 200 = 124 400（元）

尚未运达企业的在途材料实际成本为 9 300 元。

这项经济业务的发生，一方面使库存材料成本增加 124 400 元；另一方面使材料采购过程成本减少 124 400 元。因此，这项经济业务涉及“原材料”和“在途物资”两个账户。入库材料采购成本的增加是资产的增加，应记入“原材料”账户的借方；材料采购过程成本的结转，可视同是资产的减少，应记入“在途物资”账户的贷方。对这项经济业务应编制如下会计分录：

借：原材料　　124 400

　贷：在途物资　　124 400

补充说明：在材料采购业务核算中，如果库存材料的日常核算按实际成本计价时，也可以不设“在途物资”账户，购入材料并验收入库后，按材料价款可以直接借记“原材料”账户，贷记“银行存款”账户或“应付账款”账户。但是，期末如有在途材料，需要单设“在途材料”账户反映。在这种情况下，“原材料”账户的任务加重，它不仅反映库存材料的增减变动和结存情况，还要反映采购资金的支出情况和计算入库材料的采购成本。

（三）材料采购成本的计算

材料采购成本计算是指在材料采购过程中，以所采购的各种材料为对象，归集买价及各种采购费用的支出，确定各种材料总成本和单位成本的一种专门方法。

购入材料的采购成本，一般由买价和采购费用组成。买价是指企业采购材料时，按发票价格支付的货款。采购费用是指企业在采购材料过程中所支付的各项费用，包括材料的运输费、装卸费、保险费、包装费、仓储费、运输途中的合理损耗、入库前的整理挑选费用和按规定应计入成本的税费（如关税）以及其他费用等。为了简化核算，实际工作中对某些本应计入材料采购成本的采购费用，如采购人员的差旅费、市内采购材料的运杂费、专设采购机构的经费等，不计入材料采购成本，而是列做管理费用支出。

材料采购成本的计算，就是将企业采购材料所支付的买价和采购费用，按照购入材料的类别、品种加以归集，计算其采购总成本和单位成本。计算时，上述费用中，凡能分得清是为采购哪种材料所支付的费用，应直接计入该种材料的采购成本；分不清的，如为运输两种或两种以上材料所支付的运输费，应采用合理的分配标准，如按各种材料的重量比例，分配计入各种材料的采购成本。

【例 4 – 15】下面以前述的材料采购总分类核算业务例 4 – 8 的资料，说明材料实际采购成本的计算方法：

企业从广源公司购入的甲、乙两种材料，材料买价可以直接计入甲、乙材料的采购成本，但支付的运杂费2 600元，需要采用一定的标准在两种材料之间进行分配。假定本例按材料重量比例分配，甲材料40吨，乙材料60吨，则：

费用分配率＝2 600÷(40＋60)＝26(元/吨)

甲材料应分配的运杂费＝40×26＝1 040(元)

乙材料应分配的运杂费＝60×26＝1 560(元)

甲、乙材料实际采购成本的计算见表4－1。

表4－1　材料采购成本计算表　　单位：元

材料名称	单位	数量	单价	买价	运输费(分配率:26)	总成本	单位成本
甲	吨	40	700	28 000	1 040	29 040	726
乙	吨	60	900	54 000	1 560	55 560	926
合计	—	100	—	82 000	2 600	84 600	—

结转已验收入库材料的采购成本时，除了根据会计分录，按照入库各种材料的实际采购总成本登记“原材料”账户外，还应根据表4－1中算出的各种材料的实际采购成本，分别登记甲、乙两种材料的明细账，账中既登记入库材料的数量，又登记金额。

第四节　产品生产业务的核算

工业企业的主要经济活动是生产符合社会需要的产品。产品的生产过程同时也是生产的耗费过程。企业要生产产品就会发生生产耗费，包括生产资料中的劳动手段(例如机器设备)和劳动对象(例如原材料)的耗费，以及劳动力等方面的耗费。企业在一定时期内发生的、用货币额表现的生产耗费，称为生产费用。这些费用最终都要归集、分配到一定种类和一定数量产品上，形成各种产品的成本。换言之，企业为生产一定种类、一定数量产品所支出的各种生产费用的总和，就是这些产品的成本。因此，在产品生产过程中费用的发生、归集和分配以及产品成本的形成，构成了产品生产业务核算的主要内容。

一、开设账户

为了反映和监督各项生产费用的发生、归集和分配，正确计算产品的生产成本，应开设以下账户。

（一）“生产成本”账户

“生产成本”账户是用来归集和分配生产费用、计算产品生产成本的账户。账户借方登记应计入产品生产成本的各项费用，包括直接计入产品生产成本的原材料和生产工人工资，以及分配计入产品生产成本的制造费用等；贷方登记结转完工入库产品的生产成本；期末如有余额在借方，表示尚未制造完工的产品（在产品）的成本，从资金占用形态看，就是生产资金的占用额。该账户应按产品品种设置明细账，进行明细分类核算。“生产成本”账户的结构见图4-11。

借方　　　　生产成本	贷方
为生产产品所发生的费用	完工入库产品的生产成本
余额：在产品成本	

图4-11

（二）“制造费用”账户

“制造费用”账户是用来归集和分配企业生产车间为生产产品而发生的各项间接生产费用，包括工资及福利费、折旧费、修理费、办公费、水电费、机物料消耗等。账户借方登记实际发生的各项制造费用，贷方登记转入“生产成本”账户借方并分配计入各种产品成本的制造费用。期末费用结转后账户一般没有余额。该账户应按不同车间设置明细账，进行明细分类核算。“制造费用”账户的结构见图4-12。

借方　　　　制造费用	贷方
本期发生的各种制造费用	转入“生产成本”账户，分配计入各种产品成本的制造费用

图4-12

（三）“应付职工薪酬”账户

“应付职工薪酬”账户是用来核算企业应付职工各种薪酬并反映和监督企业与职工工资、福利结算情况的账户，是指企业为获得职工提供的服务而给予的各种形式的报酬及其他相关支出。新会计准则规定职工薪酬包括以下八个方面：①职工工资、奖金、津贴和补贴。②职工福利费。③医疗保险费、养老保险费、失业保险费、工伤保险费和生育保险费等各类社会保险费用（“五费”）。④住房公积金。⑤工会经费和职工教育经费。⑥非货币性福利。⑦因解除与职工的劳动关系给予的补偿（“辞退福利”）。⑧其他与获得职工提供的服务相关的支出。该账户贷方登记本月结算的应付职工薪酬；同时，应付的薪酬额作为一项费用，按其经济用途分配记入有关的成本、费用账户。账户借方登记本月实际支付的职工薪酬。在计时工资制度下，如果同一月份应付薪酬和实际支付的薪酬都按本月实际出勤日数计算，借贷方金额相等，月末账户无余额；如果计算应付薪酬和实发薪酬所依据的出勤日数不同，即应付薪酬是按本月出勤计算，而实发薪酬工资是按上月出勤计算，由于不同月份的出勤日数往往是不相同的，在这种情况下，月末账户就会有余额。表示应付薪酬与实发薪酬之间的差额。如为贷方余额，表示本月应付薪酬大于实发薪酬的差额，即应付未付的薪酬；如为借方余额，表示本月实发薪酬大于应付薪酬的差额，即为多支付的薪酬。为详细反映职工工资的计算分配与实际支付情况，该账户应设置应付职工薪酬明细账，根据企业具体情况，按职工类别、薪酬总额的组成内容等进行明细核算。企业发生应付职工薪酬的主要账务处理包括生产部门人员的职工薪酬，借记“生产成本”、“制造费用”、“劳务成本”等科目，贷记本科目；应由在建工程、研发支出负担的职工薪酬，借记“在建工程”、“研发支出”等科目，贷记本科目；管理部门人员、销售人员的职工薪酬，借记“管理费用”或“销售费用”科目，贷记本科目。“应付职工薪酬”账户的结构见图 4－13。

借方　　　　应付职工薪酬	贷方
实际支付的薪酬额	应付职工薪酬额
余额：本月实付职工薪酬大于应付职工薪酬的差额	余额：应付未付的薪酬额

图 4－13

（四）“累计折旧”账户

“累计折旧”账户是用来反映和监督企业固定资产累计折旧情况的账户。前面曾讲述，为了反映企业固定资产的增减及其结存情况，核算中开设了“固定资产”账户。固定资产在其较长的使用期限内保持原有实物形态，而其价值却随着固定资产的损耗而逐渐减少，固定资产由于损耗减少的价值称为折旧。固定资产折旧应该作为费用计入产品成本和期间费用，这样做不仅是为了使企业在将来有能力重置固定资产，更主要的是为了实现期间收入与费用的正确配比。

基于固定资产的上述特点，为了使“固定资产”账户能按固定资产的原始价值反映其增减变动和结存情况，并便于计算和反映固定资产的账面净值（折余价值），就需要专门开设一个用来反映固定资产损耗价值（即折旧额）的账户，即“累计折旧”账户。每月计提的固定资产折旧，记入该账户的贷方，表示固定资产因损耗而减少的价值；对于固定资产因出售、报废等原因引起的价值减少，在注销固定资产的原始价值，贷记“固定资产”账户的同时，应借记“累计折旧”账户，注销其已提取的折旧额。“累计折旧”账户期末应为贷方余额，表示现有固定资产累计已提取的折旧额。将“累计折旧”账户的贷方余额抵减“固定资产”账户的借方余额，即可求得固定资产的净值。“累计折旧”账户的结构见图4－14。

借方	累计折旧 贷方
固定资产折旧的减少或注销	固定资产折旧的增加
	余额：现有固定资产的累计折旧

图4－14

该账户只进行总分类核算，不进行明细分类核算。如需要查明某项固定资产已提折旧，可以根据固定资产卡片上记载的资料计算。

（五）“库存商品”账户

“库存商品”账户是用来反映和监督企业库存各种商品实际成本的增减变动及其结存情况的账户。工业企业的库存商品主要是指产成品。产成品是指已经完成全部生产过程并已验收入库，可以作为商品对外销售的产品。“库存商品”账户的借方登记已经完成全部生产过程并已验收入库的产成品的实际成本；贷方登记出库产成品的实际成本，余额在借方，表示库存产成品的实际成本，即成品资金的占用额。该账户应按产成品的种类、品种和规格设置明细账，进行明细分类核算。“产成品”账户的结构见图4－15。

借方	库存商品 贷方
完工入库产成品的实际成本	出库产成品的实际成本
余额：库存产成品的实际成本	

图4－15

二、产品生产业务的总分类核算

假定企业生产A，B两种产品，本月发生下列经济业务。

【例4－16】本月生产车间领用的材料及其用途见表4－2。

表4－2　　单位:元

项　目	甲材料	乙材料	丙材料	合　计
生产产品耗用	44 000	21 000	9 590	74 590
其中:A产品	28 000	13 000	7 860	48 860
B产品	16 000	8 000	1 730	25 730
车间一般消耗	—	620	180	800
合　计	44 000	21 620	9 770	75 390

这项经济业务的发生,一方面使企业库存材料减少75 390元,另一方面使生产费用增加75 390元,其中:直接用于产品生产、应计入产品生产成本的为74 590元,车间一般消耗、应计入制造费用的为800元。因此,这项经济业务涉及"原材料"、"生产成本"和"制造费用"三个账户。库存材料减少是资产的减少,应记入"原材料"账户的贷方;生产费用的增加,应按照其在生产过程中的用途,分别记入"生产成本"和"制造费用"账户的借方。对这项业务应编制如下会计分录:

借:生产成本——A产品　　48 860
　　　　　——B产品　　25 730
　制造费用　　800
　贷:原材料　　75 390

【例4－17】结算本月应付职工工资28 650元,其中生产工人工资24 200元,车间管理人员工资4 450元。

这项经济业务的发生,一方面使企业应付职工工资增加28 650元,另一方面使生产费用增加28 650元。其中:生产工人工资24 200元,应计入产品生产成本;车间管理人员工资4 450元,应计入制造费用。因此,这项经济业务涉及"生产成本"、"制造费用"和"应付职工薪酬"三个账户。生产工人工资作为直接生产费用应记入"生产成本"账户的借方,车间管理人员的工资作为间接生产费用应记入"制造费用"账户的借方;应付工资的增加是企业负债的增加,应记入"应付职工薪酬"账户的贷方。对这项业务应编制如下会计分录:

借:生产成本　　24 200
　制造费用　　4 450
　贷:应付职工薪酬　　28 650

【例4－18】按工资总额的14%提取职工福利费。

生产工人福利费	24 200 × 14% = 3 388（元）
车间管理人员福利费	4 450 × 14% = 623（元）
合　计	4 011 元

由于职工福利费是按照工资总额一定百分比提取的，因此，这项经济业务的发生，与上项工资结算业务相似，同样引起负债和生产费用两方面发生变化，涉及“生产成本”、“制造费用”和“应付职工薪酬”三个账户。生产工人的福利费应记入“生产成本”账户的借方，车间管理人员的福利费应记入“制造费用”账户的借方，提取的福利费应记入“应付职工薪酬”账户的贷方。对这项业务应编制如下会计分录：

借：生产成本　　3 388
　　制造费用　　623
　　贷：应付职工薪酬　　4 011

【例4－19】月末计算本月车间使用的厂房、机器设备等固定资产应计提折旧8 400元。

这项经济业务的发生，一方面使企业固定资产的折旧额增加8 400元，另一方面使企业的制造费用增加8 400元。因此，这项经济业务涉及“累计折旧”和“制造费用”两个账户。固定资产折旧额增加实际上是固定资产价值的减少，应记入“累积折旧”账户的贷方；折旧费用增加应记入“制造费用”账户的借方。对这项业务应编制如下会计分录：

借：制造费用　　8 400
　　贷：累计折旧　　8 400

【例4－20】用银行存款支付生产车间的办公费1 230元、水电费670元共计1 900元。

这项经济业务的发生，一方面使制造费用增加1 900元，另一方面使银行存款减少1 900元，对这项业务应编制如下会计分录：

借：制造费用　　1 900
　　贷：银行存款　　1 900

【例4－21】月末，将本月发生的制造费用总额16 173元转入生产成本。

这项经济业务的发生，一方面使成本增加16 173元，另一方面使制造费用减少16 173元。生产成本的增加是费用的增加，应记入“生产成本”账户的借方；制造费用的减少是费用的结转，应记入“制造费用”账户的贷方。这项业务涉及“生产成本”和“制造费用”两个账户，对这项业务应编制如下会计分录：

借:生产成本　　16 173
　　贷:制造费用　　16 173

三、产品生产成本的计算

产品生产成本计算是产品生产业务核算的主要内容。进行产品生产成本计算,就是将企业生产过程中为制造产品所发生的各种费用,按照所生产产品的品种(即成本计算对象)进行分配和归集,计算各种产品的总成本和单位成本。计算产品生产成本,既为入库产成品提供了计价的依据,也是确定各会计期间盈亏的需要。产品生产成本计算的一般程序如下。

(一)确定成本计算对象

进行成本计算,首先要确定成本计算对象。所谓成本计算对象,就是指生产费用归属的对象,即通常所说的计算什么的成本。例如,要计算各种产品的成本,那么产品品种就是成本计算对象。成本计算对象的确定,是设置产品成本明细账(或称成本计算单)、归集生产费用、正确计算产品成本的前提。不同类型的企业由于生产特点和管理要求不同。成本计算对象也不一样,而不同的成本计算对象又决定了不同成本计算方法的特点。但是,不论采用哪种方法,最终都要按照产品品种计算出产品成本,因而按照产品品种计算成本,是产品成本计算的最基本方法。

(二)按成本项目分配和归集生产费用

计入产品成本的生产费用在生产过程中的用途是不同的。有的直接用于产品生产,如原材料、生产工人工资;有的间接用于产品生产,如制造费用。为了具体地反映产品成本的构成,还应该进一步将计入产品成本的生产费用按其用途划分为若干项目,即产品成本项目,然后将计入产品成本的生产费用按成本项目进行归集,计算产品的生产成本。

工业企业一般设立以下三个成本项目。

1. 原材料。原材料亦称直接材料,是指直接用于产品生产、构成产品实体的原料、主要材料以及有助于产品形成的辅助材料等。

2. 应付职工薪酬。应付职工薪酬亦称为直接人工,是指直接参加产品生产的工人的工资以及按生产工人工资和规定比例计提的职工福利费。

3. 制造费用。制造费用是指生产车间在组织和管理生产过程中发生的,应计入产品成本但没有专设成本项目的各项生产费用,其中大部分是间接用于产品生产的费用,如机物料消耗、辅助工人的工资、车间厂房和建筑物的折旧费以及车间为组织和管理生产所发生的费用。此外,还包括一部分直接用于产品生产,但不便于直接计入产品成本,因而没有专设成本项目的费用,如机器设备的折旧费。至于企业行政管理部门为组织和管理生产经营所发生的管理费,应作为期间费用直接计入当期损益,而不计入产品成本。

产品成本明细账就是按照上述成本项目设置专栏或专行,用来归集应计入各种产品的生产费用。

在以产品品种为成本计算对象的企业或车间,如果只生产一种产品,计算产品成本时,只需为这种产品开设一本明细账,账内按照成本项目设立专栏或专行。在这种情况下,发生的生产费用全部都直接计入费用,可以直接计入产品成本明细账,而不存在各种产品之间分配费用的问题。如果生产的产品不止一种,就应按照产品品种分别开设产品成本明细账。发生的费用中,凡能分得清为哪种产品所消耗的,应根据有关凭证直接计入该种产品成本明细账;凡分不清的,如制造费用或几种产品共同耗用的某种原材料费用、生产工人的计时工资等,则应采取适当的分配方法在各种产品之间进行分配,然后计入各产品成本明细账。

间接计入费用的分配方法有多种,例如应由几种产品共同负担的工人计时工资和制造费用,一般是按各种产品耗用的生产工时(实际工时或定额工时)比例进行分配。

【例 4－22】假设前面举例中的 A,B 产品的生产工时分别为 620 小时和 380 小时,本月生产工人职工薪酬 27 588 元,制造费用 16 173 元。以上费用按产品生产工时比例在 A,B 产品之间进行分配,计算如下:

(1)应付职工薪酬的分配。

计算费用分配率,即每小时应分配费用:

分配率＝(应付职工薪酬)/(生产工时总数)＝

27 588 ÷(620＋380)＝27.59(元/小时)

计算各种产品应分配的应付职工薪酬:

某产品应分配的应付职工薪酬＝某种产品耗用的工时数×分配率

A 产品应分配的应付职工薪酬＝620×27.59＝17 105.8(元)

B 产品应分配的应付职工薪酬＝380×27.59＝10 484.2(元)

(2)制造费用的分配。计算程序同上。

分配率＝16 173 ÷(620＋380)＝16.17(元/小时)

A 产品应分配的制造费用＝620×16.17＝10 025.4(元)

B 产品应分配的制造费用＝380×16.17＝6 144.6(元)

(三)计算产品生产成本

如果月末某种产品全部完工,该种产品成本明细账所归集的费用总额,就是该种完工产品的总成本,除以该种产品的总产量即可计算出该种产品的单位总成本;如果月末某种产品未全部完工,该种产品成本明细账所归集的费用总额,就是该种产品在产品的总成本;如果月末某种产品一部分完工一部分未完工,这时,归集在产品成本明细账中的费用总额,还要采用适当的分配方法在完工产品和在产品之间进行分配,然后才能计算出完工产品的总成本和单位成本。生产费用如何在完工产品和在产品之间进行分配,是成本计算中的一个既重要而又复杂的问题,关于这方面的问题将在成本会计课程中详细讲述。

【例4-23】承上例假定月末A产品全部完工,B产品全部未完工。将前面所述的有关产品生产的各项费用直接计入或分配计入A,B两种产品的成本明细账(见表4-3、表4-4)之后,即可据以计算出A种产品的完工产品成本和B种产品的在产品成本。

表4-3 产品成本明细账 单位:元

产品名称:A产品

项 目	产量(件)	原材料	应付职工薪酬	制造费用	合 计
本月生产费用		48 860	17 104.56	10 025.4	75 989.96
完工产品总成本	50	48 860	17 104.56	10 025.4	75 989.96
完工产品单位成本		977.2	342.09	200.5	1 519.79

表4-4 产品成本明细账 单位:元

产品名称:B产品

项 目	产量(件)	原材料	应付职工薪酬	制造费用	合 计
本月生产费用		25 730	10 483.44	6 144.6	42 357.04
月末在产品成本		25 730	10 483.44	6 144.6	42 357.04

【例4-24】月末,计算并结转已完工入库产品的实际成本75 989.96元。

这项经济业务的发生,一方面使企业库存产成品增加,另一方面由于结转完工入库产品的实际成本而使生产过程中成本减少。因此,涉及"库存商品"和"生产成本"两个账户。库存产成品成本使生产成本减少,应记入"生产成本"账户的贷方,期末如有余额在借方,表示未完工在产品成本。对这项业务应编制如下会计分录:

借:库存商品　　75 989.96

　贷:生产成本　　75 989.96

第五节 产品销售业务的核算

产品销售过程是产品价值的实现过程。在这一过程中,一方面企业要将产品及时地销售给购买单位;另一方面要按照销售价格向购买单位收取货款。这时,企业的经营资金就从成品资金形态转化为货币资金形态,完成了一次资金循环。

在产品销售过程中,企业要确认产品销售收入的实现,与购买单位办理结算,收回货款;结转已销售产品成本;计算和交纳产品销售税金及附加,最后确定产品销售损益。上述各项业务就构成了产品销售业务核算的主要内容。

一、产品销售收入核算

工业企业在销售产品、提供劳务等经营业务中所发生的收入称之为营业收入。由于企业提供的各种产品和劳务,有的属于企业的主要经营范围,有的属于企业附带经营业务,因而与之相联系的营业收入也分为主营业务收入和其他业务收入两类。工业企业销售产品的收入属于主营业务收入(其他业务收入略)。

(一)产品销售收入的确认和调整

进行产品销售收入核算的首要问题就是销售收入实现的确认,主要解决何时入账和按多少金额入账的问题。按照《企业会计制度》规定,企业产品销售收入的确认必须同时符合以下条件:①企业已将商品所有权上的主要风险和报酬转移给了购买方;②企业既没有保留通常与所有权相联系的继续管理权,也没有对已售出的商品实施控制;③与交易相关的经济利益能够流入企业;④相关的收入和成本能够可靠地计量。简言之,企业应当在发出产品、提供劳务,同时收讫价款或者收取价款的凭据时,确认产品销售收入。不同的销售方式下,采用不同的时间标志。例如,采用直接收款方式销售产品,应在产品已经发出,价款或商业汇票等结算凭证已经收到,发票账单和提货单已交给购买方时,确认销售收入的实现;采用托收承付和委托银行收款方式销售产品时,应在产品已经发出,已将发票账单和提货账单等提交银行,并办妥托收手续,取得索取价款凭证后,确认销售收入的实现;采用预收货款方式销售产品,应在产品发出时,确认销售收入的实现;采用分期收款方式销售产品,应以合同约定的收款日期,确认销售收入的实现。

销售产品的收入，应按企业与购买方签订的合同或协议金额确定，如果发生销售退回、销售折让，应作为产品销售收入的抵减项目记账，对已入账的产品销售收入进行数据调整。销售退回是指由于发出产品的品种、规格或质量不符合合同要求，购买方将部分或全部产品退回销售单位。销售折让是指对上述产品不作退回处理，而是在价格上给予购买方某些减让。

(二)开设账户

为了反映和监督企业销售产品和提供劳务所发生的收入，以及因销售产品而与购买单位之间发生的货款结算业务，应设置以下账户。

1."主营业务收入"账户。该账户是用来反映和监督企业销售产品和提供劳务所发生的收入的账户。账户贷方登记企业实现的产品销售收入；借方登记发生销售退回和销售折让时，应冲减本期的产品销售收入和期末转入"本年利润"账户的产品销售收入，结转后该账户应无余额。"主营业务收入"账户应按照产品种类设置明细账，进行明细分类核算。该账户的结构见图4－16。

借方　　主营业务收入	贷方
(1)销售退回和销售折让冲减的产品的销售收入 (2)期末转入"本年利润"账户的产品销售收入	本期发生的产品销售收入

图4－16

2."主营业务成本"账户。该账户是用来反映和监督企业已销售产品、提供劳务等主营业务成本的计算和结转的账户。借方登记从"库存商品"账户结转的本期已销售产品的生产成本；贷方登记期末转入"本年利润"账户的已销售产品的生产成本，结转后该账户应无余额。"主营业务成本"账户应按照产品(或劳务)种类设置明细账，进行明细分类核算。该账户的结构见图4－17。

借方　　主营业务成本	贷方
本期已销售产品的生产成本	期末转入"本年利润"账户的本期已销售产品的生产成本

图4－17

3."其他业务收入"账户。该账户是损益类账户，用来核算除主营业务收入以外的其他销售或其他收入，如材料销售、代购代销、提供劳务等收入。它的贷方登记本期各项其他业务收入的发生数，借方登记期末转入“本年利润”账户的数额，结转后应无余额。该账户的结构见图4－18。

借方　　　　　　其他业务收入	贷方
本期转入“本年利润”的其他业务收入	本期发生的其他业务收入

图4－18

4.“其他业务成本”账户。该账户是损益类账户，用来核算除主营业务成本以外的其他销售或其他业务所发生的支出，包括材料销售、代购代销、提供劳务等而发生的相关成本、费用等。借方登记本期各项其他业务支出的发生数，贷方登记期末转入“本年利润”账户的数额，结转后应无余额。该账户的结构见图4－19。

借方　　　　　　其他业务成本	贷方
本期发生其他业务成本	期末转入“本年利润”账户的本期已发生的其他业务成本

图4－19

5.“营业税金及附加”账户。该账户是用来反映和监督企业日常活动负担的各种税金及附加（如营业税、消费税、城市维护建设税和教育费附加等）的账户。借方登记按照规定标准计算出的应负担的税金和附加；贷方登记期末转入“本年利润”账户的数额。按产品类别设置明细账，进行明细分类核算。“营业税金及附加”账户的结构见图4－20。

借方　　　　　　营业税金及附加	贷方
本期应负担的营业税金及附加	期末转入“本年利润”账户的主营业务税金及附加

图4－20

6.“应收账款”账户。该账户是用来反映和监督企业因销售产品应向购买单位收取账款的结算情况的账户。账户借方登记由于销售产品而发生的应收账款，贷方登记已经收回的应收账款；期末余额一般在借方，表示尚未收回的应收账款，如为贷方余额，表示企业预收的账款。企业代购货单位垫付包装费、运杂费时，借记本账户，贷记“银行存款”账户；收回代垫费用时，作相反的记录。该账户应该按不同的应收账款单位设置明细账，进行明细分类核算。该账户结构见图4－21。

借方	应收账款	贷方
发生的应收账款	收回的应收账款	
余额:尚未收回的应收账款		

图4-21

7."应收票据"账户。企业销售产品,如果购买单位是用商业承兑汇票或银行承兑汇票来结算贷款时,企业应开设"应收票据"账户,用来反映和监督与购买单位开出的商业汇票的结算情况。企业收到购买单位开出的票据,按应收票据的面值借记本账户;收回应收票据,按实际收到的金额,贷记本账户。期末账户如有余额在借方,表示企业持有的期末尚未收回的票据应收款。为了了解每一应收票据的结算情况,企业应设置"应收票据备查簿",逐笔登记每一应收票据的详细资料,应收票据到期结清票款后,应在备查簿内逐笔注销。该账户的结构见图4-22。

借方	应收票据	贷方
本期增加的票据应收款	本期收回的票据应收款	
余额:期末企业持有的尚未收回的票据应收款		

图4-22

8."预收账款"账户。企业有时会发生预收购买单位货款的业务,这时就需要设置"预收账款"账户,用来反映和监督企业按照合同规定计划向购买单位预收货款的发生与偿付情况。发生预收货款,意味着企业负债的增加,应贷记"预收账款"账户;企业用产品或劳务抵偿预收货款时,意味着企业负债的减少,应借记"预收账款"账户,期末余额一般在贷方,表示尚未用产品或劳务偿付的预收账款,如为借方余额,表示应由购买单位补付的款项。该账户应按购买单位设置明细账,进行明细分类核算。账户结构见图4-23。

借方	预收账款	贷方
用产品或劳务偿付的预收款项	发生的预收款项	
	余额:企业向购买单位预收的款项	

图4-23

(三)产品销售收入的总分类核算

假定企业本月发生下列销售业务。

【例4－25】向京海公司销售A产品40件，每件售价2 100元，价款共计84 000元，应向购买单位收取增值税销项税额14 280元，以上款项已通过银行转账收讫。

这项经济业务的发生，一方面使企业银行存款增加98 280元，另一方面使企业的产品销售收入增加84 000元，应交增值税增加14 280元。该经济业务涉及“银行税款”、“主营业务收入”、“应交税费——应交增值税（销项税额）”三个账户。其中，实现的产品销售收入，表明主营业务收入增加，应记入“主营业务收入”账户的贷方。应交增值税的增加属于负债的增加，应记入“应交税费——应交增值税（销项税额）”账户的贷方。对这项业务应编制如下会计分录：

借：银行存款	98 280	
贷：主营业务收入		84 000
应交税费——应交增值税（销项税额）		14 280

【例4－26】收到沪光公司预付购买A产品的货款27 000元，已存入银行。

这项经济业务的发生，一方面使企业银行存款增加27 000元；另一方面使企业预收款项增加27 000元。预收款项的增加是负债的增加，应记入“预收账款”账户的贷方。对这项经济业务应编制如下会计分录：

借：银行存款	27 000	
贷：预收账款		27000

【例4－27】向虹阳公司发出A产品30件，每件售价2 100元，价款共计63 000元，以银行存款支付代垫运费850元，应交增值税销项税额10 710元，但货款及税金尚未收到。

这项经济业务的发生，一方面使企业的应收账款增加74 560元；另一方面使企业产品销售收入增加63 000元，银行存款减少850元，应交增值税增加10 710元。这项经济业务涉及“应收账款”、“主营业务收入”、“应交税费——应交增值税”和“银行存款”四个账户，应编制如下会计分录：

借：应收账款	74 560	
贷：主营业务收入		63 000
应交税费——应交增值税（销项税额）		10 710
银行存款		850

【例4－28】采用商业汇票结算方式向南通公司销售B产品10件，每件售价1 000元，价款共计10 000元，应收增值税销项税额1 700元，收到该公司签发的商业承兑汇票，汇票6个月以后到期。

这项经济业务的发生，一方面使企业的应收票据款增加11 700元；另一方面使企业产品销售收入增加10 000元，应交增值税增加1 700元。该项经济业务涉及“应收票据”、“产品销售收入”、“应交税费——应交增值税”三个账户。其中,应收票据款的增加是企业资产(债权)的增加,应记入“应收票据”账户的借方。对这项业务应编制如下会计分录:

借:应收票据　　11 700
　贷:主营业务收入　　10 000
　　应交税费——应交增值税(销项税额)　　1 700

【例4-29】按合同向预付货款的沪光公司发出A产品15件,每件售价2 100元,价款共计31 500元,应收增值税销项税额5 355元。

这项经济业务的发生,一方面使预收货款减少36 855元(31 500元+5 355元);另一方面使产品销售收入增加31 500元,应交增值税增加5 355元。该经济业务涉及“预收账款”、“主营业务收入”、“应交税费——应交增值税(销项税额)”。其中,预收货款减少是企业负债的减少,应记入“预收账款”账户的借方。对这项业务应编制如下会计分录:

借:预收账款　　36 855
　贷:主营业务收入　　31 500
　　应交税费——应交增值税(销项税额)　　5 355

【例4-30】按照规定计算出本月应负担的消费税、城市维护建设税等税金(教育费附加从略),共计1 914.75元。

这项经济业务的发生,一方面使本月应负担的税金增加1 914.75元;另一方面使企业应交税费增加1 914.75元。因此,这项业务涉及“营业税金及附加”和“应交税费”两个账户。营业税金及附加的增加是费用的增加,应记入“营业税金及附加”账户的借方;应交税金增加是负债的增加,应记入“应交税费”账户的贷方。对这项业务应编制如下业务分录:

借:营业税金及附加　　1 914.75
　贷:应交税费　　1 914.75

【例4-31】期末结转本月已销售产品的生产成本。其中,销售A产品成本每件1 384元,B产品每件800元。

由于本月销售的产品不一定都是本月生产的,而各个月份生产的同一种产品的单位生产成本可能不相同,所以,与确定仓库发出材料的实际成本一样,要计算本月销售产品的生产成本,就必须采用一定的存货计价方法,如先进先出法、加权平均法等。本例假定企业本月销售的A产品有上月生产的,也有本月生产的,单位生产成本采用加权成本法计算,每件为1 384元;本月销售的B产品,均系上月生产,单位生产成本为800元。据此计算本月已销售产品的生产成本见表4-5。

表 4－5　本月已销售产品生产成本计算表　　　　单位:元

产品种类	销售产品数量	单位生产成本	生产成本合计
A	85	1 384	117 640
B	10	800	8 000
合　计	—	—	125 640

结转已销售产品的生产成本,一方面表明已销售产品成本的增加;另一方面表明库存产成品成本的减少。因此,这项经济业务涉及“主营业务成本”和“库存商品”两个账户。产品销售成本增加是费用的增加,应记入“主营业务成本”账户的借方;库存产成品成本的减少是资产的减少,应记入“库存商品”账户的贷方。对这项业务应编制如下会计分录:

借:主营业务成本　　　　125 640
　贷:库存商品　　　　　　125 640

第六节　财务成果业务的核算

工业企业的财务成果,就是通常所说的企业的利润(或亏损),简称损益。进行财务成果核算的一个重要任务,就是正确计算企业在一定会计期间的利润(或亏损)。而正确计算利润(或亏损)的关键在于正确计算同一个会计期间的收入和费用,然后通过收入与费用的配比来确定该会计期间的利润(或亏损)。企业的收入,广义地讲不仅包括营业收入,还包括投资收益和营业外收入;企业的费用,广义地讲不仅包括为取得营业收入而发生的各种耗费,还包括营业外支出和所得税。

因此,企业在一定会计期间的利润(或亏损)是由以下几部分构成的:

(1)营业利润。

营业利润＝营业收入－营业成本－营业税金及附加－销售费用－管理费用－财务费用－资产减值损失＋公允价值变动收益(－公允价值变动损失)＋投资收益(－投资损失)

其中:营业收入是指企业经营业务所确认的收入总额,包括主营业务收入和其他业务收入;营业成本是指企业经营业务所发生的实际成本总额,包括主营业务成本和其他业务成本;资产减值损失是指企业计提各种资产减值准备形成的损失;公允价值变动收益(或损失)是指企业交易性金融资产等公允价值变动形式的应计入当期投益的收益(或损失);投资收益(或损失)是指企业以各种方法对外投资所取得的收益(或发生的损失)。

(2)利润总额。

利润总额 = 营业利润 + 营业外收入 - 营业外支出

其中:营业外收入是指企业发生的与日常活动无直接关系的各项利得;营业外支出是指企业发生的与其日常活动无直接关系的各项损失。

(3)净利润。

净利润 = 利润总额 - 所得税费用

其中,所得税费用是指企业确认的应从当期利润总额中扣除的所得税费用。

因此,确定企业实现的净利润和对净利润进行分配,构成了财务成果业务核算的主要内容。

一、利润实现的核算

(一) 设置的主要账户

1.“销售费用”账户。该账户是损益类账户,用来核算企业在产品销售过程中所发生的各种费用,包括运输费、装卸费、包装费、保险费、展览费、广告费和为销售本企业产品而专设的销售机构(含销售网点、售后服务网点)的职工薪酬、业务费等经营费用。它的借方登记月内发生的各种销售费用,贷方登记期末转入“本年利润”账户的数额,结转后应无余额。该账户按费用项目设置明细分类账,进行明细分类核算。该账户的结构见图 4 - 24。

借方　　　　　销售费用	贷方
本期所发生的各种销售费用	期末转入“本年利润”账户的销售费用

图 4 - 24

2.“管理费用”账户。管理费用是指企业行政管理部门为组织和管理生产经营活动而发生的各项费用,包括企业董事会和行政管理部门在企业的经营管理中发生的或者应由企业统一负担的公司经费(包括行政管理部门职工工资及福利费、修理费、机物料消耗、低值易耗品、办公费和差旅费等)、工会经费、待业保险费、劳动保险费、董事会费(包括董事会成员津贴、会议费和差旅费等),聘请中介机构费、咨询费(含顾问费)、审计费、诉讼费、业务招待费、房产税、车船使用税、土地使用税、印花税、技术转让费、矿产资源补偿费、无形资产摊销、职工教育经费、研究与开发费、排污费、存货盘亏或盘盈(不包括应计入营业外支出的存货损失)、计提的折旧费、坏账损失和存货跌价准备等。本账户借方登记发生的各项管理费用;贷方登记本期发生的应冲减管理费用数和期末转入“本年利润”账户的管理费用,结转后该账户应无余额。该账户应按费用项目设置明细账,进行明细分类核算。“管理费用”账户的结构见图4-25。

借方　　　　管理费用	贷方
本期发生的各项管理业费用	(1)本期发生的应冲减管理费用数 (2)期末转入“本年利润”账户的管理费用

图4-25

3.“财务费用”账户。财务费用是指企业为筹集生产经营所需资金而发生的各项费用,包括银行借款利息支出(减存款的利息收入)、汇兑损失(减汇兑收益)以及相关的手续费等。为筹集购建固定资产的专门借款所发生的借款费用,在固定资产达到预定可使用状态前按规定应予资本化的部分,不包括在本账户的核算范围内。本账户借方登记本期发生的各项财务费用,如利息支出等;贷方登记本期发生的利息收入和期末转入“本年利润”账户的财务费用,结转后该账户应无余额。该账户应按费用项目设置明细账,进行明细分类核算。“财务费用”账户结构见图4-26。

借方　　　　财务费用	贷方
本期发生的各项财务费用	(1)本期发生的应冲减财务费用数 (2)期末转入“本年利润”账户的财务费用

图4-26

销售费用、管理费用和财务费用因与产品制造没有直接联系,因而不计入产品生产成本,而是作为期间费用直接计入当期损益。

4.“营业外收入”账户。该账户贷方登记发生的各项营业外收入;借方登记期末转入“本年利润”账户的营业外收入,结转后该账户应无余额。该账户应按收入项目设置明细账,进行明细分类核算。该账户主要包括非流动资产处置利得、非货币性资产交换利得、债务重组利得、政府补助、盘盈利得、捐赠利得等。“营业外收入”账户的结构见图4-27。

借方　　　　营业外收入	贷方
期末转入“本年利润”账户的营业外收入	发生的各项营业外收入

图4-27

5.“营业外支出”账户。该账户借方登记发生的各项营业外支出；贷方登记期末转入“本年利润”账户的营业外支出，结转后该账户应无余额。“营业外支出”账户按费用项目设置明细账，进行明细分类核算。该账户主要包括非流动资产处置损失、非货币性资产交换损失、债务重组损失、公益性捐赠支出、非常损失、盘亏损失等。“营业外支出”账户的结构见图4－28。

借方　　　　营业外支出	贷方
发生的各项营业外支出	期末转入“本年利润”账户的营业外支出

图4－28

6.“所得税费用”账户。所得税是企业依照国家税法的规定，对企业某一经营年度的所得，按照规定的税率计算交纳的税款。企业所得税通常是按年计算分期预交的。企业所得税是指企业应计入当期损益的所得税费用，是企业的一项费用支出，因此，应在净利润前扣除。

按年计算的企业所得税基本公式为：

企业所得税＝应纳税所得额×适用税率

为了反映和监督企业按规定从本期损益中扣除的所得税，应开设“所得税费用”账户。其借方登记企业应计入本期损益的所得税额；贷方登记期末转入“本年利润”账户的所得税额，结转后该账户应无余额。“所得税费用”账户的结构见图4－29。

借方　　　　所得税费用	贷方
应记入本期损益的所得税额	期末转入“本年利润”账户的所得税额

图4－29

7.“本年利润”账户。为了反映和监督企业本年实现的净利润或发生的净亏损，应开设“本年利润”账户。账户贷方登记从各收入账户转入的本期发生的各种收入；借方登记从各费用账户转入的本期发生的各种费用。将收入与费用相抵后，如收入大于费用，即为贷方余额，表示本期实现的净利润；如费用大于收入，即为借方余额，表示本期发生的净亏损。在年度中间，该账户的余额保留在本账户，不予转账，表示截至本期本年度累计实现的净利润或发生的净亏损。年末，应将该账户余额转入“利润分配”账户，结转后该账户应无余额。“本年利润”账户的结构见图4－30 。

<table>
<tr><th>借方</th><th>本年利润　　　　　　　　　　贷方</th></tr>
<tr><td>从有关费用账户中转入的
(1) 主营业务成本
(2) 其他业务成本
(3) 营业税金及附加
(4) 销售费用
(5) 管理费用
(6) 财务费用
(7) 营业外支出
(8) 所得税费用</td><td>从有关收入账户转入的
(1) 主营业务收入
(2) 其他业务收入
(3) 营业外收入</td></tr>
<tr><td>余额:累计发生的净亏损</td><td>余额:累计实现的净利润</td></tr>
</table>

图 4-30

(二) 利润实现的总分类核算

【例 4-32】用银行存款支付产品销售过程中发生的运输费和装卸费 1 000 元。

这项经济业务的发生,一方面使企业的银行存款减少 1 000 元;另一方面使企业的销售费用增加 1 000 元。销售费用的增加应记入"销售费用"账户的借方。涉及"销售费用"与"银行存款"两个账户。对这项经济业务编制如下会计分录:

借:销售费用　　　　1 000
　　贷:银行存款　　　　1 000

【例 4-33】用银行存款支付本月行政管理部门的办公费 500 元。

这项经济业务的发生,一方面使企业的管理费用支出增加 500 元;另一方面使企业的银行存款减少 500 元。涉及"管理费用"和"银行存款"两个账户,应编制如下会计分录:

借:管理费用　　　　500
　　贷:银行存款　　　　500

【例 4-34】计提应由本月负担的短期借款利息 400 元(60 000 元×8%×1/12)。

这项经济业务的发生,一方面使企业的财务费用增加 400 元;另一方面使企业应付利息增加 400 元。财务费用增加是费用的增加,应记入"财务费用"账户的借方;应付利息增加是负债的增加,应记入"应付利息"账户的贷方。对这项业务应编制如下会计分录:

借:财务费用　　　　400

贷:应付利息 400

【例4-35】结算本月应付行政管理部门人员工资8 400元

这项经济业务涉及“管理费用”、“应付职工薪酬”两个账户,应编制如下会计分录:

借:管理费用 8 400

贷:应付职工薪酬 8 400

【例4-36】计提本月行政管理部门使用固定资产的折旧1 000元。

这项经济业务的发生涉及“管理费用”和“累计折旧”两个账户,应编制如下会计分录:

借:管理费用 1 000

贷:累计折旧 1 000

【例4-37】王宁报销差旅费500元(原借600元),余额退回现金。

这项经济业务的发生,一方面使企业的管理费用增加500元,使现金增加100元;另一方面使应收回的职工欠款减少600元。应收职工欠款减少是资产(债权)的减少,应记入“其他应收款”账户的贷方。这项业务涉及“管理费用”、“库存现金”和“其他应收款”三个账户。“库存现金”账户与“银行存款”账户的用途和结构相同,都是用来反映和监督货币资金收、付和结存情况的账户,只不过一个是库存现金,一个是银行存款。按照现金管理制度规定,企业除保留一定限额的现金,以备日常零星开支外,其余货币资金都应存入银行结算账户内。在企业同外部各单位和内部职工之间的经济往来中,除少量的小额款项的结算直接用现金收付外,其余都要通过银行转账,采用非现金结算方式进行。“其他应收款”账户的结构与“应收账款”账户相同,但其核算的内容是除应收票据、应收账款和预收账款等以外的其他各种应收、暂付款项。这项业务应编制如下会计分录:

借:管理费用 500

库存现金 100

贷:其他应收款 600

【例4-38】用银行存款支付社会捐赠4 400元。

这项经济业务的发生,一方面使银行存款减少4 400元;另一方面使营业外支出增加4 400元。应编制如下会计分录:

借:营业外支出 4 400

贷:银行存款 4 400

【例4-39】企业取得政府补助5 000元,存入银行。

这项经济业务的发生,一方面使银行存款增加5 000元;另一方面使营业外收入增加5 000元。涉及“银行存款”和“营业外收入”两个账户，应编制如下会计分录：

借：银行存款　　5 000
　贷：营业外收入　　5 000

【例4－40】期末，结转本月发生的各种收入共计189 000元，其中：主营业务收入184 000元，营业外收入5 000元。

这项转账业务涉及“主营业务收入”、“营业外收入”和“本年利润”三个账户。将各种收入账户的贷方发生额从各收入账户借方转入“本年利润”账户贷方，应编制如下会计分录：

借：主营业务收入　　184 000
　　营业外收入　　5 000
　贷：本年利润　　189 000

【例4－41】期末，结转本月发生的各种费用共计90 129元，其中：主营业务成本71 929元，营业税金及附加2 000元，销售费用1 000元，管理费用10 400元，财务费用400元、营业外支出4 400元。

这项转账业务涉及“本年利润”、“主营业务成本”、“营业税金及附加”、“销售费用”、“管理费用”、“财务费用”、“营业外支出”七个账户。将各种费用本期借方发生额从各费用账户贷方转入“本年利润”账户借方，应编制如下会计分录：

借：本年利润　　90 129
　贷：主营业务成本　　71 929
　　　营业税金及附加　　2 000
　　　销售费用　　1 000
　　　管理费用　　10 400
　　　财务费用　　400
　　　营业外支出　　4 400

通过以上账项结转，本期发生的全部收入和全部费用都汇集于“本年利润”账户，将收入与费用对比，其差额即为本期所得税前利润或亏损。

本期实现的利润＝189 000－90 129＝98 871（元）

【例4－42】按实现利润的25%提取所得税费用。其中1～12月份实现的应纳税所得额（无税前扣除项目，即利润总额）为98 871元，所得税率为25%，所得税为98 871×25%＝24 717.75（元）。

这项经济业务的发生，一方面使应从本期损益中扣减的所得税增加24 717.75元；另一方面使企业应缴纳的所得税增加24 717.75元。应从本期损益中扣减的所得税的增加，是费用的增加，应记入“所得税费用”账户的借方，应交所得税的增加是负债的增加,应记入"应交税费——应交所得税"账户的贷方。这项业务涉及"所得税费用"和"应交税费——应交所得税"两个账户,应编制如下会计分录:

借:所得税费用　　24 717.75

　贷:应交税费——应交所得税　　24 717.75

本年实现的净利润 = 98 871 - 24 717.75 = 74 153.25(元)

结转所得税费用:

借:本年利润　　24 717.75

　贷:所得税费用　　24 717.75

二、利润分配的核算

企业实现的净利润,应当按照国家规定进行分配。企业利润分配主要包括以下两个内容:①提取盈余公积金和公益金。盈余公积金一般按照本年实现净利润的10%提取。②分配给投资者。

企业如果发生亏损,按照规定可以用以后年度实现的净利润弥补,也可以用以前年度提取的盈余公积金弥补。有关这方面的内容将在财务会计课程中详细讲述。

(一)开设账户

为了反映和监督企业利润的分配情况,核算中应开设以下账户。

1."利润分配"账户。企业进行利润分配,意味着企业实现的净利润减少,本应借记"本年利润"账户,直接冲减本年实现的净利润;但是,如果这样处理,那么"本年利润"账户的期末贷方余额只能是未分配利润(实现的利润减去已分配的利润),就不能提供截至本期本年累计实现的净利润,而这项指标恰恰又是管理上需要的。基于这种原因,为了使"本年利润"账户既能反映企业实现净利润的原始数据,又能反映企业未分配利润数额,核算中专门开设了"利润分配"账户,用以反映企业的利润分配(或亏损的弥补)和历年分配(或弥补)后的积存余额。账户借方登记实际分配的利润数额,贷方平时一般不作登记,因而在年度中间账户的期末余额为借方余额,表示截至本期企业累计已分配利润数额。平时,将"本年利润"账户的贷方余额,即累计实现的净利润与"利润分配"账户的借方余额,即累计已分配的利润数额相减,可以求得未分配的利润余额。年度终了,企业将全年实现的净利润,自"本年利润"账户借方结转记入"利润分配"账户的贷方;如为净亏损,做相反会计分录。结转后,"利润分配"账户如为贷方余额,表示企业历年结存的未分配利润;如为借方余额,表示历年积存的未弥补亏损。

为了具体地反映和监督企业利润分配的去向和历年分配后的结余金额,"利润分配”账户一般应设置“提取盈余公积”、“应付股利”、“未分配利润”等明细账户，进行明细分类核算。年度终了，将“利润分配”等明细账户的余额转入“未分配利润”明细账户。“利润分配”账户的结构见图4-31。

借方　　　　利润分配	贷方
实际分配的利润数： (1)提取盈余公积金 (2)分配给投资者的利润	年终从“本年利润”账户转入的 全年实现的净利润
余额：年度中间为累计已分配利润，年末结账后为未弥补亏损	余额：年末未分配利润

图4-31

2.“盈余公积”账户。该账户是用来反映和监督企业从净利润中提取的盈余公积金的增减变动和结余情况的账户。贷方登记从净利润（即所得税后利润）中提取的盈余公积金；借方登记盈余公积金的支用，如转增资本金、弥补亏损等，期末余额在贷方，表示期末盈余公积金的结余额。“盈余公积”账户的结构见图4-32。

借方　　　　盈余公积	贷方
盈余公积金的支用数	从净利润中提取的盈余公积金
	余额：盈余公积金结余额

图4-32

3.“应付股利”账户。该账户是用来反映和监督企业向股东和投资者（包括国家、其他单位以及个人）分配的现金股利或利润；借方登记实际支付的现金或利润，期末余额一般在贷方，表示应付而尚未支付的现金股利或利润。“应付股利”账户的结构见图4-33。

借方　　　　应付股利	贷方
实际支付的现金股利或利润	计算出应付的现金股利或利润
	余额：应付而未付的现金股利或利润

图4-33

（二）利润分配的总分类核算

【例4-43】按净利润的10%提取盈余公积。

这项经济业务的发生，一方面使企业利润的分配额增加7 415.33元；另一方面使企业提取的盈余公积金增加7 415.33元。利润分配的增加是所有者权益中利润的减少，应记入“利润分配”账户的借方；盈余公积金的计提是所有者权益中盈余公积金的增加，应记入“盈余公积”账户的贷方。可见，这项经济业务的发生，引起的是所有者权益的两个项目此增彼减的变化，涉及“利润分配”和“盈余公积”两个账户，应编制如下会计分录：

借：利润分配　　7 415.33

　贷：盈余公积　　7 415.33

【例4－44】年末，向投资者分配利润150 000。

这项经济业务的发生，一方面使利润分配数额增加150 000元；另一方面使企业应支付的利润增加150 000元。该业务涉及“利润分配”和“应付股利”两个账户。利润分配增加是所有者权益的减少，应记入“利润分配”账户的借方；应付利润增加是负债的增加，应记入“应付利润”账户的贷方。这项业务应编制如下会计分录：

借：利润分配　　150 000

　贷：应付股利　　150 000

【例4－45】年终，结转全年实现的净利润74 153.25元。

这项转账业务，就是将全年实现的净利润74 153.25元从“本年利润”账户借方转入“利润分配”账户贷方，涉及“本年利润”和“利润分配”两个账户。因此，应编制如下会计分录：

借：本年利润　　74 153.25

　贷：利润分配　　74 153.25

第七节　资金退出企业及其他业务的核算

工业企业在生产经营过程中，除了发生前述资金筹集业务、生产准备业务、产品生产业务、产品销售业务和财务成果业务外，还会发生资金退出企业业务和其他业务。例如，用银行存款缴纳各种税费，向投资者、股东支付利润或现金股利，偿还应付账款等资金退出企业业务，以及从银行提取现金和用现金支付工资，出租包装物收取押金和收回包装物退还押金等业务。发生上述业务涉及的账户大部分在前面各章都已涉及，这里不再赘述。

下面举例说明这些经济业务的核算。

【例4－46】用银行存款24 717.75元缴纳所得税。

这项经济业务的发生涉及“银行存款”和“应交税费——应交所得税”两个账户。银行存款的减少是资产的减少，应交税费的减少是负债的减少，应编制如下的会计分录：

借：应交税费——应交所得税　　24 717.75

　　贷：银行存款　　24 717.75

【例4－47】用银行存款150 000元支付应付投资者利润。

这项经济业务的发生涉及“银行存款”和“应付股利”两个账户。应付利润的减少是负债的减少，银行存款的减少是资产的减少，应编制如下会计分录：

借：应付股利　　150 000

　　贷：银行存款　　150 000

【例4－48】收到出租包装物的押金2 000元，存入银行。

这项经济业务的发生，一方面使银行存款增加2 000元；另一方面使其他应付款增加2 000元。这项经济业务涉及“银行存款”和“其他应付款”两个账户，其他应付款增加是负债增加，应编制如下会计分录：

借：银行存款　　2 000

　　贷：其他应付款　　2 000

【例4－49】从银行提取现金50 000元，以备发工资。

这项经济业务的发生涉及“库存现金”和“银行存款”两个账户，一增一减，应编制如下会计分录：

借：库存现金　　50 000

　　贷：银行存款　　50 000

【例4－50】用现金50 000元支付职工工资。

这项经济业务的发生，一方面使现金减少50 000元；另一方面，使应付职工工资减少50 000元。应付工资减少是负债的减少，应借记“应付职工薪酬”账户。对这项经济业务应编制如下会计分录：

借：应付职工薪酬　　50 000

　　贷：库存现金　　50 000

复习思考题

1．工业企业的经济业务主要包括哪些？为了反映和监督经济业务的变动情况都开设可哪些账户？这些账户之间的联系是什么？

2. 怎样在账户中反映资金筹集的业务?

3. 说明材料采购业务核算的主要内容,"在途物资"账户的用途和结构特点以及与相关账户的对应关系是什么?

4. 进行产品生产业务核算为什么要分别开设"生产成本"和"制造费用"账户?核算的主要内容和相应的会计分录都包括哪些?

5. 简要说明产品成本核算的一般程序和产品成本计算的方法。

6. 说明产品销售业务核算中,收入账户与费用账户之间的关系。

7. 财务成果核算的主要内容包括什么?企业利润的构成内容及各项指标的关系是什么?

8. 说明"本年利润"账户与"利润分配"账户的用途和登记方法,以及两个账户之间的关系。

业务操作题

【练习一】

目的:练习材料采购业务的核算。

资料:星光公司2008年8月发生以下经济业务:

1. 从万达公司购进甲材料12 000千克,每千克30元;乙材料8 800千克,每千克16元,甲、乙材料价款共计500 800元,支付运杂费4 992元,增值税进项税额85 136元。材料已验收入库,货款、运杂费及税金已用银行存款支付。

2. 从兴业公司购进丙材料4 800千克,每千克40元,发生运杂费2 400元,增值税进项税额32 640元,款项采用商业汇票结算方式结算。企业开出并承兑半年期承兑汇票一张,材料尚在途中。

3. 以银行存款向海河工厂预付购买乙材料货款196 000元。

4. 企业收到海河工厂发运来的预付货款的乙材料,并验收入库。该材料买价170 000元,运杂费1 200元,增值税进项税28 900元,除冲销原预付货款196 000元外,不足部分用银行存款补付。

5. 月末,计算已验收入库甲、乙材料的实际采购成本,并一次结转入库材料成本(运费按材料重量比例分摊)。

要求:

1. 根据上述经济业务编制会计分录。

2. 开设"材料采购"账户,并根据所编制的会计分录进行登记,结出本期发生额及期末余额。

【练习二】

目的：练习产品生产业务的总分类核算。

资料：兴业公司2008年6月份发生以下经济业务：

1. 仓库发出材料152 000元，其中，甲、乙产品耗用104 000元，车间一般耗用48 000元。

2. 结算上月应付职工薪酬54 400元，其中，生产工人46 400元，车间一般耗用8 000元。

3. 计提本月份发生车间固定资产折旧2 560元。

4. 用银行存款支付生产车间水电费3 400元。

5. 用现金支付生产车间办公费720元。

6. 月末，将制造费用分配计入产品生产成本。

7. 月末，甲、乙产品全部完工，计算并结转完工入库产品的实际生产成本。

要求：

根据上述经济业务编制会计分录。

【练习三】

目的：练习产品销售业务的核算。

资料：红星企业2008年10月份发生下列经济业务：

1. 10日销售给甲工厂A产品600件，每件800元，共计480 000元，为甲工厂代垫运费950元，以银行存款支付。应向甲工厂收取的增值税销项税额81 600元。全部款项尚未收回。

2. 12日销售给乙工厂B产品100件，每件300元，共计30 000元。应向乙工厂收取增值税销项税额5 100元。全部款项收到存入银行。

3. 15日以银行存款支付销售A，B产品的运输费、装卸费600元。

4. 20日采用商业汇票结算方式向红海公司销售B产品160件，每件300元，价款48 000元，应收增值税销项税额8 160元，收到红海公司签发的6个月的商业承兑汇票。

5. 20日预收虹阳公司货款190 000元，存入银行。

6. 25日向预收货款的虹阳公司发出A产品200件，每件售价800元，共计160 000元，增值税销项税额27 200元。冲销预收货款，多收款项以银行存款退还虹阳公司。

7. 月末结转本月销售A，B产品的生产成本。A产品单位生产成本680元，B产品单位生产成本为530元。

8. 以银行存款支付销售产品广告费4 000元。

9. 按规定计算本月应负担的主营业务税金及附加3 040元。

要求:

根据上述经济业务编制会计分录。

【练习四】

目的:练习利润实现和利润分配的核算。

资料:远大公司12月份发生下列经济业务:

1. 年末取得罚款式收入24 000元存入银行。

2. 用银行存款支付对外捐赠款31 400元。

3. 向东方公司销售甲产品400件,每件售价1 500元,共计600 000元,应向该公司收取增值税销项税额102 000元。价税款通过银行转账已收到。

4. 根据合同规定向北源公司销售乙产品600件,每件售价800元,价款共计480 000元,以银行存款代垫运费3 000元,应收增值税81 600元。价款及代垫运费尚未收到。

5. 用银行存款支付广告费2 400元。

6. 用现金支付离退休人员工资3 080元。

7. 月末,将“主营业务收入”和“营业外收入”账户的贷方余额转入“本年利润”账户。

8. 月末,结转已销售产品的生产成本,其中:甲产品单位生产成本1 000元,乙产品单位生产成本550元。

9. 月末,计算本月应负担的营业税金及附加2 700元。

10. 月末,按25%所得税率计算本月应交所得税。

11. 月末,将“主营业务成本”、“营业税金及附加”、“管理费用”、“财务费用”、“营业外支出”等账户本月借方余额转入“本年利润”账户。

12. 月末,按净利润10%提取盈余公积。

13. 企业决定本年度向投资者分配利润300 000元。

14. 年末,根据“本年利润”账户11月30日贷方余额750 000元和12月份净利润额计算全年实现的净利润,并将其转入“利润分配”账户。

15. 年末,根据“利润分配”账户11月30日贷方余额324 000元和12月份发生额,计算全年末未分配利润。

要求:根据上列经济业务编制会计分录。

【练习五】

目的:练习供、产、销环节的核算和利润的结转。

资料:某企业10月份发生下列经济业务:

1. 购入甲材料4 000千克,单价1.9元,增值税进项税额1 292元,价税款以银行存款支付。

2. 购入乙材料12 000千克，单价1元，增值税进项税额2 040元，价税款尚未支付。

3. 以银行存款1 600元支付上述甲、乙材料运费（按材料重量比例分配）。

4. 甲、乙材料均已验收入库，结转其实际采购成本。

5. 以银行存款支付本月制造部门房租900元。

6. 本月仓库发出下列材料供使用（见表4－6）。

表4－6

	甲材料（单位成本2元）	乙材料（单位成本1.1元）
A产品耗用	2 000千克	
B产品耗用		8 000千克
制造部门一般耗用		1 200千克
行政管理部门耗用	200千克	100千克

7. 以银行存款10 000元支付本月职工工资。

8. 分配本月职工工资，其中A产品生产工人工资3 000元，B产品生产工人工资4 000元，制造部门管理人员工资1 000元，行政管理人员工资2 000元。

9. 按工资总额14%提取职工福利费。

10. 计提本月固定资产折旧3 600元，其中，制造部门2 200元，行政管理部门1 400元。

11. 计提本月短期借款利息800元。

12. 将本月发生的制造费用，按生产工人工资比例分配计入A，B两种产品的生产成本。

13. 本月A产品100件、B产品80件全部完工入库，结转其实际生产成本。

14. 销售A产品80件，单价170元；B产品60件，单价300元；增值税销项税额5 372元，价税款已存入银行。

15. 以银行存款支付销售产品广告费1 000元。

16. 计算本月应交城市维护建设税142.8元、教育费附加61.2元。

17. 计算并结转已销A，B产品销售成本。

18. 经批准，转销盘盈固定资产净值3 400元、盘盈材料价值1 470元。

19. 根据利润总额的25%计算本月应交所得税费用。

20. 将本月发生的收入和费用转入“本年利润”账户。

要求：根据经济业务编制会计分录。

第五章

账户的分类

【内容简介】

本章主要介绍账户按经济内容和用途、结构进行的分类。

【学习精要】

账户的经济内容，即账户所核算与监督的会计对象的具体内容。账户按经济内容可分为“资产类”、“负债类”、“所有者权益类”、“共同类”、“成本类”和“损益类”六大类。

账户按用途和结构分类，是在账户按经济内容的基础上，对用途和结构基本相同的账户进行适当的归类，包括“基本账户”、“调整账户”、“业务账户”三大类。这三大类按具体的用途分，又可分为八小类。

【重要概念】

账户的用途　账户的结构　盘存账户　调整账户　计价对比账户

第一节　账户分类的意义

上一章，在结合工业企业主要经济业务阐述账户和借贷记账法的应用时，引用了一系列账户。每个账户都有自己的经济性质、用途和结构，都是从某个侧面反映和监督会计具体对象的变动情况和变动结果，为进行经济管理提供会计信息。虽然这些账户是在各种经济业务的核算中分别加以使用的，但它们之间并不互相孤立,而是相互联系地组成了一个完整的账户体系。为了更好地掌握和运用这些账户,有必要进一步研究账户的分类,即在认识各个账户特性的基础上,概括它们的共性,从理论上探讨账户之间的内在联系,探明各个账户在整个账户体系中的地位和作用,掌握各类账户在提供会计信息方面的规律性。所以,综合起来,账户分类的意义体现在以下两点:

一是有利于提高会计人员运用账户的技能。由于各个账户体系中既有自己的特性,同时各个账户之间又存在着共性,这样会计人员既区分了个性,又把握了共性,做到全面认识账户,揭示出账户在使用中的规律性,从而不断提高运用账户的技能。

二是有利于提高会计人员对账户体系变化的适应能力。由于全部账户在反映会计内容上存着既分工又协作的关系,当会计科目随各个时期经济管理的不同要求变动时,会计人员能够尽快适应,并在会计准则允许的范围内,根据企业实际需要,增设会计科目。

账户可以按照不同的标准,即从不同角度进行分类,其中最主要的是按照账户的经济内容和用途、结构分类。

第二节　账户按经济内容的分类

账户的经济内容是指反映的会计对象的具体内容。账户之间的最本质差别在于其反映的经济内容的不同,因而账户的经济内容是账户分类的基础,账户按经济内容的分类也是对账户的最基本的分类。账户按其经济内容分类,可分为"资产类"、"负债类"、"所有者权益类"、"共同类"、"成本类"、"损益类"六大类,各大类又可分为若干小类。这样分类便于从账户中取得需要的指标,明确每个账户核算的内容。

一、资产类账户

资产类账户是用来反映企业资产的增减变动及其结存情况的账户。按照资产的流动性,这类账户又可以分为以下两类。

(1)反映流动资产的账户。如,"库存现金"、"银行存款"、"应收账款"、"原材料"、"库存商品"等账户。

(2)反映非流动性资产的账户。如,"长期投资"、"固定资产"、"累计折旧"、"在建工程"、"无形资产"、"长期待摊费用"等账户。

二、负债类账户

负债类账户是用来反映企业负债增减变动及其结存情况的账户。按照负债的流动性，这类账户又可以分为以下两类。

(1)反映流动负债的账户，如，“短期借款”、“应付票据”、“应付账款”、“应付职工薪酬”、“应交税费”等账户。

(2)反映非流动负债的账户，如，“长期借款”、“应付债券”、“长期应付款”等账户。

三、所有者权益类账户

所有者权益账户是用来反映企业所有者权益增减变动及其结存情况的账户。按照所有者权益来源的不同，这类账户又可分为以下两类。

(1)反映所有者原始投资的账户，如，“实收资本”账户。

(2)反映所有者投资收益的账户，如，“本年利润”、“利润分配”、“盈余公积”等账户。

四、共同类账户

共同类账户是用来反映共同性质业务的增减变动及其结余情况的账户。其中包括“清算资金往来”、“货币兑换”、“衍生工具”、“套期工具”、“被套期工具”账户，这些账户的应用由专业会计课程讲解，本书不再进一步涉及。

五、成本类账户

成本类账户是用来反映和监督企业进行工业性生产所发生的生产费用并计算产品成本的账户。在工业企业，按照生产经营过程的阶段划分，用来归集费用、计算成本的账户又可以分为以下两类。

(1)反映供应过程的账户。即在供应过程中，用来归集购入材料价款和采购费用、计算材料采购成本的账户，如“材料采购”账户。

(2)反映生产过程的账户。即在生产过程中，用来归集制造产品的生产费用、计算产品生产成本的账户，如“制造费用”和“生产成本”账户。

成本类账户与资产类账户有着紧密的联系。资产一经耗用就转化为费用、成本；成本类账户的期末借方余额属于企业的资产，如“在途物资”账户的借方余额为在途材料，“生产成本”账户的借方余额为在产品，都是企业的流动资产。从这个意义上来说，成本类账户也是资产类账户，分类时，有的账户，如“在途物资”账户，既可以归入资产类账户，也可以归入成本类账户。

下面将上述工业企业的主要账户按照经济内容的分类,用图 5-1 表示如下。

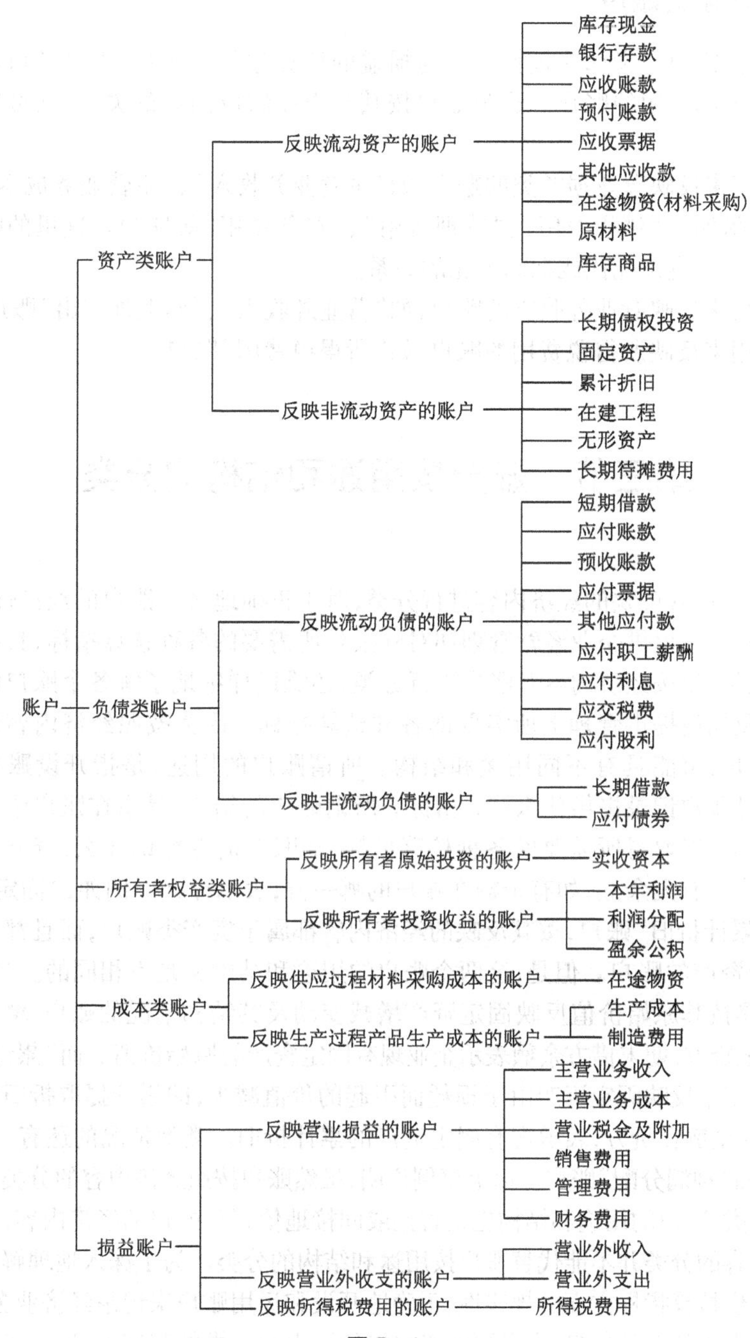

图 5-1

六、损益类账户

损益类账户是指那些核算内容与损益的计算相关的账户，主要是指用来反映企业收入和费用的账户。这类账户按其与损益组成内容的关系，又可以分为以下三类。

（1）用来反映营业损益类的账户，如“主营业务收入”、“主营业务成本”、“营业税金及附加”、“销售费用”、“管理费用”、“财务费用”等账户。这里的收入和费用之间有着直接配比或期间配比的关系。

（2）用来反映营业外收支的账户，如“营业外收入”、“营业外支出”账户。

（3）用来反映所得税费用的账户，如“所得税费用”账户。

第三节　账户按用途和结构的分类

将账户按其反映的经济内容进行分类，对于正确地区分账户的经济性质、合理地运用账户、提供企业经营管理和对外报告所需要的各种核算指标，具有重要意义。但是，仅按经济内容对账户进行分类，还难以详细地了解各个账户的具体用途，以及如何提供管理上所需要的各种核算指标。因为按照经济内容划分为一类的账户，可能具有不同用途和结构。所谓账户的用途，是指开设账户的目的，即通过账户记录提供什么核算指标。所谓账户的结构，是指在账户中如何登记经济业务，以取得所需要的各种核算指标，即账户借方登记什么，贷方登记什么，期末账户有无余额，如有余额在账户的哪一方，表示什么。例如，“固定资产”账户和“累计折旧”账户，按其反映的经济内容都属于资产类账户，而且都是用来反映固定资产的账户。但是，这两个账户的用途和结构又是不相同的。“固定资产”账户是按其原始价值反映固定资产增减变动及其结构情况的账户，增加记借方，减少记贷方，期末借方余额表示企业现有固定资产的原始价值。而“累计折旧”账户则是用来反映固定资产由于损耗而引起的价值减少，即累计提取折旧情况的账户，期末余额在贷方，表示现有固定资产的累计折旧。类似情况的还有“本年利润”账户和“利润分配”账户。以上事例说明，虽然账户按照经济内容的分类是账户的基本分类，账户的用途和结构也是直接或间接地依存于账户的经济内容，但账户按经济内容的分类并不能代替账户按用途和结构的分类。为了深入地理解和掌握账户在提供核算指标方面的规律性，正确地开设和运用账户来记录经济业务，为决策人提供有用的会计信息，有必要在账户按经济内容分类的基础上，进一步研究账户按用途和结构的分类。而这一点又恰好说明了两种分类的关系：账户按经济内容的分类是基本的、主要的分类；账户按用途和结构的分类是在按经济内容分类的基础上的进一步分类，是对账户按经济内容分类的必要补充。

仍以工业企业为例，在借贷记账本下，账户按其用途和结构的不同，可以分为三大类，八小类。三大类是基本账户、调整账户、业务账户。八小类是盘存账户、结算账户、资本账户、调整账户、集合分配账户、成本计算账户、集合配比账户、账务成果计算账户。

下面分别说明各类账户的用途和结构特点。

一、基本账户

基本账户是用来核算和监督资产、负债和所有者权益的增、减变动和实有数情况的账户。这类账户的特点是所反映的内容都是经济活动的基础，因而称为基本账户。基本账户一般都有余额，期末应分别列入资产负债表的资产、负债和所有者权益方。

基本账户分为盘存账户、结算账户和资本账户三类。

（一）盘存账户

盘存账户是用来反映和监督各项财产物资和货币资金的增减变动及其结存情况的账户。属于这类账户的有“库存现金”、“银行存款”、“原材料”、“库存商品”、“固定资产”等账户。“生产成本”账户因期初、期末余额表示在产品成本，也具有盘存账户的性质。这类账户的结构是，借方登记各项财产物资和货币资金的增加数，贷方登记各项财产物资和货币资金的减少数，期末余额总是在借方，表示期末各项财产物资和货币资金的实际结存数。

盘存账户的结构可用图 5－2 表示。

借方　　　　　　　　盘存账户	贷方
期初余额：财产物资和货币资金的期初实存数 发生额：本期财产物资和货币资金的增加数	发生额：本期财产物资和货币资金的减少数
期末余额：财产物资和货币资金期末实存数	

图 5－2

盘存账户的特点有以下两点。

1. 盘存账户反映的财产物资和货币资金，都是可以通过财产清查的方法（实地盘点或对账）确定其实有数，核对其实际结存数与账面结存数是否相符，检查实存的财产物资和货币资金在管理上和使用上是否存在问题。

2. 除"库存现金"和"银行存款"账户外，其他盘存账户，如"原材料"、"库存商品"、"固定资产"等账户，通过设置明细账，可以提供实物数量和金额两种指标。

（二）结算账户

结算账户是用来反映和监督企业同其他单位和个人之间债权（应收款项或预付款项）、债务（应付款项或预收款项）结算情况的账户。由于结算业务的性质不同，决定不同的结算账户具有不同的用途和结构。因此，结算账户按其用途和结构的不同，又可以分为债权结算账户和债务结算账户两类。

1. 债权结算账户。债权结算账户亦称资金结算账户，是用来反映和监督企业同各单位或个人之间的债权结算业务的账户。属于这类账户的有"应收账款"、"预付账款"、"其他应收款"等账户。这类账户的结构特点是：借方登记债权的增加数，贷方登记债权的减少数，期末余额一般是在借方，表示期末尚未收回债权的实有数。债权结算账户的结构可用图 5－3 表示。

借方　　　　债权结算账户	贷方
期初余额：期初尚未结算的应收款项或预付款项的实有数 发生额：本期应收款项或预付款项的增加数	发生额：本期应收款项或预付款项的减少额
期末余额：期末尚未结算的应收款项或预付款项的实有数	

图 5－3

2. 债务结算账户。债务结算账户亦称负债结算账户，是用来反映和监督企业同其他单位或个人之间的债务结算业务的账户。属于这类账户的有"应付账款"、"预收账款"、"短期借款"、"长期借款"、"应付职工薪酬"、"应交税费"、"应付股利"、"其他应付款"等账户。这类账户的结构特点是：贷方登记债务的增加数，借方登记债务的减少数，期末余额一般在贷方，表示期末尚未偿还债务的实有数。债务结算账户的结构可用图 5－4 表示。

借方　　　　债务结算账户	贷方
发生额：本期借入款项、应付款项或预收款项的减少数	期初余额：期初结欠的借入款项、应付款项或尚未结算的预收款项的实有数 发生额：本期借入的款项、应付款项或预收款项的增加数
	期末余额：期末结欠的借入款项、应付款项或尚未结算的预收款项的实有数

图 5－4

需要指出的是，将结算账户分为两类，主要是便于初学者掌握两类结算账户在用途、结构上的特点。

3. 债权债务账户。由于企业之间债权债务结算关系往往会相互转化，因而对这种分类的理解也不要绝对化。上面阐述债权结算账户结构特点时，之所以说这类账户的期末余额一般在借方，表示债权，就是说这类账户也可能出现贷方余额，变为债务。如，应收账款是债权，如果多收了，多收部分就转化成应退还对方的款项，变为债务。同样，“应付账款”账户余额一般在贷方，表示债务，就是说也可能出现借方余额，变为债权。因此，上述的两类结算账户实际上都是既反映债权又反映债务的双重性质账户，即债权债务结算账户。这类账户的结构特点是，借方登记债权（应收款项和预付款项）的增加额和债务（应付款项和预收款项）的减少额；贷方登记债务（应付款项和预收款项）的增加额和债权（应收款项和预付款项）的减少额；期末账户余额可能在借方，也可能在贷方，如在借方，表示尚未收回的债权净额，即尚未收回的债权大于尚未偿付的债务的差额，如在贷方，表示尚未偿付的债务净额，即尚未偿付的债务大于尚未收回的债权的差额。该账户所属明细账的借方余额之和与贷方余额之和的差额，应当与总账的余额相等。债权债务结算账户的结构可用图 5 – 5 表示。

借方　　　　债权债务结算账户	贷方
期初余额：期初债权大于债务的差额 发生额：（1）本期债权的增加额 （2）本期债务的减少额	期初余额：期初债务大于债权的差额 发生额：（1）本期债务的增加额 （2）本期债权的减少额
期末余额：期末债权大于债务的差额	期末余额：期末债务大于债权的差额

图 5 – 5

我国企业会计制度规定：如果企业预收款项的业务不多，可以不单设“预收账款”账户，而用“应收账款”账户同时反映企业应收款项和预付款项的增减变动及其变动结果，此时的“应收账款”账户就是一个债权债务结算账户；如果企业预付款项的业务不多，可以不单设“预付账款”账户，而用“应付账款”账户同时反映企业应付款项和预付款项的增减变动及其变动的结果，此时的“应付账款”账户就是一个债权债务结算账户。需要指出的是，这样做固然可以集中反映企业与某一个单位的债权债务结算情况，但是，当企业用“应收账款”账户反映预收款项业务时，就会出现账户名称与其反映的业务内容不相一致，因而不便于对账户的理解和运用。因此，在开设和运用这类账户时应指明其双重性质的特点。

在我国过去的会计制度中,对于企业采购业务中的债权和债务,曾设置“供应单位往来”账户进行反映;对于企业销售业务中的债权和债务,曾设置“购买单位往来”账户进行反映。在这两个总分类账户下,分别按采购和销售业务中的往来单位设置明细账,进行明细分类核算。这种做法,不仅可以集中反映企业与同一单位的债权和债务的结算情况,减少了账户的数量,简化了会计核算工作,而且账户名称与其反映的内容保持一致,有“往”有“来”,概念明确,便于对账户的理解和运用。实际上,这种“往来”账户就是将“应收账款”账户和“预收账款”账户合二为一,将“应付账款”账户和“预付账款”合二为一。类似的情况还有将“其他应收款”账户和“其他应付款”账户合并开设的“其他往来”账户,其结构特点如图5-6至图5-8所示。

借方　　　其他应收款	贷方
其他应收款增加	其他应收款减少
余额:其他应收款	

图5-6

借方　　　其他应付款	贷方
其他应付款减少	其他应付款增加
	余额:其他应付款

图5-7

借方　　　其他往来	贷方
(1)其他应收款增加 (2)其他应付款减少	(1)其他应付款增加 (2)其他应收款减少
余额:期末其他应收款大于其他应付款差额	余额:期末其他应付款大于其他应收款的差额

图5-8

需要指出的是,债权债务结算账户(总账)的借方余额或贷方余额只是表示债权和债务增减变动后的差额,并不一定表示企业债权债务的实际余额。这是因为一个企业在某一时点可能同时存在债权和债务。

例如,企业本月与甲、乙两单位发生的债权、债务业务登账结果如图5-9、图5-10、图5-11所示。

应收账款(总账)

(1)应从甲单位收取的款项　1 000	(2)预收乙单位款项目　500
余额:期末应收款大于预收款的差额　500	

图5-9

单位:甲　　明细账

(1)应收款　1 000	
余额:应收款　1 000	

图 5 - 10

单位:乙　　明细账

	(2)预收款　500
	余额:预收款　500

图 5 - 11

业务说明:

(1) 月末,企业应从甲单位收取款项 1 000 元,从乙单位预收款项 500 元。

(2) 两个明细账余额之和 500 元(1 000 - 500)与总账余额相等。

因此,在编制资产负债表时,应根据债权债务结算账户(总账)所属明细账的余额方向,分析判断余额的性质,而不能直接根据总账余额填列有关项目,以便真实地反映企业债权债务的结算情况。

在借贷记账法下,结算账户中许多是双重性质的账户,除上述的"应收账款"、"预付账款"、"应付账款"和"预收账款"等账户外,"应交税费"、"应付职工薪酬"等也都具有双重性质。例如,"应交税费"账户,从账户名称看,应属债务结算账户,实际上税费往往是按计划预交。预交时,税金作为资产的增加(或负债的减少),应记入"应交税费"账户的借方;月末计算出应缴纳的税金,作为负债的增加,应记入"应交税费"账户的贷方。如果预交数小于应交数,出现贷方余额,为债务(负债);如果预交数与应交数相等,账户没有余额;如果预交数大于应交数,出现借方余额,就转化为债权(资产)了。

(三)资本账户

资本账户亦称所有者投资账户,是用来反映和监督企业所有者投资的增减变动及其结余情况的账户。属于这类账户的有"实收资本"、"盈余公积"等账户。盈余公积金属于企业的留存收益,是企业运用资本从事生产经营活动而获得的资本增值部分,其最终所有权属于企业的所有者,本质上是企业所有者对企业的投资,因而应将"盈余公积"账户归入所有者投资类账户。这类账户的结构特点是:贷方登记所有者投资的增加额,借方登记所有者投资的减少额,余额总是在贷方,表示期末所有者投资的实有额。该账户的结构可用图 5 - 12 表示。

借方　　资本账户　　贷方

发生额:本期所有者投资的减少额	期初余额:期初所有者投资的实有额 发生额:本期所有者投资的增加额
	期末余额:期末所有者投资的实有额

图 5 - 12

二、调整账户

调整账户是为调整被调整账户的余额，以求得被调整账户实际余额而设置的账户。在会计核算中，由于管理上的需要，对于某些会计要素，要求用两种数字从不同方面进行反映。在这种情况下，就需要设置两个账户，一个用来反映其原始数字，另一个用来反映对原始数字的调整数字，将原始数字和调整数字相加或相减，即可求到调整后的实际数字。例如，固定资产由于使用发生消耗，其价值不断减少，但从管理的角度考虑，需要“固定资产”账户能提供固定的原始价值指标，因此，固定资产的价值的减少不直接记入“固定资产”账户的贷方，冲减其原始价值，而是另外开设了“累积折旧”账户。将提取的折旧记入“累计折旧”账户的贷方，用以反映固定资产由于损耗而不断减少的价值。将“固定资产”账户的借方余额（现有固定资产的原始价值）减去“累计折旧”账户的贷方余额（现有固定资产的累计折旧），其差额就是现有固定资产的净值（或称折余价值）。可见，“累计折旧”账户就是为了调整“固定资产”账户借方余额（原始价值），求得其实际价值（净值）而设置的。“累计折旧”账户就属于调整账户。属于这类账户的还有“利润分配”、“材料成本差异”、“坏账准备”等账户。

调整账户按其调整方式的不同，可以分为备抵账户、附加账户和备抵附加账户三类。

（一）备抵账户

备抵账户亦称抵减账户，是用来抵减被调整账户余额，以求得被调整账户实际余额的账户。其调整方式，可用下列计算公式表示：

被调整账户余额 - 调整账户余额 = 被调整账户的实际余额

因此，被调整账户的余额与备抵账户的余额一定是在相反的方向：如果被调整账户的余额在借方，则备抵账户的余额一定在贷方；反之，亦然。

按照被调整账户的性质，备抵账户又可分为资产备抵账户和权益备抵账户两类。

1. 资产备抵账户。资产备抵账户是用来抵减某一资产账户（被调整账户）余额，以求得该资产账户实际余额的账户。例如，“累计折旧”账户是“固定资产”这个资产账户的备抵账户，两个账户之间的关系可用图 5 - 13 表示如下。

借方	固定资产 贷方
期末余额：固定资产 原始价值：200 000	

借方	累计折旧 贷方
	期末余额：固定资产 累计折旧：60 000

固定资产的原始价值	200 000
减:固定资产的累计折旧	60 000
固定资产账面净值	140 000

图 5－13

属于资产备抵账户的还有"坏账准备"账户,它是"应收账款"账户的备抵账户。

2. 权益备抵账户。权益备抵账户是用来抵减某一权益账户(被调整账户)的余额,以求得该权益账户实际余额的账户。例如,"利润分配"账户就是"本年利润"账户的备抵账户。年度中间"本年利润"账户的期末贷方余额,反映期末已实现的净利润数;"利润分配"账户的借方余额,反映期末已分配的净利润。用"本年利润"账户的贷方余额减去"利润分配"账户的借方余额,其差额表示企业期末尚未分配的利润数。"本年利润"账户与"利润分配"账户的关系,可用图 5－14 表示如下。

借方	利润分配	贷方
期末余额:已分配的利润数 42 000		

借方	本年利润	贷方
		期末余额:已实现的利润数 68 000

已实现的利润数	68 000
减:已分配的利润数	42 000
未分配的利润数	26 000

图 5－14

(二)附加账户

附加账户是用来增加被调整账户的余额,以求得被调整账户实际余额的账户。其调整方式可用下列计算公式表示:

被调整账户余额＋附加账户余额＝被调整账户的实际余额

因此,被调整账户的余额与附加账户的余额一定是在同一方向。

在实际工作中,纯粹的附加账户很少运用。

(三)备抵附加账户

备抵附加账户是指既可以用来抵减,又可以用来附加被调整账户的余额,以求得被调整账户实际余额的账户。这类账户属于双重性质账户,兼有备抵账户和附加账户的功能,取决于该账户的余额与被调整账户的余额是在同一方向还是相反方向。工业企业采用计划成本进行材料的日常核算时,所设置的"材料成本差异"账户就属于备抵附加账户。

【例 5 - 1】举例说明如图 5 - 15 所示。

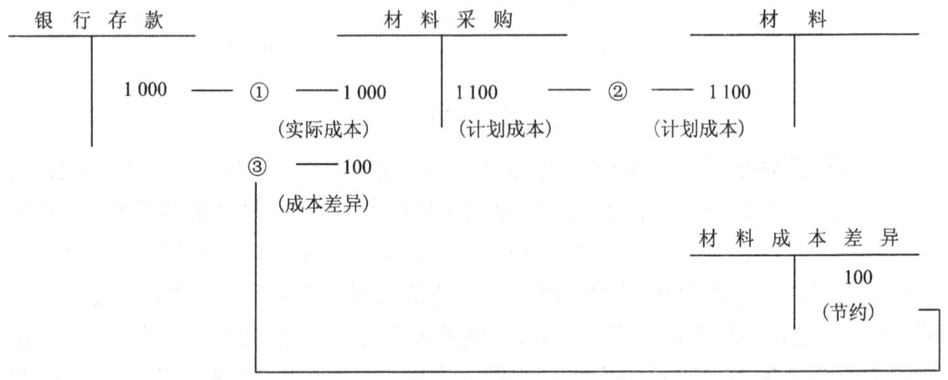

图 5 - 15

业务说明:

①一批材料,用银行存款支付材料价款和运杂费共计 1 000 元,材料已验收入库(增值税略)。

②结转入库材料的计划成本 1 100 元。

③计算并结转材料成本差异 100 元(节约)。

例如,"材料成本差异"账户是用来调整"原材料"(被调整)账户的余额,以求得库存材料实际余额(实际成本)的账户。由于此时调整账户与被调整账户余额的方向相反,因而调整方式是备抵的,其相互关系用公式表示如下:

库存材料的成本 = 库存材料的计划成本 - 材料成本差异(节约)

= 1 100 - 100 = 1 000

这时,"材料成本差异"账户执行的是备抵(即抵减)的功能。如果上例出现下述情况,如表 5 - 16 所示,则账户调整方式是附加的。

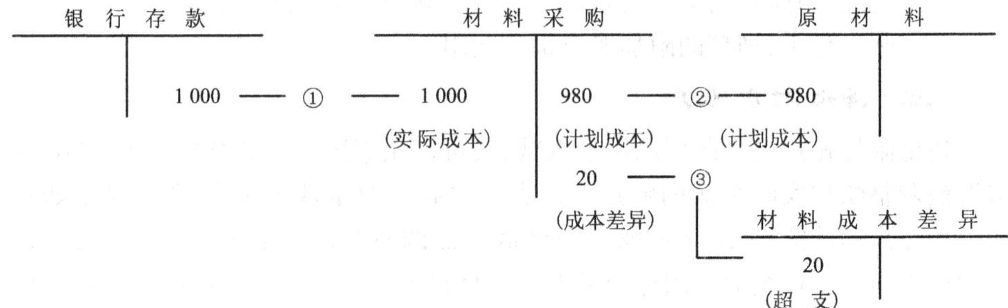

图 5 - 16

业务说明：

①用银行存款支付材料价款和运杂费共计 1 000 元，材料已验收入库（增值税略）。

②结转入库材料的计划成本 980 元。

③计算并结转材料成本差异 20 元（超支）。

由于此时调整账户与被调整账户的余额在同一方向，因而调整方式是附加的，其相互关系用公式表示如下：

库存材料的实际成本 = 库存材料的计划成本 + 材料成本差异（超支）

= 980 + 20 = 1 000（元）

这时，“材料成本差异”账户执行的是附加功能。

综上所述，可以看出调整账户具有以下特点。

一是调整账户与被调整账户反映的经济内容相同，但用途和结构不同。

二是被调整账户反映会计要素的原始数字，而调整账户反映的是同一要素的调整数字。

因此，调整账户不能脱离被调整账户而独立存在。

三是调整方式是指原始数字与调整数字是相加还是相减，以求得有特定含义的数字。调整方式是相加还是相减取决于被调整账户与调整账户的余额是在同一方向还是相反方向。

三、业务账户

业务账户是用来核算和监督企业在供应、生产、销售过程中业务活动的账户。其特点是能及时考核企业账务和成本计划的完成情况，对企业经济效益作出全面评价。

业务账户可分为集合分配账户、成本计算账户、集合配比账户和财务成果计算账户四类。

（一）集合分配账户

集合分配账户是用来归集和分配企业为生产产品和提供劳务而发生的各种费用，反映和监督有关费用计划执行情况以及费用分配情况的账户。属于这类账户的有“制造费用”账户。这类账户结构的特点是：借方登记各种费用的发生数，贷方登记按照一定标准分配计入各个成本计算对象的费用分配数，除季节性生产企业外，归集在这类账户借方的费用一般在当期都全部分配出去，所以这类账户期末通常没有余额。可见，集合分配账户具有明显的过渡性质。该类账户的结构可用图 5 – 17 表示。

借方	集合分配账户 贷方
发生额:本期各种费用的发生额	发生额:本期各种费用的分配额

图 5-17

(二)成本计算账户

成本计算账户是用来反映和监督企业生产经营过程中的某一阶段所发生的、应计入成本的全部费用,并确定各个成本计算对象的实际成本的账户。属于这类账户的有"生产成本"、"在途物资"、"在建工程"等账户。这类账户结构的特点是:借方登记应计入成本的全部费用,包括直接计入各个成本计算对象的费用和按一定标准分配计入各个成本计算对象的费用;贷方登记转出的已完成某一过程的成本计算对象的实际成本;期末借方余额,表示尚未完成某一过程的成本计算对象的实际成本。成本计算账户的结构可用图 5-18 表示。

借方	成本计算账户 贷方
期初余额:期初尚未完成某一过程的成本计算对象的实际成本 发生额:生产经营过程中某一阶段发生的应计入成本的费用	发生额:结转已完成某一过程的成本计算对象的实际成本
期末余额:尚未完成某一过程的成本计算对象的实际成本	

图 5-18

(三)集合配比账户

集合配比账户是用来汇集经营过程中所取得的收入和发生的成本、费用和营业外收支的账户。

收入账户是用来反映和监督企业在一定会计期间内所取得的各种收入的账户。这里的收入概念是广义的,不仅包括营业收入(主营业务收入和其他业务收入),还包括投资收益和营业外收入。属于这类账户的有"主营业务收入"、"营业外收入"等账户。这类账户的结构特点是:贷方登记本期收入的增加额;借方登记本期收入的减少额和期末转入"本年利润"账户的收入额。结转后该类账户应无余额。收入账户的结构可用图 5-19 表示。

借方	收入账户 贷方
发生额:(1)本期收入的减少额 (2)期末转入"本年利润"账户的收入额	发生额:本期收入的增加额

图 5-19

费用账户是用来反映和监督企业在一定会计期间内所发生的应计入当期损益的各种费用的账户。这里的费用概念也是广义的,不仅包括为取得营业收入而发生的各项耗费,还包括营业外的支出和所得税费用。属于这类账户的有"主营业务成本"、"营业税金及附加"、"销售费用"、"管理费用"、"财务费用"、"营业外支出"、"所得税"等账户。这类账户结构的特点是:借方登记本期费用支出的增加额;贷方登记本期费用支出的减少额和期末转入"本年利润"账户的费用支出数额。结转后该类账户应无余额。费用账户的结构可用图 5-20 表示。

借方	费用账户 贷方
发生额:本期费用支出的增加额	发生额:(1)本期费用支出的减少额 (2)期末转入"本年利润"账户的费用数额

图 5-20

(四)财务成果账户

财务成果账户是用来反映和监督企业在一定时期内全部生产经营活动最终成果的账户。属于这类账户的有"本年利润"账户。这类账户的结构特点是:贷方登记期末从各收入账户转入的本期发生的各项收入数;借方登记期末从各费用账户转入的本期发生的与本期收入相配比的各项费用数。期末如为贷方余额,表示收入大于费用的差额,为企业本期实现的净利润;若出现借方余额,则表示本期费用支出大于收入的差额,为本期发生的净亏损。年末,本年实现的净利润或发生的净亏损都要结转"利润分配"账户,结转后该类账户应无余额。这类账户的特点是:在年度中间,账户的余额(无论是实现的净利润还是发生的净亏损)不转账,要一直保留在该账户,目的是提供截至本期累计实现的净利润或发生的净亏损,因而年度中间该账户有余额,且可能在贷方,也可能在借方。年终结算,要将本年实现的净利润或发生的净亏损从"本年利润"账户转入"利润分配"账户。因此,年末转账后,该账户应无余额。财务成果账户可用图 5-21 表示。

借方	财务成果计算账户 贷方
发生额:应计入本期损益的各项费用	发生额:应计入本期损益的各项收入
期末余额:本期发生的净亏损	期末余额:本期实现的净利润

图5-21

复习思考题

1. 为什么要研究账户的分类?

2. 账户按经济内容分类可以分为哪几类? 每类中主要包括哪些账户?

3. 什么是账户的用途和结构? 账户按用途和结构分类可以分为哪几类? 每类中主要包括哪些账户?

4. 账户为什么既要按经济内容分类,又要按用途和结构分类? 两种分类的关系如何? 举例说明。

5. 如何理解结算账户的双重性质?

6. 以"累计折旧"账户与"固定资产"账户、"利润分配"账户与"本年利润"账户的关系为例,说明调整账户使用的特点。

7. 集合分配账户与费用账户在用途和结构上的异同点是什么?

8. 什么是调整账户? 举例说明,为什么在核算中要设置调整账户? 调整方式有哪几种?

业务操作题

目的:熟悉调整账户和被调整账户。

资料:

1. 某企业2008年4月初"固定资产"账户的借方余额为520 000元,"累计折旧"账户的贷方余额为100 000元。

2. 该企业4月份发生下列经济业务:

(1)5日,收到投资者投入的生产线并安装交付使用。该生产线原值为110 000元,评估价值100 000元。

(2)8日,开出转账支票购入不需要安装的新设备一台,价税合计11 500元,运费5 000元。

(3)30 日,计提本月固定资产折旧 85 000 元。其中,生产车间用固定资产的折旧额为 60 000 元,企业管理部门用固定资产的折旧额为 25 000 元。

(4)30 日,经批准,企业出售一台不需用的设备,收到出售收入 9 400 元存入银行,该设原值 36 000 元,已提折旧 21 000 元。

要求:

1. 根据所给资料开设“固定资产”和“累计折旧”账户并登记期初余额。

2. 根据上述业务编制会计分录并登记“固定资产”和“累计折旧”账户。

结出上述两个账户的本期发生额和余额并计算出 4 月末固定资产的净值。

第六章

填制和审核会计凭证

【内容简介】

本章主要介绍了会计凭证的意义、种类、填制和审核以及会计凭证的传递和保管。

【学习精要】

会计凭证是记录经济业务、明确经济责任的书面证明，也是登记账簿的依据。

会计凭证按其填制的程序和用途不同可以分为原始凭证和记账凭证。

原始凭证的填制应做到真实可靠、内容完整、书写规范、手续完备、填制及时。原始凭证的审核应做到合法、合理、真实、完整、正确、清楚。而对于记账凭证，不同核算形式下，其格式、种类不同，填制和审核方法也会有所差别。

会计凭证的传递，是指会计凭证从填制到归档保管的整个过程中，在单位内部有关部门和人员之间的传递程序和传递时间。科学的传递程序，应该使会计凭证沿着最快速、最合理的流向运行。

会计凭证的保管，是指会计凭证登账后的管理、装订和归档存查。会计凭证是重要的会计档案和历史资料，特别是发生贪污、盗窃等违法乱纪行为时，会计凭证还是依法处理的有效依据。

【重要概念】

会计凭证　原始凭证　记账凭证　会计凭证的传递和保管

第一节 会计凭证的意义和种类

一、会计凭证的意义

会计凭证是记录经济业务、明确经济责任的书面证明，也是登记账簿的依据。

一切会计记录都要有真凭实据。任何单位，为了保证会计信息的客观、真实，对所发生的每一项经济业务都必须由经办业务的有关人员填制或取得会计凭证，记录经济业务发生或完成的日期，注明经济业务的内容，并在凭证上签名或盖章，明确经济责任。

会计凭证必须经过会计机构、会计人员严格的审核，经确认无误后，才能作为登记账簿的依据，没有能证明经济业务已经发生或者已经完成的合法会计凭证就不能进行账务处理。正确地填制和审核会计凭证，是会计核算工作的一项重要内容，也是反映和监督经济活动不可缺少的核算方法。

填制和审核会计凭证，是会计核算工作的起点，也是会计核算的基本方法之一，其作用主要表现在以下方面。

（一）正确、及时地反映各项经济业务的发生和完成情况

任何一项经济业务，都必须按照规定的程序和要求，及时取得和填制会计凭证，真实、详细地记录经济业务的发生和完成情况，通过填制会计凭证加以全面记录，并加以系统地分类与汇总。会计凭证是重要的会计档案，通过会计凭证的填制，不仅可以了解各项经济业务发生或完成的情况，而且为进行会计分析和审计提供了重要的原始依据。

（二）为登记账簿提供正确的依据

会计凭证是登记账簿的依据，无论是总分类账还是明细分类账，都必须根据审核无误的原始凭证进行登记。在业务量大、会计凭证多的企业单位，通过对审核无误的原始凭证的整理、汇总填制记账凭证，还可以简化登记账簿的工作，并保证账簿记录的正确性。

（三）通过凭证审核可以有效地发挥会计的监督和控制作用

通过对会计凭证的审核，可以检查会计凭证的合法性，检查凭证所记录的经济业务是否符合国家的有关法规、制度，是否符合企业计划，有无违法乱纪行为，

从而在会计的初始阶段实现对经济活动的事中控制，保证经济活动的健康运行。

（四）加强经济管理上的责任制

一切会计凭证都必须按照规定的手续办理，经办部门和人员都要签名盖章，对凭证的真实性、合法性负责。这样，可以促使经办业务的部门人员认真负责，严格按照政策、法令和制度办事。同时，明确各自的经济责任，即使发生了问题，也易于弄清情况、区分责任，作出正确判断。

二、会计凭证的种类

会计凭证多种多样，按其填制的程序和用途不同可以分为原始凭证和记账凭证。

（一）原始凭证

原始凭证是在经济业务发生或完成时取得或填制的，用来证明经济业务发生或者完成的情况，并作为记账的原始依据。原始凭证是会计核算的原始资料，也是填制记账凭证的依据。

原始凭证按其来源不同，可以分为自制原始凭证和外来原始凭证。

1. 自制原始凭证。自制原始凭证，是指由本单位内部经办业务的部门或人员，在某项经济业务发生或完成时自行填制的凭证。自制原始凭证按其填制手续和反映业务方法不同，分为一次凭证、累计凭证、汇总原始凭证和记账编制凭证。

(1)一次凭证，是指反映一项经济业务，或者同时反映若干项同类性质的经济业务，填制手续是一次完成的会计凭证。如，企业购进材料验收入库，由仓库保管员填制的“收料单”（格式与内容见表6－1），车间或班组向仓库领用材料时填制的“领料单”（格式与内容见表6－2），以及“现金收据”。

(2)累计凭证，是指在一定时期内连续记载若干项不断重复发生的同类经济业务，并以其累计数额记账的原始凭证。这类原始凭证的特点是填制手续是随着经济业务发生而分次进行的。这类凭证大多规定一个数量、金额限额，只要不超过这个限额就可以继续使用。如，“限额领料单”就是累计凭证（格式与内容见表6－3）。

(3)汇总原始凭证，也称原始凭证汇总表，是指在一定时期内若干份记录同类经济业务的原始凭证汇总编制的，用以集中反映某项经济业务总括情况的原始凭证。如，“发料凭证汇总表”（格式与内容见表6－4）、“收料凭证汇总表”、“现金收入汇总表”、“差旅费报销单”等都是汇总原始凭证。

(4)记账编制凭证，是指会计人员根据账簿记录加以整理后重新编制的原始凭证。如,“制造费用分配表”(格式与内容见表6-5)、“固定资产折旧计算表”、“产品生产成本计算表”、“辅助生产费用分配表”等。记账编制凭证与上述其他原始凭证的不同点主要在于,其他原始凭证一般都是依据实际发生的经济业务编制的,而记账编制凭证则是根据账簿记录加以整理后编制的。

2.外来原始凭证。外来原始凭证,是指在经济业务发生或者完成时,从外部单位或个人处取得的。外来原始凭证都是一次凭证。如,购买货物取得的发货票(格式与内容见表6-6)、增值税专用发票(格式与内容见6-7)、银行为企业代收款项的收款通知单等。

(二)记账凭证

记账凭证,是由会计人员根据审核无误的原始凭证或汇总原始凭证,按照经济业务的内容加以归类,用来确定会计分录,作为登记账簿直接依据的凭证。

进行会计核算,有了原始凭证为什么还要编制记账凭证呢?这是因为经济业务的种类和数量繁多,与其相关的原始凭证的格式和内容也各不相同,加上原始凭证一般都不能具体表明经济业务应记入的账户及其借贷方向,直接根据原始凭证登记账簿容易发生差错。因此,在记账之前需要根据审核无误的原始凭证,经过归类整理,填制具有统一格式的记账凭证,确定经济业务应借、应贷的会计科目和金额,并将相关的原始凭证附在记账凭证的后面。这样既方便了记账、减少了差错,也有利于原始凭证的保管,提高对账和查账的效率。

在前面的章节中曾指出,在登记账簿之前,应按实际发生的经济业务编制会计分录,然后据以登记账簿。在实际工作中,会计分录是通过填制记账凭证来完成的。

1.记账凭证按其适用的经济业务,分为专用记账凭证和通用记账凭证。

(1)专用记账凭证。专用记账凭证是指专门用来记录某一类经济业务的记账凭证。专用记账凭证按其所记录的经济业务是否与现金和银行存款收付业务有关,分为收款凭证、付款凭证和转账凭证。

- 收款凭证是指专门用于登记现金和银行存款收入业务的记账凭证,收款凭证分为现金收款凭证和银行存款收款凭证(格式与内容见表6-8)。
- 付款凭证是指专门用于登记现金和银行存款等货币资金的付出业务的记账凭证。付款凭证分为现金付款凭证和银行存款付款凭证(格式与内容见表6-9)。

收款凭证和付款凭证是根据有关库存现金、银行存款收付业务的原始凭证填制的,是登记库存现金日记账、银行存款日记账、有关明细分类账及总分类账的依据,也是出纳人员收付款项的依据。

• 转账凭证是指专门用于登记库存现金和银行存款收付业务以外的转账业务的记账凭证。转账凭证根据有关转账业务的原始凭证填制，是登记有关总分类账及明细分类账的依据（格式与内容见表6－10）。

（2）通用记账凭证。通用记账凭证是指适用于各类经济业务、具有统一格式的记账凭证，也称标准凭证。通用记账凭证的格式，不再分为收款凭证、付款凭证和转账凭证，而是以一种格式记录全部经济业务（格式与内容见表6－11）。通用记账凭证一般在业务量少、凭证不多的单位中应用。

2. 记账凭证按其包括的会计科目是否单一和填制的方式不同，分为复式记账凭证和单式记账凭证。

（1）复式记账凭证。复式记账凭证又叫做多科目记账凭证，是指将某项经济业务所涉及的会计科目集中填列在一张记账凭证上。上述收款凭证、付款凭证和转账凭证的格式都是复式记账凭证的格式。

复式记账凭证有集中反映账户对应关系、便于了解经济业务的全貌、可以减少记账凭证的数量、减轻登记账簿工作的优点，同时，也便于查账。但复式记账凭证不便于汇总计算每一会计科目的发生额，不便于分工记账。

（2）单式记账凭证。单式记账凭证又叫做单科目记账凭证，是指将某项经济业务所涉及的每个会计科目分别填制的记账凭证。每张记账凭证中只填列一个会计科目，其对方科目只供参考，不凭以记账（格式与内容见表6－12、表6－13、表6－14）。

单式记账凭证反映的科目单一，便于分工记账和按会计科目进行汇总，但一张凭证不能反映每一项经济业务的全貌，填制记账凭证的工作量也比较大，而且出现差错不易查找。

3. 记账凭证按其是否经过汇总，可以分为汇总记账凭证和非汇总记账凭证。

（1）汇总记账凭证。汇总记账凭证是根据非汇总记账凭证按一定的方法汇总填制的记账凭证。汇总记账凭证按汇总方法不同可分为分类汇总凭证和全部汇总凭证。

• 分类汇总凭证是根据一定期间的记账凭证按其种类分别汇总填制的。如，根据库存现金或银行存款的收款凭证汇总填制的“库存现金汇总收款凭证”和“银行存款汇总收款凭证”，根据库存现金或银行存款的付款凭证汇总填制的“库存现金汇总付款凭证”和“银行存款汇总付款凭证”，以及根据转账凭证汇总填制的“汇总转账凭证”都是分类汇总凭证。

• 全部汇总凭证是根据一定期间的记账凭证全部汇总填制的，如“科目汇总表”就是全部汇总凭证（格式与内容见表10－1、表10－2）。

（2）非汇总记账凭证。非汇总记账凭证，是没有经过汇总的记账凭证，前面介绍的收款凭证、付款凭证和转账凭证以及通用记账凭证都是非汇总记账凭证。

会计凭证的分类具体可用图6-1表示。

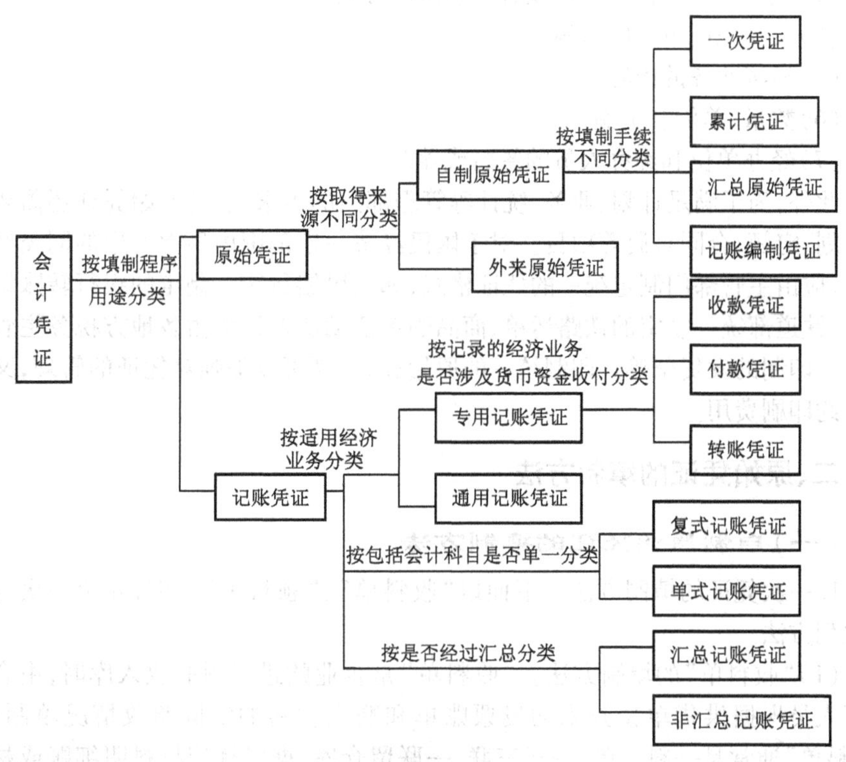

图6-1

第二节 原始凭证的填制和审核

一、原始凭证的基本内容

由于经济业务内容和经济管理要求不同，各种原始凭证的名称、格式和内容也是多种多样的。但是，为了满足会计工作的需要，无论哪一种原始凭证都必须详细地反映有关经济业务的发生或完成情况，明确经办单位和经办人员的经济责任。因此，各种原始凭证具备以下共同的基本内容，通称为凭证要素，主要包括以内容。

(1)原始凭证的名称。

(2)填制凭证的日期和编号。日期一般是经济业务事项发生或完成的日期，如果经济事项发生或完成时,因某种原因未能及时填制,则应以实际填制日期为准。

(3)填制凭证单位的名称或者填制人的姓名。

(4)接受凭证单位的名称。

(5)经济业务的内容。

(6)数量、单价和金额。

(7)经办单位和经办人员的签名或盖章。

此外,为了满足计划、业务、统计等管理部门的需求,有的原始凭证还需要列入计划、定额、合同号码等项目。对于国民经济一定范围内经常发生的同类经济业务,应由主管部门制定统一的凭证格式,如人民银行统一制定的银行转账结算凭证、铁道部统一制定的铁路运单、商品购销活动所取得的由各地方税务主管部门统一印制的发货票等。印制统一的原始凭证,既可以加强对凭证的管理,又可以节约印刷费用。

二、原始凭证的填制方法

(一)自制原始凭证的填制方法

1.一次凭证的填制方法。下面以“收料单”、“领料单”为例,介绍一次凭证的填列方法。

(1)“收料单”的填制方法。“收料单”是企业购进材料验收入库时,由仓库保管人员根据供货单位开来的发票账单和购入材料的实际验收情况填制的。“收料单”通常是一料一单,一式三联,一联留仓库,据以登记材料明细账或材料卡片,一联随发票账单到会计部门报账,一联交采购人员存查。

【例6-1】某企业有北方薄板10吨,每吨1 350元,运杂费500元。材料价款及运费以银行存款付讫。仓库保管员验收后填制“收料单”,其格式与内容见表6-1。

表6-1

(企业名称)

收　料　单

供货单位:北方薄板厂　　　　凭证编号　0203

发票编号:2456　　　　2008年10月25日　　　　收料仓库:3号库

材料类别	材料编号	材料名称及规格	计量单位	数量		金额(元)			
				应收	实收	单价	买价	运杂费	会计
板材	4018	薄板	吨	10	10	1 350	13 500	500	14 000
备注:						合计			14 000

仓库保管员:刘雯　　　　收料人:赵杰

(2)“领料单”的填制方法。“领料单”是车间或部门从仓库中领用各种材料时,由领料经办人根据需要材料的情况填写的一次性原始凭证,并经该单位主管领导批准到仓库领用材料。仓库保管员根据“领料单”,要审核材料的用途,认真计量和发放材料,并在领料单上签章。“领料单”一般都是一料一单。通常都是一式三联,一联留领料单位备查,一联留仓库据以登记材料明细,另一联转交财会部门作为材料总分类核算的依据。

【例6-2】某企业的三车间,生产A产品需领用∮13mm圆钢350千克,单位价格1.50元。由经办人填制“领料单”,经车间有关领导批准后到仓库领料,仓库保管员审核后据以发料,在“实发栏”填写实发数量,让发料双方在“领料单”上签章。“领料单”的格式与内容见表6-2。

表6-2

(企业名称)

领 料 单

领料单位:三车间　　　　凭证编号:3618

用途:A产品　　2008年10月5日　　发料仓库:2号库

材料类别	材料编号	材料名称及规格	计量单位	数量		单价	金额
				请领	实发		
钢材类	052	∮13mm圆钢	千克	350	350	1.50	525
备注:						合计	525

记账:李耘　　发料:张平　　领料部门主管:夏波　　领料:魏宏

2. 累计凭证的填制方法。典型的累计凭证是企业的“限额领料单”。

“限额领料单”是多次使用的累计领发料凭证。在有效期间内(一般为一个月),只要领用数量不超过限额就可以连续使用。“限额领料单”是由生产计划部门根据下达的生产任务和材料消耗定额按每种材料用途分别开出,一料一单,一式两联,一联交仓库据以发料,一联交领料部门据以领料。领料单位领料时,在该单位内注明请领数量,经负责人签章批准后,持往仓库领料。仓库发料时,根据材料的品名、规格在限额内发料,同时将实发数量及限额余额填写在限额领料单内,领发料双方在单内签章。月末在此单内结出实发数量和金额转交会计部门,据以计算材料费用,并作材料减少的账务处理。使用限额领料单领料,全月不能超过生产计划部门所下达的全月领用限额量。因增加产量或由于产品报废等其他原因超限额用料而需要追加领料时,应由用料部门向生产计划部门提出申请,经批准后,应另填一张追加领料的“领料单”。“限额领料单”的格式与内容见表6－3。

【例6－3】某企业五车间生产甲产品，2008年度计划生产300台，10月份Φ40mm圆钢的领用限额为6 000千克，每千克圆钢的单价为5元。生产计划部门下达"限额领料单"后，车间在该月内领用Φ40mm圆钢情况见表6－3。

表6－3　限额领料单

领料部门：五车间　　　　　　　　　　　　　　　　领料编号：3541

领料用途：制造甲产品　　　　2008年10月份　　　　发料仓库：3号

材料类别	材料编号	材料名称及规格	计量单位	单位价格	全月领用数量限额	全月实际领用	
						数量	金额
钢材	18260	Φ40mm圆钢	千克	5.00	6 000	6 000	30 000

供应部负责人：丁永节　　　　　　　　　　　　生产计划部门负责人：崔利奇

年		请领			实发				退库	
月	日	数量	累计	领料单位负责人	数量	发料人	领料人	限额结余	数量	推料单金额
10	5	2 000	2 000	刘刚	2 000	陈尔洞	赵之环	4 000		
10	10	1 000	3 000	刘刚	1 000	陈尔洞	赵之环	3 000		
10	15	1 500	4 500	刘刚	1 500	徐笛	胡枫	1 500		
10	20	1 000	5 500	刘刚	1 000	徐笛	胡枫	500		
10	31	400	5 900	刘刚	400	徐笛	胡枫	100		

仓库负责人：张菊花

从以上"限额领料单"的记录可知，五车间在当月5日、10日、15日、20日和31日五次领用Φ40mm圆钢，实际累计领用5 900千克，与领用限额6 000千克对比，节约100千克，节约材料费用500元。"限额领用单"不仅起到事先控制领料的作用，而且可以减少原始凭证的数量和简化填制凭证手续。

3. 汇总原始凭证的填制方法。常用的汇总原始凭证有发料凭证汇总表、工资结算汇总表、差旅费报销单等。

【例6－4】某企业领发材料比较频繁，同类凭证也较多。为了简化核算手续，由材料会计将各车间、部门的领料凭证按旬汇总，每月编制一份"发料凭证汇总表"，送交会计部门进行账务处理。"发料凭证汇总表"格式与内容见表6－4。

表 6－4 发料凭证汇总表

第 10 号

2008 年 10 月 附件 24 张

应借科目		应贷科目		
		原材料	燃　料	合　计
生产成本	1～10 日	4 000		4 000
	11～12 日		1 200	1 200
	21～31 日	2 100	800	2 900
	小　计	6 100	2 000	8 100
制造费用	1～10 日	1 600	500	2 100
	11～12 日	1 000		1 000
	21～31 日		500	500
	小　计	2 600	1 000	3 600
管理费用	1～10 日		500	500
	11～12 日	400		400
	21～31 日	1 000		1 000
	小　计	1 400	500	1 900
合　计		10 100	3 500	13 600

主管:韩莲　审核:姜欣　制表:郭凯　保管:刘峰

4. 记账编制凭证的填制方法。以“制造费用分配表”为例介绍记账凭证的填制方法。

【例 6－5】某企业二车间生产 A,B 两种产品,本月发生制造费用 3 000 元,按 A,B 产品生产工时比例在 A,B 产品之间进行分配,根据制造费用明细账,编制的“制造费用分配表”见表 6－5。

表 6－5 制造费用分配表

2008 年 10 月 31 日 单位:元

产品名称	分配标准(生产工人工资)	分配率	分配金额
A	4 000	3	12 000
B	6 000	3	18 000
合计	10 000	3	30 000

主管:韩莲　审核:姜欣　制表:郭凯

（二）外来原始凭证的填制方法

1. 普通发货票的填制方法。

【例6－6】华夏公司支付祥云广告公司广告费36 000元。华夏公司收到祥云公司填制的普通发货票，其格式与内容见表6－6。

表6－6 北京市工业商业统一发票

发 货 票

购货单位：华夏公司　　2008年12月15日　　NO：6734

货号	品名规格	单位	数量	单价	金额									
					千	百	十	万	千	百	十	元	角	分
	广告费							3	6	0	0	0	0	0
	合计							3	6	0	0	0	0	0
合计：人民币（大写）叁万陆千元整									¥36 000.00					

第二联 付款方收执

制票人：沈艳　　收款人：阎东　　企业盖章：祥云广告公司

2. 增值税专用发票的填制方法。增值税专用发票是一般纳税人于销售货物时开具的销售发票，一式四联，销货单位和购货单位各执两联。销售单位的两联中，一联留存有关业务部门，一联为会计机构的记账凭证；购货单位的两联中，一联作为购货单位的结算凭证，一联为税款抵扣凭证。

【例6－7】光华机械厂2008年10月10日从中兴钢厂购进材料一批，货款及增值税以银行存款支付，中兴钢厂收妥款项后开具的“增值税专用发票”的格式与内容见表6－7。

外来原始凭证一般由税务局等部门统一印制，或经税务部门批准由经济单位印制，在填制时加盖出据凭证单位公章方有效。

三、原始凭证的填制要求

一个单位的会计工作是从取得或填制原始凭证开始的，原始凭证填制得正确与否，直接影响会计核算的质量。因此，填制原始凭证必须符合以下规定要求。

第一，会计凭证所反映的经济业务必须合法，必须符合国家有关政策、法令、规章、制度的要求，否则不能列入原始凭证。

第二，凭证填写的内容和数字要真实可靠。原始凭证上所填写的经济业务发生日期、内容、数量和金额等项目必须与实际情况完全相符，不能填写估计数或匡算数。

表 6-7 增值税专用发票

开票日期:2008 年 10 月 10 日　　　　NO:05316768

<table>
<tr><td rowspan="2">购货单位</td><td>名称</td><td colspan="11">光华机械厂</td><td colspan="5">纳税人登记号</td><td colspan="8">10104591307</td></tr>
<tr><td>地址电话</td><td colspan="11">长春市沈林路 3 号 6356482</td><td colspan="5">开户银行及账号</td><td colspan="8">解放路分理处 613—136</td></tr>
<tr><td colspan="2" rowspan="2">货物或应税劳务名称</td><td rowspan="2">计量单位</td><td rowspan="2">数量</td><td rowspan="2">单价</td><td colspan="9">金　额</td><td rowspan="2">税率（%）</td><td colspan="11">金　额</td></tr>
<tr><td>百</td><td>十</td><td>万</td><td>千</td><td>百</td><td>十</td><td>元</td><td>角</td><td>分</td><td>亿</td><td>千</td><td>百</td><td>十</td><td>万</td><td>千</td><td>百</td><td>十</td><td>元</td><td>角</td><td>分</td></tr>
<tr><td colspan="2">甲材料</td><td>千克</td><td>1 200</td><td>35</td><td></td><td>¥</td><td>4</td><td>2</td><td>0</td><td>0</td><td>0</td><td>0</td><td>0</td><td>17</td><td></td><td></td><td></td><td></td><td>¥</td><td>7</td><td>1</td><td>4</td><td>0</td><td>0</td><td>0</td></tr>
<tr><td colspan="2"></td><td></td><td></td><td></td><td></td><td></td><td></td><td></td><td></td><td></td><td></td><td></td><td></td><td></td><td></td><td></td><td></td><td></td><td></td><td></td><td></td><td></td><td></td><td></td><td></td></tr>
<tr><td colspan="2">合计</td><td></td><td></td><td></td><td></td><td>¥</td><td>4</td><td>2</td><td>0</td><td>0</td><td>0</td><td>0</td><td>0</td><td></td><td></td><td></td><td></td><td></td><td>¥</td><td>7</td><td>1</td><td>4</td><td>0</td><td>0</td><td>0</td></tr>
<tr><td colspan="2">加税合计(大写)</td><td colspan="24">肆万玖千壹佰肆拾元整　　　　¥49 140.00</td></tr>
<tr><td rowspan="2">购货单位</td><td>名称</td><td colspan="11">中兴钢厂</td><td colspan="5">纳税人登记号</td><td colspan="8">2347891240</td></tr>
<tr><td>地址电话</td><td colspan="11">北京市大华路 3 号 4563219</td><td colspan="5">开户银行及账号</td><td colspan="8">工商银行海淀分理处 472—262</td></tr>
<tr><td colspan="2">备　注</td><td colspan="24"></td></tr>
</table>

第二联　记账联　购货方记账

收款人:刘红　　　　开票单位(未盖章无效):中兴钢厂

第三，手续完备。各种凭证的内容必须逐项填写齐全，不得遗漏和省略，手续要完备，经办业务的部门和人员要认真审核，签名盖章。

第四，填制凭证要及时。当每一项经济业务发生或完成时，应立即填制原始凭证，并按规定的程序及时送交会计部门，经会计部门审核无误后，据此编制记账凭证。

第五，凭证书写要规范。各种凭证的书写要用蓝黑墨水，文字要简要，字迹要清楚，易于辨认，不得使用未经国务院公布的简化字；对阿拉伯数字要逐个写清楚，不得连笔书写；在数字前应填写人民币符号“￥”；属于套写的凭证，应一次套写清楚。

第六，大小写金额数字要符合规格，正确填写。

(1)各种凭证的书写要用蓝黑墨水，书写简洁、清楚。

(2)阿拉伯数字应一个一个地写，不得连笔写。阿拉伯小写金额数字前面，均应填写人民币符号“￥”。

(3)中文大写金额数字应用正楷或行书填写，如壹、贰、叁、肆、伍、陆、柒、捌、玖、拾、佰、仟、万、亿、元、角、分、零、整(正)等字样。

(4)中文大写金额数字到“元”为止的，在“元”之后，应写“整”(或“正”)字。

(5)中文大写金额数字前应标明“人民币”字样。

(6)中文大写金额数字前应标明“人民币”字样，大写金额数字应紧接“人民币”字样填写，不得留有空白。

(7)阿拉伯小写金额数字中有“0”时，中文大写应按照汉语语言规律、金额数字构成和防止涂改的要求进行书写。

(8)票据的出票日期必须使用中文大写。为防止变造票据的出票日期，在填写月、日时，月为壹、贰和壹拾的，日为壹至玖和壹拾、贰拾和叁拾的，应在其前加“零”；日为拾壹至拾玖的，应在其前加“壹”。如1月15日，应写成零壹月壹拾伍日。再如10月20日，应写成壹拾月贰拾日。票据出票日期使用小写填写的，银行不予受理。大写日期未按要求规范填写的，银行可予受理，但由此造成损失的，由出票人自行承担。

第七，各种凭证不得随意涂改、刮擦、挖补。发现原始凭证有错误时，应当由开出单位重开或者更正。更正时，应采用划线更正法，即将错误的文字和数字，用红色墨水画线注销，再将正确的数字和文字用蓝字写在画线部分的上面，更正处应当加盖开出票据单位公章。

第八，各种凭证必须连续编号，以便查考。各种凭证如果已经先印定编号，在写错作废时，应当加盖“作废”戳记，全部保存，不得撕毁。

四、原始凭证的审核

对原始凭证进行审核，是确保会计信息质量、充分发挥会计监督作用的重要环节，也是会计机构、会计人员的法定职责。审核原始凭证的主要内容有以下几方面。

（一）审核原始凭证是否合法、合理

审核原始凭证所反映的经济业务是否符合国家的政策、法令、制度的规定，有无违反财经纪律等违法乱纪的行为；是否符合厉行节约、反对铺张浪费的原则，有无违反该原则的现象。对于弄虚作假、营私舞弊、伪造涂改凭证等违法行为，应拒绝受理，及时揭露，并向领导汇报，严肃处理。

（二）审核原始凭证是否真实、完整

审核填制原始凭证的日期、所记录经济业务的内容和数据等是否符合实际情况，项目填写是否齐全，手续是否完备，外来原始凭证的填制单位公章、填制人员签字以及自制原始凭证的经办部门和经办人员的签名或盖章是否齐全。手续不完备，应退还给经办单位补办完备后才予以受理。

（三）审核原始凭证是否正确、清楚

审核原始凭证中摘要的填写是否符合要求，数量、单价、金额、合计数的计算和填写是否正确，大小写金额是否相符，书写是否清楚。如发现不符，要退回经办人进行更正或重新填写。

第三节　记账凭证的填制和审核

一、记账凭证的基本内容

记账凭证的主要作用，在于对于原始凭证进行分类、整理，按照借贷记账法的要求，运用会计科目，编制会计分录，据以登记账簿。因此，记账凭证必须具备下列基本内容（也称记账凭证要素）。

（1）填制单位的名称。

（2）记账凭证的名称。

（3）填制凭证的日期和编号。

（4）经济业务内容摘要。

(5) 会计科目(包括一级科目和二级科目或明细科目)的名称、记账方向及金额。

(6) 过账备注(在登记入账后,作"√"符号或填写过入账户页数)。

(7) 所附原始凭证的张数。

(8) 填制人员、稽核人员、记账人员和会计主管人员(收款凭证和付款凭证还应增加出纳人员)的签名或盖章。

二、记账凭证的填制方法

(一)专用记账凭证的填制方法

1. 收款凭证的填制方法。收款凭证是根据库存现金和银行存款收入业务的原始凭证填制的。因此,收款凭证的借方只可能是"库存现金"或"银行存款"科目。常将借方科目放入凭证的左上角。这种左上角的科目,也称为主体科目。在凭证内反映的贷方科目,应填列于"库存现金"或"银行存款"相对应的科目。金额栏填列实际收入的数额,在凭证的右侧填写所附原始凭证张数,有关人员应签名或盖章。

【例6-8】企业2008年10月15日销售甲产品一批,价款50 000元,增值税销项税额8 500元,收到购买单位支票一张,收讫58 500元存入银行。会计人员根据审核无误的原始凭证填制银行存款收款凭证,其格式与内容见表6-8。

表6-8 收款凭证

借方科目　银行存款　2008年10月15日　银收字第18号

摘 要	贷方总账科目	明细科目	借或贷	金 额									
				千	百	十	万	千	百	十	元	角	分
销售甲产品30件	主营业务收入	(略)	贷				5	0	0	0	0	0	0
	应交税费	(略)	贷					8	5	0	0	0	0
合 计						¥	5	8	5	0	0	0	0

附单据×张

财务主管:程镇　记账:董运　出纳:刘力　审核:王伟　制证:刘力

2. 付款凭证填制方法。收款凭证是根据库存现金和银行存款付出业务的原始凭证填制的。其格式与收款凭证基本相同。只是付款凭证左上角是贷方科目,其贷方科目为“库存现金”或“银行贷款”。

【例6－9】企业2008年12月16日购入材料一批,买价80 000元,增值税进项税额13 600元,共计93 600元,开出支票一张支付购料款。出纳人员根据审核无误的原始凭证填制银行存款付款凭证,其格式与内容见表6－9。

表6－9　付款凭证

贷方科目　　　银行存款　　　2008年12月16日　　　　银付字第25号

摘　要	借方总账科目	明细科目	借或贷	金　额									
				千	百	十	万	千	百	十	元	角	分
购入材料一批	材料采购	（略）	借				8	0	0	0	0	0	0
	应交税费	（略）	借				1	3	6	0	0	0	0
合　计						¥	9	3	6	0	0	0	0

附单据×张

财务主管:程镇　　记账:董运　　出纳:刘力　　审核:王伟　　制证:刘力

需要注意的是:对于库存现金和银行存款之间相互划转的业务,如从银行提取库存现金,或将库存现金存入银行,为了避免重复记账,只编制付款凭证,不编制收款凭证。如从银行提取库存现金时,只编制银行存款付款凭证;如将库存现金存入银行时,只编制库存现金付款凭证。

3. 转账凭证的填制方法。转账凭证是用以记录与货币资金收付无关的转账业务的凭证,它是由会计人员根据审核无误的转账业务原始凭证填制的。在借贷记账法下,将经济业务所涉及的会计科目全部填列在凭证内,借方科目在先,贷方科目在后,将各会计科目所记应借、应贷款的金额填列在“借方金额”或“贷方金额”栏内。借、贷方金额合计数应该相等。有关人员应签名盖章,并在凭证的右侧填写所附原始凭证的张数。

【例6－10】企业2008年10月31日计提当月固定资产折旧20 000元,其中生产车间用固定资产14 000元,行政管理部门用固定资产6 000元。会计人员根据折旧提取计算表填制“转账凭证”。其格式与内容见表6－10。

表 6－10　转账凭证

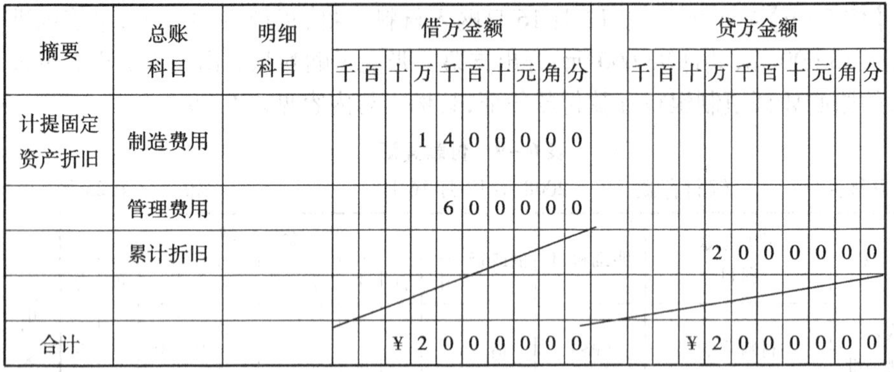

2008 年 10 月 31 日　　　　转字第 135 号

摘要	总账科目	明细科目	借方金额											贷方金额									
			千	百	十	万	千	百	十	元	角	分		千	百	十	万	千	百	十	元	角	分
计提固定资产折旧	制造费用					1	4	0	0	0	0	0											
	管理费用						6	0	0	0	0	0											
	累计折旧																2	0	0	0	0	0	0
合计					¥	2	0	0	0	0	0	0				¥	2	0	0	0	0	0	0

附单据×张

财务主管:程镇　　记账:董运　　审核:王伟　　制证:吴兼

(二)通用记账凭证的填制方法

通用记账凭证是一种适合各种经济业务的记账凭证。采用通用记账凭证,将经济业务所涉及的会计科目全部填列在一张凭证内,借方在先,贷方在后,将各会计科目所记应借应贷的金额填列在“借方金额”或“贷方金额”栏内。借、贷方金额合计数应相等。有关人员应签名盖章,并填写所附原始凭证的张数。

【例 6－11】某企业 2008 年 6 月 10 日销售产品一批,售价 40 000 元,增值税销项税额 6 800 元,收到款项存入银行。会计人员根据有关原始凭证填制通用记账凭证,其格式与内容见表 6－11。

表 6－11　通用记账凭证

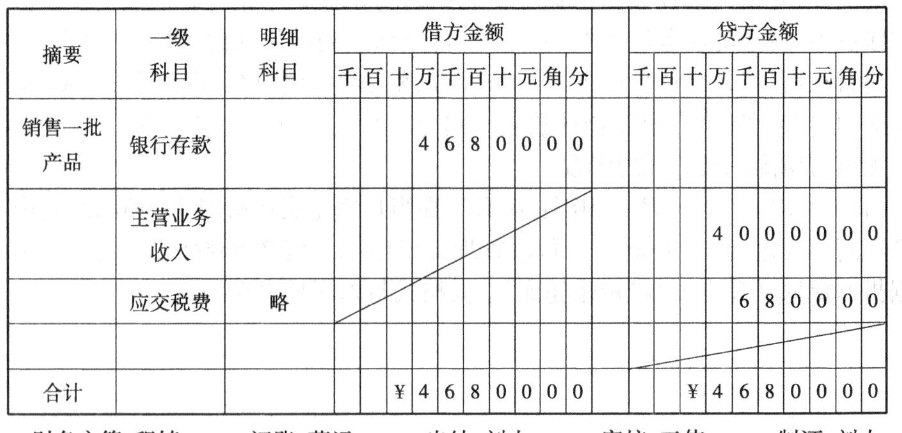

2008 年 6 月 10 日　　　　凭证编号 10033 号

摘要	一级科目	明细科目	借方金额											贷方金额									
			千	百	十	万	千	百	十	元	角	分		千	百	十	万	千	百	十	元	角	分
销售一批产品	银行存款					4	6	8	0	0	0	0											
	主营业务收入																4	0	0	0	0	0	0
	应交税费	略																6	8	0	0	0	0
合计					¥	4	6	8	0	0	0	0				¥	4	6	8	0	0	0	0

附单据×张

财务主管:程镇　　记账:董运　　出纳:刘力　　审核:王伟　　制证:刘力

（三）单式记账凭证的填制方法

单式记账凭证的特点是，一项经济业务的会计分录涉及几个对应的会计科目，就应分别填制几张记账凭证。按每项经济业务所涉及会计科目的借、贷方及其对应关系，又分为“借项记账凭证”和“贷项记账凭证”。为了易于识别，一般用不同颜色的纸张。

【例6－12】企业2008年12月15日向春光公司出售甲产品一批，售价30 000元，增值税销项税额5 100元，收到款项存入银行，会计人员根据审核无误的原始凭证收款后，所编的会计分录为：

借：银行存款　　35 100

　贷：主营业务收入　　30 000

　　应交税费——应交增值税（销项税额）　　5 100

以上会计分录涉及一个借方会计科目、两个贷方会计科目，应分别填制一张“借项记账凭证”，其格式与内容见表6－12；两张“贷项记账凭证”，其格式与内容见表6－13、表6－14。

表6－12　单式记账凭证（一）

借项记账凭证

2008年12月25日　　凭证编号记字365（1/3）号

摘　要	总账科目	明细科目	账页	金额
销售给春光公司甲产品一批	银行存款			35 100
对应总账科目：主营业务收入、应交税费	合　计			35 100

附单据×张

财务主管：程镇　　记账：董运　　出纳：刘力　　审核：王伟　　制证：刘力

表6－13　单式记账凭证（二）

贷项记账凭证

2008年12月25日　　凭证编号记字365（2/3）号

摘　要	总账科目	明细科目	账页	金额
销售给春光公司甲产品一批	主营业务收入	甲产品		30 000
对应总账科目：银行存款	合　计			30 000

附单据见1－3号

财务主管：程镇　　记账：董运　　出纳：刘力　　审核：王伟　　制证：刘力

表 6－14　单式记账凭证(三)

贷项记账凭证

2008 年 12 月 25 日　　凭证编号记字 365（3/3）号

摘　要	总账科目	明细科目	明细科目	金额
销售给春光公司甲产品一批	应交税费	应交增值税		5 100
对应总账科目:银行存款	合　计			5 100

附单据见1－3号

财务主管:程镇　　记账:董运　　出纳:刘力　　审核:王伟　　制证:刘力

在借项记账凭证和贷项记账凭证中所列示的对应总账科目只起参考作用。

三、记账凭证的填制要求

记账凭证填制得正确与否,直接关系到记账的真实性和正确性。因此,填制记账凭证,除了要遵守填制原始凭证的要求外,还必须注意以下几点。

第一,填制记账凭证必须以审核无误的原始凭证为依据。记账凭证可以根据每一张原始凭证填制,也可以把若干张同类经济业务的原始凭证进行汇总,根据原始凭证汇总表填制。对于账项调整、结账、会计计算以及更正错账,一般没有原始凭证,但填制时要作较为具体的说明或附有自制的计算单。

第二,正确填写记账凭证的日期。记账凭证的日期一般是会计人员填制记账凭证当天的日期。根据管理的需要也可以填写经济业务发生的日期或月末日期。因此,记账凭证与原始凭证所记载的日期不一定相同。而转账凭证原则上按收到原始凭证的日期填写,但经济业务实际发生的日期应在摘要栏上注明。

第三,必须对记账凭证连续编号。记账凭证在一个月内应当连续编号,以便查核。在具体编号时,可采用统一编号和分类编号两种方法。统一编号法适用通用记账凭证。分类编号法较适合收款凭证、收付凭证和转账凭证等专用记账凭证,其又可作两种划分:一是分为库存现金收付、银行存款收付和转账业务三类,分别起头,连续编号。这种凭证编号应分为收字第 X 号、付字第 X 号,转字第 X 号。二是分为库存现金收入、库存现金付出、银行存款收入、银行存款付出和转账业务五类,分别起头,连续编号。这种凭证编号应分为现收字第 X 号、现付字第 X 号、银收字第 X 号、银付字第 X 号、转字第 X 号。

如果一笔经济业务需要填制多张复式记账凭证时,可采用“分数编号法”编号。例如,一笔经济业务,需要编制两张记账凭证,凭证的顺序号为 20 号时,可编转字第 20－1/2 号、转字第 20—2/2 号。前面的整数表示业务顺序;分子表示两张转账凭证中的第一张和第二张。在使用单式记账凭证时,也可采用“分数编号法”。

对于任何记账凭证的编号,在每个会计期间(月份)都必须在当月从1号重新起编,不得采用按季或者按年连续编号。

第四,简明扼要地填写记账凭证摘要。记账凭证的摘要栏是对经济业务的简要说明,填写时既要简明,又要确切。对于收付款业务要写明收付款的名称、款项内容,使用银行支票的,应填写支票号码;对于购买材料、商品业务,要写明供应单位名称和主要名称、数量;对于债权债务业务,应写明对方单位、业务经手人、发生时间等内容;溢缺事项应写明发生部门、原因及责任人;对于冲销或补充等更正差错事项,应写明"注销×月×日×号凭证"或"订正×月×日×号凭证"字样;若一张或几张原始凭证需填制两张以上记账凭证而其中只能附在一张后面,应分别写明"本记账凭证附件包括×号记账凭证业务"或"原始凭证附在×号记账凭证后面"等字样。

如果在填制记账凭证时发生差错,应当重新填制。已经登记入账的记账凭证,在当年内发现填写错误时,可以用红字填写一张与原内容相同的记账凭证,在摘要栏注明"注销某月某日某号凭证"字样,同时再用蓝字重写填制一张正确的记账凭证,注明"订正某月某日某号凭证"字样。如果会计科目没有错误,只是金额错误,也可以将正确数字与错误数字之间的差额,另编一张调整的记账凭证,调增金额用蓝字,调减金额用红字。发现以前年度记账凭证有错误的,应当用蓝字填制一张更正的记账凭证。

第五,会计科目使用必须正确,应借、应贷账户的对应关系必须清楚。编制会计分录要先借后贷,不得把不同类型、不同内容的经济业务合并填制在一张记账凭证上,也不能人为地把一笔经济业务割裂开在几张记账凭证上。原则上,一笔经济业务编制一张记账凭证。

第六,必须规范填写记账凭证金额栏数字。阿拉伯数字必须规范,写到格宽的二分之一;金额数字要写到分位;要在金额合计行填写合计金额,并在前面写上"¥",非合计,不用填写"¥";对于多余空行,应画直线或"S"形线注销。

第七,除结账和更正错误的记账凭证可以不附原始凭证外,其他记账凭证必须附有原始凭证。记账凭证上应注明所附原始凭证的张数,以便查核。如果根据同一原始凭证填制数张记账凭证时,则应在未附原始凭证的记账凭证上注明"附件XX张,见第XX号记账凭证"。如果原始凭证需要另行保管时,则应在附件栏目内加以注明。

第八,在同一项经济业务中,如果既有库存现金或银行存款的收付业务,又有转账业务时,应相应地填制收、付款凭证和转账凭证。如,胡军出差回来,报销差旅费800元,走前已预借1 000元,剩余款项交回库存现金。对于这项经济业务应根据收款收据的记账联填制收款凭证和付款凭证。

第九，经办人员必须签章。记账凭证填制完成后，经办人员签名或盖章的顺序一般为：填制人员填制完毕后先签章，然后由稽核人员审核后签章，再由会计主管人员复核后签章，最后由记账人员在据以记账后签章。收付款业务凭证，还必须由出纳人员签章。

四、记账凭证的审核

为了保证账簿记录和会计信息的质量，记账凭证必须经过有关稽核人员的审核，才能登记账簿。如前所述，记账凭证是根据审核无误的原始凭证填制的。因此，记账凭证的审核，除了要对原始凭证进行复审外，还要对以下内容进行审核。

第一，审核记账凭证所附原始凭证。具体来说就是：审核记账凭证是否附有原始凭证；所附张数是否对应相等；记账凭证所记录的经济业务与所附原始凭证所反映的经济业务是否相符；所附原始凭证金额与记账凭证反映的金额是否相等。

第二，审核记账凭证的应借、应贷会计科目是否正确，账户对应关系是否清楚，所使用的会计科目及其核算内容是否符合企业会计准则的要求。

第三，审核记账凭证中有关项目的填列是否齐全。

第四，审核记账凭证中有关人员签章是否齐全等。

在审核记账凭证过程中，如发现填制有误，应查明原因，并按照规定的方法及时更正，只有经过审核无误的记账凭证，才能据以登记账簿。

实行会计电算化的单位，对于机制记账凭证要认真审核，做到会计科目使用正确，数字正确无误。打印出的机制记账凭证要加盖制证人员、审核人员、记账人员及会计机构负责人、会计主管人员印章或签字。

对会计凭证进行审核，是保证会计信息的质量、实施会计监督的重要手段，这是一项政策性很强的工作。为做好这项工作，会计人员既要熟悉和掌握国家政策、法令、制度、计划和预算等有关规定，又要熟悉和了解本单位的经营状况。这样，才能明辨是非，保证国家法规、制度的贯彻执行。

第四节　会计凭证的传递和保管

一、会计凭证的传递

会计凭证传递，是指会计凭证从填制到归档保管的整个过程中，在单位内部有关部门和人员之间的传递程序和传递时间。各种会计凭证所记录的经济业务不尽相同，所要据以办理的业务手续和所需的时间也不一样。因此，应当为每种会计凭证的传递规定合理的传递程序和在各个环节停留的时间。会计凭证的传递是会计制度设计的一个重要组成部分，应当在会计制度中作出明确的规定。

正确地组织会计凭证的传递，对于及时地反映和监督经济业务的发生和完成情况，合理地组织经济活动，加强经济管理责任制，具有重要意义。只有正确地组织凭证的传递，才能及时地反映和监督经济业务的发生和完成情况；才能把有关部门和人员组织起来分工协作，使经济活动的目标得以顺利地实现；才能考核经办业务的有关部门和人员是否按照规定的凭证手续办事，从而加强经营管理上的责任制，提高经营管理水平，提高经济活动的效率。

科学的传递程序，应该使会计凭证沿着最快速、最合理的流向运行。因此，在制定会计凭证传递程序时，应当注意考虑下列四方面问题。

第一，一切会计凭证的传递和处理都必须在会计报告期内完成，应当及时传递，不得积压、跨期。

第二，要根据经济业务的特点、企业内部机构的设置和人员分工的情况，以及经营管理上的需要，恰当地规定各种会计凭证的联数和所流经的必要环节，做到既要使各有关部门和人员能利用凭证了解经济活动情况，并按照规定手续处理经济业务，又要避免凭证传递流程中的不必要环节，以免影响传递速度。

第三，要根据有关部门和人员对经济业务办理手续（如计量、检验、审核、登记等）的繁简，确定凭证在各个环节停留的时间，做到既要保证办理业务手续的时间，又要防止不必要的耽搁，从而使会计凭证以最快的速度传递，充分发挥它及时传递信息的作用。

第四，建立凭证交接的签证制度。为了确保会计凭证的安全和完整，在各个环节中都应指定专人办理交接手续，做到责任明确，手续完整、严密，简便易行。

二、会计凭证的保管

会计凭证的保管，是指会计凭证登账后的管理、装订和归档存查。会计凭证是重要的会计档案的历史资料，特别是发生贪污、盗窃等违法乱纪行为时，会计凭证还是依法处理的有效依据。因此，企业在记账后，必须按规定的立卷归档制度，将会计凭证妥善保管，不得丢失或任意销毁。

（一）会计凭证的日常保管

对会计凭证的保管，既要做到会计凭证的安全和完整，又要便于凭证的事后调阅和查找。会计凭证归档保管的主要方法和要求如下。

1. 每月记账完毕,要将本月各种记账凭证加以处理,检查有无缺号和附件是否齐全。然后按顺序排列、装订成册。为了便于事后查阅,应加具封面,封面上应注明:单位的名称、所属的年度和月份、起讫的日期、记账凭证的种类、起讫号数、踪迹册数等,并由有关人员签章。为了防止任意拆装,在装订线上要加贴封签,并由会计主管人员盖章。会计凭证封面的格式见图 6-2。

年	(企业名称) 年　月份　共　册　第　册
月份	收款
	付款　　凭证　第　号至第　号共　张
第	转账
	附原始凭证共　张
册	会计主管(签章)　　保管(签章)

图 6-2　会计凭证封面

2. 如果一个月内的凭证数量过多,可分装若干册,在封面上加注共几册字样。如果某些记账凭证所附原始凭证数量过多,也可以单独装订保管,但应在封面及有关记账凭证上加注说明。对重要原始凭证,如合同、契约、押金收据以及需要随时查阅的收据等,在需要单独保管时,应编制目录,并在原记账凭证上注明另行保管字样,以便查核。

3. 装订成册的会计凭证应集中保管,并指定专人负责。查阅时,要有一定的手续制度。

(二)会计凭证的归档

会计凭证存档以后,保管责任随之转移到档案保管员身上。保管人员应当按照会计档案管理的要求,对装订成册的会计凭证按年分月顺序排列,以便查阅。参阅会计凭证应有一定的手续制度。作为会计档案,会计凭证不得外借,其他单位如因特殊原因需要使用原始凭证时,经本单位领导批准可以复制。向外单位提供的会计凭证复制件,应在备查簿中登记,由提供人和收取人共同签章。

(三)会计凭证的保管期限和销毁手续

会计凭证的保管期限和销毁手续,应严格遵循《会计档案管理办法》的有关规定。一般会计凭证保管期限为 15 年(具体规定见本书第十一章第五节表 11-1);未满保管期限的会计凭证不得任意销毁。会计凭证保管期满后,必须按照规定的审批手续,由财会部门和档案部门共同鉴定,报经批准后才能销毁。但销毁前要填制“会计档案销毁目录”,交档案部门编入会计档案销毁清册。批准销毁后要进行监销,并取得销毁过程中有关人员的签字盖章。

会计账簿的保管期限一般为15年,而库存现金、银行存款账簿为25年;对于固定资产卡片报废清理后,还需保管5年;月度、季度报表一般为3年,年度报表为永久。对于会计移交清册保管为15年,会计保管清册和会计销毁清册为永久;银行存款余额调节表、银行对账单保管时长为5年。

复习思考题

1. 什么是会计凭证?填制和审核会计凭证的意义是什么?
2. 什么是原始凭证?原始凭证应具备哪些基本内容?
3. 原始凭证的种类有哪些?
4. 填制原始凭证应遵循哪些要求?
5. 如何审核原始凭证?
6. 什么是记账凭证?记账凭证应具备哪些内容?
7. 什么是收款凭证、付款凭证和转账凭证?各种凭证的项目应怎样填写?
8. 涉及库存现金和银行存款之间的收付款业务应填制什么凭证?为什么?
9. 记账凭证的填制应符合哪些要求?
10. 如何审核记账凭证?
11. 什么是会计凭证的传递?在制定会计凭证传递程序时,应注意哪些问题?
12. 会计凭证保管的方法和要求是什么?

业务操作题

【练习一】

目的:熟悉专用记账凭证的名称。

资料:星光公司2008年8月发生如下经济业务:

1. 向红星工厂购进乙材料,价款12 000元,运杂费700元,增值税进项税额2 040元,均已通过银行付清,材料验收入库,并已结转成本。

2. 没收某单位逾期未返回的包装物押金4 000元。

3. 购入需要安装的设备一台,价税合计35 100元,运杂费340元,全部款项已用银行存款支付。在安装过程中,耗用材料1 100元,耗用人工800元。安装完毕,经验收合格交付使用。

4. 采购员李某出差归来报销差旅费1 460元(原借款1 000元),不足部分补足现金。

5. 开出现金支票600元,购买厂部办公用品。

6. 向新光工厂销售产品1 000件,价款54 000元,增值税销项税9 180元,并以银行存款代垫运杂费500元,所有款项均尚未收到。

7. 结算本月应付职工工资18 000元,其中生产工人工资10 000元,车间管理人员工资3 000元,厂部管理人员工资5 000元。

8. 计提折旧6 000元,其中生产车间机器设备折旧4 000元,管理部门设备折旧2 000元。

9. 用银行存款15 000元捐赠希望小学。

10. 从银行提取现金18 000元,并用现金发放工资。

要求:根据上述经济业务编制会计分录,并指明每笔经济业务应编制专用记账凭证名称。

【练习二】

目的: 练习编制专用记账凭证。

资料:某企业2008年10月份1~5日部分经济业务如下:

1. 1日,从银行提取现金1 000元备用。

2. 2日,厂部李明出差回厂,报销差旅费700元,退回余款300元(上月出差时借支1000元)。

3. 4日,销售乙产品2件,货款为2 000元,增值税销项税额为340元,款项收到现金。

4. 4日,厂部王林出差回厂,报销差旅费1 000元,不足部的100元以现金补付(上月出差时借支900元)。

5. 5日,将多余的现金2 340元,存入银行。

要求:根据以上各项经济业务编制专用记账凭证。

【练习三】

目的: 练习编制通用记账凭证。

资料:某企业2008年7月份1~5日部分经济业务如下:

1. 1日,销售给红星厂产品一批,货款为10 000元,增值税销项税额为1 700元,款项收到,并已存入银行。

2. 2日,以银行存款1 500元,支付厂部办公费。

3. 3日,从江南公司运回A材料一批,已验收入库,其货款为5 000元,增值税进项税额为 850 元,款项已预付 4 000 元,其余通过银行支付。

4.4 日,向中北公司销售产品一批,货款为 40 000 元,增值税销项税额为 6 800 元,款项已预收 35 000 元,其余现已收到,并存入银行。

5.5 日,厂部李红出差回厂,报销差旅费 1 200 元,不足部分 200 元以现金补付。

要求:根据以上各项经济业务编制通用记账凭证。

第七章

登记账簿

【内容简介】

本章主要介绍了会计账簿概念、种类、设置、登记和使用的方法。

【学习精要】

会计账簿,是由具有一定格式、相互联系的账页组成,用来序时、分类、连续地记录全部经济业务的簿籍,简称账簿。

会计账簿可以按照不同的标准分类。按用途,可分为序时、分类、备查、联合账簿;按外表,可分为订本式、活页式、卡片式账簿。按格式,可分为两栏式、三栏式、数量金额式、多栏式账簿。不同的账簿具有不同的结构,账簿启用有一定的程序,每个账簿在登记过程中既有共性又有特殊性。

会计账簿在登记过程中,出现了错误要采用划线更正法、红字更正法、补充登记法进行更正。会计期末要进行对账,在保证经济业务记录准确、完整、及时登记入账的基础上进行结账。

【重要概念】

会计账簿　划线更正法　红字更正法　补充登记法　对账　结账

第一节　账簿的意义和种类

一、账簿的意义

在会计核算工作中,填制与审核会计凭证可以反映和监督每项经济业务的发生和完成情况。但是,会计凭证的数量繁多,又很分散,每张会计凭证只是反映个别经济业务,所提供的信息分散,缺乏系统性,不能全面、连续、系统、完整地反映和监督一个经济单位在一定时期内的经济活动和财务收支情况,不便于会计信息的整理与报告。为了适应经济管理的要求,提供全面、完整、连续、系统的核算资料,就需要运用登记账簿的方法,按照一定的要求登记到有关账簿中。

会计账簿,是由具有一定格式、相互联系的账页组成,用来序时、分类、连续地记录全部经济业务的簿籍,简称账簿。

账簿和账户既有区别,又有联系。账簿和账户所反映的经济内容是一致的。账户是在账簿中按规定的会计科目开设的户头,用来记录某一个会计科目所核算的内容。而账簿的记录,是对经济活动的全面反映。因此,账簿又是积累、贮存经济业务资料的数据库。

设置和登记会计账簿,是会计核算中对经济信息进行加工整理的一种专门方法,是会计核算工作的一个重要环节,对加强经济管理有着重要的意义。

(一)可以为经济管理提供系统、完整的会计信息

通过设置和登记账簿,可以对经济业务进行序时和分类核算,将分散的核算资料加以系统化,全面、系统地提供有关企业费用和成本、财务状况和经营成果的总括和明细资料,为正确地计算费用、成本、收入和利润提供了基础。

(二)可以保证企业单位财产物资的安全和完整

通过设置和登记账簿,可以具体反映各项财产物资的收入、发出以及保管使用等情况,并将账面记录与有关财产物资实地盘点确定的实有数进行核对,可以查实财产物资是否得到妥善保管和有效使用,有利于保护财产安全、完整。

(三)可以为定期编制会计报表提供数据资料

企业经营过程中,各会计信息使用者需要了解企业的信息,企业的经营情况都记录在账簿中,但是,账簿记录内容中有许多是企业的商业机密,所以,企业需要通过定期编制会计报表,满足有关人员及部门对企业的财务信息的需要,并且满足企业自身发展的需要。通过登记账簿,可以分门别类地对经济业务进行归集,积累一定时期的会计资料,通过整理,为编制会计报表提供数据资料。

（四）账簿是记录考核企业经营成果、分析经济活动的重要依据

账簿记录反映了一定时期的资金来源与运用情况，提供了费用、成本、收入和利润等资料。利用有关资料，可以进行经济活动分析，总结经验，提出措施，改进工作。

二、设置账簿的原则

任何单位都应当根据本单位业务的特点和经营管理的需要，设置一定种类和数量的账簿。一般说来，设置账簿应当遵循下列原则。

第一，账簿的设置要能保证全面、系统地反映和监督各单位的经济活动情况，为经营管理提供系统、完整的核算资料。

第二，设置账簿要在满足实际需要的前提下，考虑人力和物力的节约，力求避免重复设账。

第三，账簿的格式，要按照所记录的经济业务内容和需要提供的核算指标进行设计，力求简明、清晰、实用。

三、账簿的种类

（一）账簿按其用途的分类

账簿按其用途可分为序时账簿、分类账簿、联合账簿和备查账簿四类。

1. 序时账簿，亦称日记账，是按照经济业务发生或完成的时间先后顺序，逐日逐笔登记经济业务的账簿。序时账簿按其记录内容的不同，又分为普通日记账和特种日记账两种。

(1)普通日记账，也称通用日记账，是用来序时逐笔登记各单位全部经济业务的不分类别的日记账。在普通日记账中，按照每日发生经济业务的先后顺序，逐项编制会计分录，因而这种日记账也称分录日记账。设置普通日记账的单位，一般情况下，为避免重复，不再单独设置特种日记账。其格式和内容见本书第十章的附录。

(2)特种日记账是专门用来记录某一特定项目经济业务发生情况的日记账，将该类经济业务按其发生的先后顺序记入账簿中，反映这一特定项目的详细情况。绝大多数情况下，各经济单位为了对现金和银行存款加强管理，会设置库存现金日记账和银行存款日记账，其格式和内容见本章第二节。

2. 分类账簿，是指对全部经济业务按照总分类账户和明细分类账户进行分类登记的账簿。在账簿中分类反映了资产、负债、所有者权益、收入、成本费用和利润等增减变化的情况，是企业进行管理的重要资料来源。分类账簿有总分类

账簿和明细分类账簿两种。

(1)总分类账。按照总分类账户分类登记经济业务的账簿称为总分类账簿,亦称总分类账或总账。总分类账簿是用来分类登记全部经济业务,提供总括核算资料的分类账簿。

(2)明细分类账。按照明细分类账户分类登记经济业务的账簿为明细分类账簿,亦称明细分类账或明细账。明细分类账簿是用来分类登记某类经济业务、提供详细内容的账簿。总分类账簿的总额与其所属的明细分类账簿的金额之和相等。总分类账簿与明细分类账簿的作用各不相同,但互为补充。分类账簿的格式与内容见本章第二节。

3. 联合账簿,是指将日记账和分类账相结合设置的一种账簿,如日记总账。联合账簿的格式见本章第二节。

4. 备查账簿,是指对某些在序时账簿和分类账簿中未能记载或记载不全的经济业务进行补充登记的账簿。该种账簿可以对某些经济业务的内容提供必要的参考资料。如,租入固定资产登记簿、委托加工材料登记簿等。

(二)账簿按外表形式的分类

账簿按其外表形式不同可分为订本式账簿、活页式账簿和卡片式账簿。

1. 订本式账簿,是指把许多印有专门格式的账页装订成册的账簿,亦称订本账。这种账簿的账页固定,既可防止账页散失,也可以防止抽换账页。但由于账页固定,预留账页数与实际需要量可能不一致,使用起来欠灵活,而且在同一时间内只能由一人登记账簿,不便于分工记账。带有统驭性和比较重要的总分类账、库存现金和银行存款日记账,一般使用订本式账簿。

2. 活页式账簿,是指账页不固定,采用活页形式的账簿,亦称活页账。其特点是启用之前不可固定装在一起,年终时才装订成册。这种账簿,页数可根据需要确定,不足时,随时增加账页,并且登记方便,可同时由数人分工记账。其不足之处在于账页容易散失和抽换。为了防止抽换和散失,账簿的空白账页,在使用时需要连续编号,装置在账夹中,并由有关人员盖章,以防散失。使用完毕,不再登记时,将其装订成册,以便保管。一般适用于明细账。

3. 卡片式账簿,是指用印有记账格式的卡片组成,详细登记各项经济业务的账簿。卡片式账簿应用灵活、便于分工、数量可多可少,但是若保管不善,容易散失和被抽换。实际使用时,卡片上应连续编号并加盖有关人员的名章;使用完毕,不再登账时,则将卡片穿孔固定保管。卡片式账簿一般适用于低值易耗品、固定资产等明细账。

账簿的分类见图 7-1。

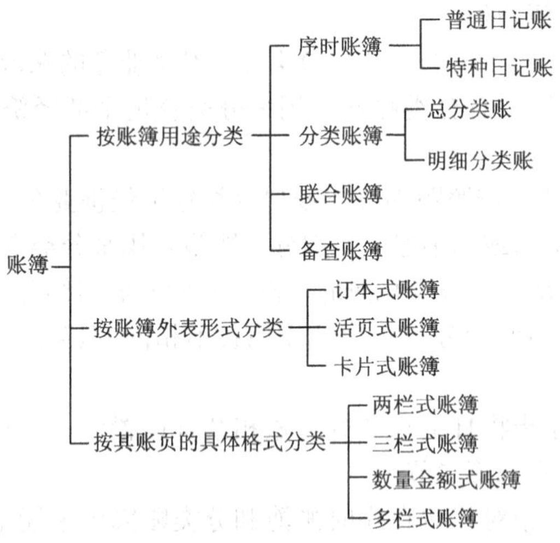

图 7－1

（三）账簿按其账页的具体格式分类

账簿按其账页的具体格式可以分为两栏式账簿、三栏式账簿、数量金额式账簿和多栏式账簿四种。

1. 两栏式账簿，是只有借方和贷方两个基本金额栏目的账簿。如，普通日记账和转账日记账。

2. 三栏式账簿，是指账簿的账页由借方、贷方和余额三个金额栏组成的账簿。总分类账以及资本、债权、债务明细账都可以采用三栏式账簿。

3. 数量金额式账簿，是指在账簿账页的借方、贷方和余额三大栏内，又分别设置有数量、金额、单价等三个小栏的账簿。原材料、库存商品等明细账一般采用数量金额式。

4. 多栏式账簿，是指在账簿账页的借方、贷方两个金额栏内分别设置若干个金额栏的账簿。收入、费用明细账一般采用多栏式账簿。

第二节　账簿的设置与登记

一、账簿的基本结构

各种账簿所记录的经济业务不同，账簿的格式可以多种多样，但各种主要账簿均应具备下列基本内容。

（一）封面

封面要写明账簿名称和记账单位名称。

（二）扉页

扉页上的内容有：会计科目索引、账簿启用、经营账簿人员一览表和签章；会计主管人员签章；账户目录等。扉页中的“账簿启用和经管人员一览表”见表7－1；账户目录的格式与内容见表7－2。

表7－1 账簿启用和经管人员一览表

账簿名称：＿＿＿＿＿＿ 单位名称：＿＿＿＿＿＿
账簿编号：＿＿＿＿＿＿ 账簿册数：＿＿＿＿＿＿
账簿页数：＿＿＿＿＿＿ 启用日期：＿＿＿＿＿＿
会计主管：（签章） 记账人员：（签章）

移交日期			移交人		接管日期			接管人		会计主管	
年	月	日	姓名	盖章	年	月	日	姓名	盖章	姓名	盖章

表7－2 账户目录（科目索引）

页数	科目	页数	科目	页数	科目	页数	科目

账户目录是由记账人员在账簿中开设账页户头后，按顺序将每个账户的名称和页数登记的，其作用是便于查阅账簿中登记的内容。如果是活页账簿，在账簿启用时无法确定页数，可先将账户名称填写好，待年终装订归档时，再填写页数。

（三）账页

账页的格式因反映的经济业务内容不同而有所不同，但基本内容应包括：

1. 账户的名称(总账科目、二级或明细科目)。

2. 登账日期栏。

3. 凭证种类和号数栏。

4. 摘要栏(记录经济业务内容的简要说明)。

5. 金额栏(记录经济业务的增减变动)。

6. 总页次和分页次。

由于账簿所记录的经济业务不同,其结构和登记方法也各异。下面介绍有关序时账簿和分类账簿的结构与登记方法。

二、日记账的设置与登记

(一)特种日记账的设置与登记

一切单位都应设置库存现金日记账和银行存款日记账,用于序时核算现金和银行存款的收入、支出及结存情况,借以加强对货币资金的管理。

1. 库存现金日记账的设置与登记。库存现金日记账,是由出纳人员根据审核无误的现金收款凭证、现金付款凭证和银行存款付款凭证(记录从银行提取现金的业务),按经济业务发生时间的先后顺序,逐日逐笔进行登记的账簿。一般采用三栏订本式账。其格式和内容见表7-3。

表7-3 库存现金日记账(三栏式)

2008年		凭证		摘要	对方科目	收入	支出	结余
月	日	种类	编号					
1	1			上年结余				2 000
	4	现付	1	支付购入材料装卸费	材料采购		160	
	4	银付	1	提取现金备发工资	银行存款	15 000		
	4	现付	2	李微预借差旅费	其他应收款		800	
	4	现收	1	贺华报销差旅费交回余款	其他应收款	120		
	4			本日合计		15 120	960	16 160
≈	≈	≈≈	≈≈	≈≈≈≈≈≈≈≈≈≈	≈≈≈≈	≈≈	≈≈	≈≈
	31			本日合计		18 000	16 400	1 850
	31			本月合计		286 200	286 350	1 850

库存现金日记账的登记方法如下:

(1)日期栏:指记账凭证的日期应与现金实际收付日期一致。

(2)凭证栏:指登记入账的收、付款凭证的种类和编号,如"现金收(付)款凭证",简写为"现收(付)";"银行存款付款凭证",简写为"银付"。凭证栏还应登记凭证的编号数,以便于查账和核对。

(3)摘要栏:摘要说明登记入账的经济业务的内容。文字要简练,但要能说明问题。

(4)对方科目栏:系指现金收入的来源科目或支出的用途科目。如,从银行提取现金,其来源科目(即对方科目)为"银行存款"。对方科目栏的作用在于了解经济业务的来龙去脉。

(5)收入、支出栏:指现金实际收付的金额。每日终了,应分别计算现金收入和支出的合计数,并结出余额,同时将余额与出纳员保管的库存现金核对,即通常说的"日清"。如账款不符,应查明原因,并记录备案。月终,同样要计算现金收入、支出和结存的合计数,通常称为"月结"。

2. 银行存款日记账的设置与登记。银行存款日记账,是由出纳人员根据银行存款收款凭证、银行存款付款凭证和现金付款凭证(记录将现金存入银行业务),按经济业务发生时间的先后顺序,逐日逐笔进行登记的账簿。银行存款日记账一般采用三栏订本式。其格式和内容见表7-4。

表7-4　银行存款日记账(三栏式)

2008年		凭证		摘要	现金支票号数	转账支票号数	对方科目	收入	支出	余额
月	日	种类	编号							
1	1			上年结余						200 000
	2	银付	1	提取现金	2 451		库存现金		5 000	
	2	银付	2	支付购料款		4 312	材料采购		23 400	
	2	银收	1	收到货款			应收账款	11 700		
	2			本日合计				11 700	28 400	183 300
≈	≈	≈≈	≈	≈≈≈≈	≈≈	≈≈	≈≈≈≈	≈≈	≈≈	≈≈≈
	31			本日合计				98 750	2 400	158 000
	31			本月合计				854 640	896 640	158 000

银行存款日记账的登记方法如下。

(1)日期栏:指记账凭证的日期。

(2)凭证栏:指登记入账的收、付款凭证的种类和编号(与库存现金日记账的登记方法一致)。

(3)摘要栏:摘要说明登记入账的经济业务内容。文字要简练,但能概括说明问题。

(4)现金支票号数和转账支票号数栏:如果所记录的经济业务是以支票付款结算的,应在这两栏内填写相应的支票种类和号数,以便与开户银行对账。

(5)对方科目栏:指银行存款收入的来源科目或支出的用途科目。如,开出支票一张支付购料款,其支出的用途科目(即对方科目)为“材料采购”科目,其作用在于了解经济业务的来龙去脉。

(6)收入、支出栏:指银行存款实际收付的金额。每日终了,分别计算银行存款的收入和支出的合计数,结算出余额,做到“日清”;月终应计算出银行存款全月收入、支出的合计数,做到“月结”。

3. 多栏式日记账的设置与登记。现金和银行存款日记账,一般采用三栏式的账簿。为了反映每一笔收支业务的来龙去脉,以便分析和汇总对应科目的发生额,也可采用多栏式日记账。这种账簿是把收入栏和支出栏分别按照对方科目设专栏进行登记,即在收入现金时,按对应的贷方科目在收入栏下设置专栏,以反映现金的来源;在支出现金时,按对应的借方科目在支出栏下设置专栏。这就把经济业务来龙去脉全部反映出来。其格式和内容如表7-5和表7-6所示。

表7-5 库存现金(银行存款)收入日记账(多栏式)

年		收款凭证编号	摘要	贷方科目					支出合计	结余
月	日			银行存款	…	…	…	收入合计		

表7-6 库存现金(银行存款)支出日记账(多栏式)

年		付款凭证编号	摘要	结算凭证		借方科目			
月	日			种类	编号	管理费用	…	…	支出合计

当业务很多时,对库存现金日记账可分设为库存现金收入日记账和库存现金支出日记账;对银行存款日记账可分设为银行存款收入日记账和银行存款支出日记账。

根据多栏式库存现金日记账和银行存款日记账登记总账的情况下,账务处理可有以下两种做法。

第一种做法:由出纳人员根据审核后的收、付款凭证,逐日逐笔登记库存现金和银行存款收入日记账和支出日记账,每日应将支出日记账中当日支出合计数,转记入收入日记账中当日支出合计栏内,以结算当日账面结余额。会计人员应对多栏式库存现金和银行存款日记账的记录加强检查、监督,并负责于月末根据多栏式库存现金和银行存款日记账各专栏的合计数,分别登记总分类账的各有关账户。

第二种做法:另外设置库存现金和银行存款出纳登记簿,由出纳人员根据审核后的收、付款凭证逐日逐笔登记,以便逐笔掌握库存现金收付情况和同银行核对收付款项。然后,将收、付款凭证交由会计人员据以逐日汇总登记多栏式库存现金日记账和银行存款日记账,并于月末根据日记账登记总分类账。出纳人员登记簿与多栏式库存现金和银行存款日记账要相互核对。

上述第一种做法可以简化核算工作,第二种做法可以加强内部牵制。总之,采用多栏式库存现金和银行存款日记账可以减少收、付款凭证的汇总编制手续,简化总账登记工作,而且可以清晰地反映账户的对应关系,了解库存现金和银行存款收付款项的来龙去脉。

(二)普通日记账的设置和登记

普通日记账的格式和内容,将在本书第十章中详细介绍。

三、总分类账的设置和登记

总分类账是按照总分类科目设置、分类登记全部经济业务的账簿。在总分类账中,应按照总账科目的编码和顺序分别开设账户。由于总分类账一般采用订本式账簿,所以事先应为每个账户预留若干账页。由于总分类账能够全面、总括地反映经济活动情况,并为编制会计报表提供资料,因而任何单位都要设置总分类账。

总分类账的格式一般有三栏式和多栏式两种。

(一)三栏式总分类账的设置

1. 不反映对方科目的三栏式总分类账的设置。不反映对方科目的三栏式总分类账,在账页中设有借方、贷方和余额三个金额栏,其格式和内容见表7-7。

表7－7　总分类账(一)

会计科目:短期借款　　　　　　　　　　　　　　　　　　　　　第25页

2008年		凭证		摘要	借方	贷方	借或贷	余额
月	日	种类	编号					
5	1			期初余额			贷	136 000
	5	银付	1	归还银行借款	100 000		贷	36 000
	15	银收	1	向银行借款		50 000	贷	86 000
≈	≈	≈≈	≈	≈≈≈≈≈≈≈≈	≈≈≈≈	≈≈≈≈	≈	≈≈≈≈
	31			本期发生额及余额	100 000	50 000	贷	86 000

2.反映对方科目的三栏式总分类账的设置。反映对方科目的三栏式总分类账,除在账页中设有借方、贷方和余额栏外,还分别在借方和贷方金额栏中设有对方科目栏,以便可以直接从总分类账户中了解经济业务的来龙去脉。其格式和内容见表7－8。

表7－8　总分类账(二)

会计科目:应收账款　　　　　　　　　　　　　　　　　　　　　第9页

2008年		凭证		摘要	借方		贷方		借或贷	余额
月	日	种类	编号		金额	对方科目	金额	对方科目		
5	1			期初余额					借	45 000
	5	银收	3	收A公司贷款			5 000	银行存款	借	40 000
	18	转	8	核销坏账			4 680	坏账准备	借	35 320
≈	≈	≈≈	≈	≈≈≈≈≈≈	≈≈	≈≈≈≈	≈≈	≈≈≈≈	≈	≈≈≈
	31			本期发生额及余额	3 510		9 680			38 830

(二)多栏式总分类账的设置

多栏式总分类账,是把序时账簿和总分类账簿结合在一起的联合账簿,通常称为日记总账。它具有序时账簿和总分类账簿的双重作用。采用这种总分类账簿,可以减少记账的工作量,提高工作效率,并能较全面地反映经济业务的来龙去脉,便于分析各单位的经济活动情况。其格式和内容见表7－9。

表7-9　多栏式总分类账(日记总账)

年		凭证		摘要	发生额	____科目		____科目		____科目		____科目	
月	日	种类	编号			借	贷	借	贷	借	贷	借	贷

采用多栏式总分类账如果会计科目较多,专栏设置过多,账页过长,则不便于登记和查阅,因而这种格式一般适用于会计科目较少、业务比较简单的单位。

(三)总分类账的登记

总分类账可以直接根据各种记账凭证逐笔进行登记;也可以将一定时期的各种记账凭证先汇总编制成科目汇总表或汇总记账凭证,再据以登记总账。总分类账的登记方法,取决于所采用的会计核算程序。不论如何登记总分类账,每月都应将当月发生或完成的经济业务全部登记入账,并于月末终了,结出总账各账户的本期发生额和期末余额,作为编制会计报表的主要依据。这一内容将在本书第十章中作具体介绍。

四、明细分类账的设置和登记

明细分类账是根据总分类科目所属的二级科目或明细科目开设的账户,用来分类、连续地记录有关经济业务详细情况的账簿。

根据经济管理的要求和各明细分类账记录内容的不同,明细分类账分别采用三栏式、数量金额式和多栏式三种格式。

(一)三栏式明细分类账的设置与登记

三栏式明细分类账的账页,只设有借方、贷方和余额三个金额栏,不设数量栏,适用于只需要反映金额的经济业务,如"应收账款"、"应付账款"等不需要进行数量核算的债权、债务结算账户。三栏式明细分类账账页的格式和内容见表7-10。

三栏式明细分类账由会计人员根据审核无误的记账凭证,按经济业务发生的时间先后顺序逐日逐笔进行登记。

(二)数量金额式明细分类账的设置与登记

数量金额式明细分类账的账页,分别设有收入、发出和结存的数量、单价和金额栏。这种格式适用于既要进行金额核算,又要进行实物数量核算的各种财产物资账户,如“原材料”、“库存商品”等账户的明细分类核算。数量金额式明细分类账的账页格式和内容见表7-11。

表7-10 三栏式明细分类账

应付账款 明细账

户名:A公司　　　　第23页

2008年		凭证		摘要	借方	贷方	借或贷	余额
月	日	种类	编号					
3	1			期初余额			贷	60 000
	10	银付	14	偿还贷款	35 000		贷	25 000
	12	转	12	购进材料未付款		15 000	贷	40 000
≈≈	≈≈	≈≈≈	≈≈	≈≈≈≈≈≈≈≈≈≈≈≈	≈≈≈≈≈	≈≈≈≈≈	≈	≈≈≈≈
	31			本期发生额及金额	50 000	35 000	贷	45 000

表7-11 数量金额式明细分类账

材料 明细账

类　别:(略)　　　　编号:K7621

计量单位:千克　　名称及规格:A材料　　最高储备量:(略)

存放地点:2号库　　储备定额:(略)　　最低储备量:(略)

2008年		凭证		摘要	收入			发出			结存		
月	日	种类	编号		数量	单位	金额	数量	单价	金额	数量	单价	金额
12	1			期初余额							100	150	15 000
	5	转	14	购入	400	150	60 000				500	150	75 000
	16	转	25	发出				180	150	27 000	320	150	48 000
≈≈	≈≈	≈≈	≈≈	≈≈≈≈≈≈	≈≈	≈≈	≈≈≈≈	≈≈	≈≈	≈≈≈≈≈	≈≈	≈≈	≈≈≈≈≈
12	31			本期发生额及余额	600	150	90 000	280	150	42 000	420	150	63 000

数量金额式明细分类账由会计人员根据审核无误的记账凭证或原始凭证,按经济业务发生的时间先后顺序逐日逐笔进行登记。

(三)多栏式明细分类账的设置与登记

多栏式明细分类账,是根据经济业务的特点和经营管理的需要,在一张账页内按有关明细科目或明细项目分设若干专栏，用以在同一张账页上集中反映各有关明细科目或明细项目的核算资料。按明细分类账登记经济业务的不同，多栏式明细分类账的账页又分为借方多栏、贷方多栏和借贷方均多栏三种格式。

1．借方多栏明细分类账的设置与登记。借方多栏式明细分类账的账页格式适用于借方需要设多个明细科目或明细项目的账户，如“材料采购”、“生产成本”、“制造费用”、“管理费用”、“销售费用费用”和“营业外支出”等科目的明细分类核算。借方多栏式明细分类账账页的格式和内容见表7－12。

表7－12 多栏式明细分类账(一)

管理费用 明细账

2008年		凭证		摘要	借方					贷方	余额
月	日	种类	编号		工资福利费	折旧费用	办公费用	差旅费用	合计		
3	5	转	4	李铃报差旅费				1 800	1 800		1 800
	8	银付	6	购买办公用品			1 200		1 200		3 000
	31	转	36	分配工资	5 000				5 000		8 000
	31	转	37	计提福利费	700				700		8 700
	31	转	38	计提折旧		600			600		9 300
	31	转	45	转入“本年利润”账户						9 300	0
	31			本期发生额及余额	5 700	600	1 200	1 800	9 300	9 300	0

2. 贷方多栏式明细分类账的设置与登记。贷方多栏式明细分类账的账页格式适用于贷方需要设多个明细科目或明细项目的账户，如“主营业务收入”和“营业外收入”等科目的明细分类核算。贷方多栏式明细分类账账页的格式和内容见表7－13。

3. 借方贷方多栏式明细分类账的设置。借方贷方多栏式明细分类账的账页格式适用于借方、贷方均需要设置多个明细科目或明细项目的账户，如“本年利润”科目和“应交税费——应交增值税”等科目明细分类核算。借方、贷方均设多栏式明细分类账账页的格式和内容见表7－14。

表 7－13　多栏式明细分类账(二)

营业外收入　明细账

2008 年		凭证		摘要	借方	贷方			余额
月	日	种类	编号			固定资产盘盈	罚款净收入	合计	
2	6	银收	3	收到罚款收入			1 500	1 500	1 500
	20	转	28	结转盘盈固定资产净值		2 800		2 800	4 300
	31	转	40	转入“本年利润”账户	4 300				0
				本期发生额及余额	4 300	2 800	1 500	4 300	0

表 7－14　多栏式明细分类账(三)

本年利润明细账

2008 年		凭证		摘要	借方								贷方			借或贷	余额
月	日	种类	编号		主营业务成本	营业税金及附加	管理费用	财务费用	销售费用	营业外支出	所得税	合计	主营业务收入	营业外收入	合计		
12	1			期初余额												贷	180 000
	31	转	35	结转费用	60 000	60 000	3 000	1 000	4 000	3 000		74 300					
		转	36	结转收入									95 000	5 000	100 000		
		转	37	结转所得税							48 000	48 000					
				本期发生额及余额	60 000	6 000	3 000	1 000	4 000	3 000	48 000	122 300	95 000	5 000	100 000	贷	157 700

4. 多栏式明细分类账的登记。多栏式明细分类账是由会计人员根据审核无误的记账凭证或原始凭证逐笔登记的。

对于借方多栏式明细账，由于只在借方设多栏，平时在借方登记费用、成本的发生额,贷方登记月末将借方发生额一次转出的数额,所以平时如发生贷方发生额,应该用红字在借方多栏中登记。

例如,某企业生产甲产品领用材料剩余 1 000 元,退回仓库。对这项经济业务所编制的会计分录为:

借:原材料　　　　　　　　　　　　　　　　　　1 000

　贷:生产成本　　　　　　　　　　　　　　　　　　1 000

根据这笔会计分录,登记账簿时,对退料数字,总账登在“生产成本”账户贷方,而明细账则应该用红字登记在“生产成本”账户借方的“原材料”栏中,表示抵减领用材料数。其登记结果见表 7 – 15。

表 7 – 15　多栏式明细分类账(四)

生产成本　明细账

2008 年		凭证		摘要	借方(项目)				贷方	余额
月	日	种类	编号		原材料	工资及福利费	制造费用	合计		
3	1			期初余额	5 000	2 280	3 000	10 280		10 280
	8	转	9	零用材料	30 000			30 000		40 280
	31	转	52	分配工资		6 000		6 000		46 280
	31	转	53	计提福利费		840		840		47 120
	31	转	56	结转制造费用			15 000	15 000		62 120
	31	转	65	退回剩余材料	[1 000]			[1 000]		61 120
	31	转	68	结转完工产品成本					51 620	
				本期发生额及余额	34 000	9 120	18 000	61 120	51 620	9 500

对于贷方多栏式明细账,由于只在贷方设多栏,平时在贷方登记收入的发生额,借方登记月末将贷方发生额一次转出的数额,所以,平时如发生借方发生额,应该用红数字在贷方多栏中登记。如“主营业务收入”账户,退货金额平时用红字登记在贷方,借方只登记月末将贷方发生额从借方一次转入“本年利润”账户贷方的数额。

例如,某企业销售的甲产品由于质量不合格发生退货,按售价计算共 6 000 元,增值税销项税额 1 020 元,以银行存款支付退货款。该项经济业务所编制的会计分录为:

借:主营业务收入　　　　　　　　　　　　　　　6 000

　　应交税金——应交增值税(销项税额)　　　　　　1 020

贷:银行存款　　7 020

根据这笔会计分录,总账登在“主营业务收入”账户的借方,而在登记“主营业务收入”贷方多栏式明细账时,则应该用红字在贷方“主营业务收入”栏中登记6 000元,表示抵减销售收入数。其登记结果见表7－16。

表7－16　多栏式明细分类账(五)

主营业务收入明细账

2008年		凭证		摘要	借方	贷方(项目)			余额
月	日	种类	编号			产品销售收入	加工收入	合计	
3	6	银收	5	销售产品		50 000		50 000	50 000
	10	转	9	销售产品		30 000		30 000	80 000
	15	转	18	对外加工			10 000	10 000	90 000
	26	银付	30	销售退货		6 000		6 000	84 000
	31	转	31	结转“本年利润”账户	84 000				0
				本期发生额及余额	84 000	74 000	10 000	84 000	0

五、总账与明细账的关系及其平行登记

总分类账和明细分类账是既有内在联系又有区别的两类账户。

(一)总分类账户与明细分类账户的内在联系

1. 二者所反映的经济业务内容相同。如,“原材料”总账账户与其所属的“A材料”、“B材料”等明细账户都是用来反映原材料的收发及结存业务的。

2. 二者登账的原始依据相同。登记总分类账户与登记其所属明细账户的记账凭证或原始凭证是相同的。

(二)总分类账户与明细分类账户的区别

1. 二者反映经济内容的详细程度不同。总分类账反映总账科目核算内容增减变化的总括情况,提供总括性资料;明细分类账反映明细科目核算内容增减变化的详细情况,提供的是某一种材料增减变动的具体资料。有些明细账还可以提供实物数量指标和劳动数量指标。

2. 二者作用不同。总分类账提供的经济指标,是明细分类账资料的综合,对所属明细分类账起着统驭、控制的作用;明细分类账提供的具体资料,是对有关总分类账的补充,起着详细说明的作用。

（三）总分类账与明细分类账的平行登记

为了使总分类账与其所属的明细分类账相互之间能起到统驭与补充的作用，满足各单位经济管理对总括会计信息和详细会计信息的需要，确保核算资料的正确、完整，以及便于账户的核对，在总分类账及其所属的明细分类账之间进行记录，必须采用平行登记的方法。所谓平行登记，是指经济业务发生后，根据同一会计凭证，一方面登记有关总分类账户，另一方面登记该总分类账所属各有关明细分类账户。

由于明细分类账的格式不同，有三栏式，也有多栏式，因此，采用平行登记规则，应注意以下要点。

1. 登记的期间和依据相同。对于每一项经济业务，应根据审核无误后的同一凭证，在同一期间内，一方面记入有关的总分类账户，另一方面记入该总分类账所属的有关各明细分类账户。这里所指的同期是指在同一会计期间，而并非同一时点。因为明细分类账一般根据记账凭证或是原始凭证于平时逐笔登记，而总分类账户因会计核算形式不同，不可能在平时逐笔登记，而一般是定期汇总登记，但二者必须在同一会计期间内完成。

2. 登记的方向一致。这里所指的方向，是指所体现的变动方向，而并非是指账户的借贷方向。一般情况下，总分类账及其所属的明细分类账都按借方、贷方和余额设专栏登记。这时，在总分类账与其所属明细分类账中的记账方向是相同的，如原材料账户和债权、债务结算账户（总账与明细账都是三栏式）即属于这种情况。但如果总分类账采用三栏式而其所属的明细分类账采用多栏式格式时，对于某项需要冲减有关项目金额的事项，在明细账中，只能用红字记入其相反的记账方向，而与总分类账中的方向不一致。如上述的“生产成本”明细分类账户，借方按其组成项目设置多栏，发生退料需冲减原材料费用时，总分类账用蓝字记入贷方，而明细账则以红字记入“生产成本”账户借方的原材料项目，以其净发生额来反映原材料费用支出。但是，在总分类账及其所属的明细分类账中，就不可能按相同的记账方向（指借贷方向）进行登记，但其体现的变动方向是一致的，都表示冲减领用材料费用数额。

3. 登记的金额相等。总分类账户提供总括指标，明细分类账户提供总分类账户所反映内容的详细指标。所以，记入总分类账的金额与记入其所属各明细分类账的金额相等。但这种金额相等只表明其数量相等，而不一定都是借方发生额相等和贷方发生额相等的关系。如上例“生产成本”账户的明细账采用多栏式时，在本月既有领用材料也有退料的情况下，退料金额在“生产成本”总分类账户登记在贷方，而明细分类账则用红字登记在借方。总分类账与明细分类账的借贷方发生额就不一致,但体现抵减原材料费用支出的数额是相等的。

综上所述,总分类账户与其所属的明细分类账户,按平行登记规则进行登记,一般可以概括为:依据相同,方向一致,金额相等。而不是“借贷方向一致,借贷方金额相等”。即要注意对“方向一致,金额相等”的正确理解。

在会计核算工作中,可以利用上述关系检查账簿纪录的正确性。检查时,根据总分类账与明细分类账之间的数量关系,编制明细分类账的本期发生额和余额明细表,同其相应的总分类账户本期发生额和余额相互核对,以检查总分类账与其所属明细分类账记录的正确性。明细分类账户本期发生额和余额明细表根据不同的业务内容,可以分别采用不同的格式。

现以材料核算为例,对总分类账和明细分类账的平行登记加以说明。

【例 7-1】 某企业 2003 年 6 月份“原材料”总账账户及其所属 A,B 材料明细分类账户均采用三栏式格式,其月初余额见表 7-17。

表 7-17

材料名称	单位	数量	单价(元)	金额
A 材料	千克	25	97	2425
B 材料	千克	40	153	6120
合计		65		8545

本月发生下列经济业务:

(1)6 月 8 日购入 A 材料 50 千克,每千克 100 元;购入 B 材料 20 千克,每千克 150 元,货款已用银行存款支付,材料已验收入库。假定该企业不设“材料采购”账户,并省略增值税。根据这一经济业务,应编制如下会计分录:

借:原材料——A 材料　　5 000

　　　　　——B 材料　　3 000

　贷:银行存款　　8000

(2)6 月 25 日生产产品领用 A,B 两种材料,其中 A 材料 40 千克,单价 99 元;B 材料 10 千克,单价 152 元。应编制如下会计分录:

借:生产成本　　5 480

　贷:原材料——A 材料　　3 960

　　　　　　——B 材料　　1 520

根据上述资料及会计分录对“原材料”总账及 A,B 材料明细账进行平行登记,登记结果见表 7-18、表 7-19、表 7-20。

表 7－18 总分类账

会计科目:原材料　　　　　　　　　　　　　　单位:元

2008 年		凭证		摘要	借方	贷方	借或贷	余额
月	日	种类	编号					
6	1			期初余额			借	8.545
	8	转	6	入库材料成本	8 000		借	16 545
	25	转	32	生产领用		5 480	借	11 065
	31			本期发生额	8 000	5 480	借	11 065

表 7－19 明细分类账

材料名称:A 材料　　　　　　　　　　　　　　计量单位:千克

2008 年		凭证		摘要	收入			发出			结存		
月	日	种类	编号		数量	单价	金额	数量	单价	金额	数量	单价	金额
6	1			期初余额							25	97	2 425
	8	转	6	结转入库材料成本	50	100	5 000				75	99	7 425
	25	转	32	生产领用				40	99	3 960	35	99	3 465
	31			本期发生额及余额	50	100	5 000	40	99	3 960	35	99	3 465

表 7－20 明细分类账

材料名称:B 材料　　　　　　　　　　　　　　计量单位:千克

2008 年		凭证		摘要	收入			发出			结存		
月	日	种类	编号		数量	单价	金额	数量	单价	金额	数量	单价	金额
6	1			期初余额							40	153	6 120
	8	转	6	结转入库材料成本	20	150	3 000				60	152	9 120
	25	转	32	生产领用				10	152	1 520	50	152	7 600
	31			本期发生额及余额	20	150	3 000	10	152	10	50	152	7 600

从表 7－18、表 7－19、表 7－20 中可以看出,明细账期初余额之和、发生额之和以及期末结存额之和与总分类账相应的指标是相等的,即

期初结存材料成本 = 2 425 + 6 120 = 8 545(元)

本期入库材料成本 = 5 000 + 3 000 = 8 000(元)

本期发生材料成本 = 3 960 + 1 520 = 5 480(元)

期末材料结存成本 = 3 465 + 7 600 = 11 065(元)

上列的总分类账及其所属的明细分类账都是按借方、贷方和余额设栏登记的,因而总分类账及其所属的明细分类账的记账方向(借贷方向)一致,借贷方金额相等。

由于总分类账和明细分类账是按平行登记的方法进行登记的,因此,对总分类账和明细分类账登记的结果,应当进行相互核对。核对通常是通过编制"总分类账户和明细账户发生额和余额对照表"进行的。对照表的内容和格式见表 7-21。

表 7-21　总分类账户和明细账户发生额和余额对照表

账户名称	期初余额		本期发生额		期末余额	
	借方	贷方	借方	贷方	借方	贷方
A 材料明细账	2 425		5 000	3 960	3 465	
B 材料明细账	6 120		3 000	1 520	7 600	
原材料总分类账户	8 545		8 000	5 480	11 065	

以上总账和明细账这种钩稽关系,是检查账簿记录是否正确的依据。一般在期末都要采用这种方法对总分类账及其所属的明细分类账进行相互核对,以便发现错账并加以及时更正,保证账簿记录准确无误。

六、备查账簿的设置

备查账簿是根据各单位会计核算和经营管理的需要而设置的。它可以弥补序时账簿和分类账簿提供资料的不足,提供备查性质的资料。它没有固定的格式,各单位可以根据实际需要而设计。备查账簿的记录不列入本单位的会计报表。其账页格式如表 7-22 所示。

表 7-22　租入固定资产登记簿

第　页

固定资产名称及规格	租约合同编号	租出单位名称	租入日期	租金	使用记录		归还日期	备注
					单位	日期		

第三节　账簿登记和使用的规则

一、启用账簿时的一般规则

(一)启用账簿的一般规则

账簿是储存数据资料的重要会计档案,登记账簿要有专人负责。为了保证账簿记录的严肃性和合法性,明确记账责任,保证会计资料的完整,启用账簿时,应在账簿封面上写明单位名称和账簿名称。在账簿扉页的“账簿启用和经营人员一览表”中详细载明如下内容:

单位名称、账簿编号、账簿册数、账簿共计页数、启用日期、记账人员和会计机构负责人、会计主管人员姓名,并加盖名章和单位公章。“账簿启用和经营人员一览表”的格式和内容见前述表7-1。启用订本式账簿,应从第一页到最后一页编订页数。使用活页式账页,应按账户顺序编号,并需定期装订成册。装订后应按实际使用的账页顺序编定页数,另加目录,说明每个账户的名称和页次。

(二)会计人员交接时的规则

记账人员调动工作或因故离职时,应办理交接手续,在“账簿启用和经营人员一览表”的交接记录栏内,填写交接日期和交接人员或者监交人员姓名,并由交接双方人员签名或盖章,同时,必须在会计主管人员监督下进行。

二、账簿登记规则

账簿登记时应遵守以下规则。

第一,会计人员根据审核无误的会计凭证登记会计账簿。

第二,记账必须使用蓝黑墨水或碳素墨水并用钢笔书写,不得用铅笔或圆珠笔记账。这是因为,国家规定的各种账簿归档保管年限一般都在15年,有些关系到重要经济史料的账簿,则要长期保管,因此要求账簿记录保持持久,字迹清晰,以便长期查核使用。

第三,记账时应按账户页次顺序逐页逐行登记,不得跳行、隔页。如果发生跳行、隔页现象,应在空行、空页处用红色墨水画对角线注销,加盖“此行空白”或“此页空白”戳记,并由记账人员和会计机构负责人(会计主管人员)签章。

第四，记账时，应当将会计凭证日期、凭证号数、业务内容摘要、金额和其他有关资料逐项记入账内，做到内容完整、数字准确、摘要清楚、登记及时、字迹工整。

第五，账簿要保持清晰、整洁，记账文字和数字都要端正，文字和数字要符合规范。账簿中书写的文字和数字上面要留有适当空格，不要写满，一般应占格距的1/2。

第六，各账户在一张账页记满时，要在该账页的最末行加记发生额合计数和结出余额，并在该行“摘要”栏注明“转次页”字样，然后，再把这个发生额合计数和余额填列下一页的第一行内，并在“摘要”栏内注明“承前页”，以保证账簿记录的连续性。

第七，凡需结出余额的账户，结出余额后，应在“借或贷”栏内写明“借”或“贷”的字样。没有余额的账户，应在“借或贷”栏内写“平”字，并在余额栏“元”位上用“Ø(0)”表示。库存现金日记账或银行存款日记账必须逐日结出余额。

第八，登记完毕后，要在记账凭证上签名或者盖章，并注明已经登账的符号或画钩，表示已经登记入账，以避免重记、漏记。

第九，在账簿记录中，红字表示对蓝色数字的冲销、冲减数或表示负数。因此，只在下列情况下，才可以用红色墨水记账。

(1) 按照红字冲账的记账凭证，冲销错误记录。

(2) 在不设减少栏的多栏式账页中，登记减少数。

(3) 在三栏式账户的余额栏前，如未印明余额方向的，在余额栏内登记负数余额。

(4) 根据国家统计会计制度规定可以用红字登记的其他会计记录。

第十，账簿记录发生错误，严禁刮擦、挖补、涂改或用药水消除字迹，不准重新抄写，必须按照规定的方法进行更正。

实行会计电算化的单位，用计算机打印的会计账簿必须连续编号，经审核无误后装订成册，并由记账人员和会计机构负责人、会计主管人员签字盖章。总账和明细账应当定期打印。发生收款和付款业务的，在输入收款凭证和付款凭证的当天必须打印出库存现金日记账、银行存款日记账，并与库存现金核对无误。

三、错账查找方法

在记账过程中，可能发生各种各样的差错，产生错账，如重记、漏记、数字颠倒、数字错位、科目记错、借贷方向记反等，从而影响会计信息的准确性，这时应及时找出差错，予以更正。错账查找方法有以下几种。

（一）二除法

账簿余额与实有数不符，且差数为偶数时，应检查记账方向是否发生错误。如，错将借方金额记为贷方金额，对于方向记错，会导致一方合计数与另一方的差数是记错方向数据的两倍，是偶数。对于这种差错的检查可以采用“二除法”。用差错数除以2，商数就是账簿中记错方向的数字。

（二）九除法

用数字9去除差错数来分析造成差错的原因，据以找出账簿中错误记录的查错方法。查找现金差错时，如果差错金额较大，首先考虑用九除法来检查是否在记账时发生了数据错位，如1 000变成10 000。此外，数字位置颠倒也可用九除法。故这两种情况都用不相符的差数除以9，如被除尽，然后根据商数，检查是否有相同数字移位，如无相同数则考虑为相邻两个数字颠倒。具体有数字移位的查找方法和数字颠倒的查找方法。

（三）普查法与抽查法

若差错数较多，不易通过上述方法查找出，可用普查或抽查来检查漏记、错记、重记等情况。

1. 普查法。普查法是指当查找的重点很难确定或者可能发生差错的地方很多时，将所有的账目全部进行核对。采用普查法，按照查账的顺序可分为：顺查法和逆查法。

（1）顺查法是按照原账务处理的顺序从头到尾进行普遍查找的方法，主要用于期末对账簿进行的全面核对和不规则的错误查找。对于查过的账目要在数字旁边打“√”或其他记号，以防重查。

（2）逆差法指与原来账务处理顺序相反的从尾到头进行普遍检查的方法。

2. 抽查法。抽查法是指抽取账簿记录中的某些部分进行局部检查的方法。如差错只在角、分位或其他位数，则专门察看这些位数，其他位数可以不管。

（四）差数法

差数法即根据核对不相符的金额去查找。如，日记账余额比总账多或少100元，则可通过查找金额为100元的凭证。此种方法主要是对漏记、重记的差错进行寻找。

四、错账更正方法

会计人员填制会计凭证和登记账簿，必须严肃认真，一丝不苟，尽最大努力把账记好算对，防止差错，以保证会计核算质量。如果账簿记录发生错误，必须根据错误的具体情况，采用正确的方法予以改正。更正错账的方法一般有以下几种。

（一）划线更正法

在结账之前，如果发现账簿记录有错误，而记账凭证无错误，即纯属登账时文字或数字上的错误，应采用划线更正法更正。

划线更正法的具体做法是：先将错误的数字全部画一条红线予以注销，不得只划销更正其中个别数字；对已划销的数字，应当保持原有字迹仍可辨认，以备查核。然后，将正确的数字用蓝字写在画线上面，并由记账员在更正处盖章，以明确责任。例如，记账人员将5 130.80元误记为5 310.80时，应将错误数字全部用红线注销，然后在其上方空白处填写正确的数字。而不能只将错误的两位数字“13”更正为“31”。对于文字错误，可只划去错误的部分。

（二）红字更正法

红字更正法又称红字冲销法，一般适用于下列两种情况。

1. 记账以后，发现记账凭证中应借应贷符号、科目或金额有错误时，可采用红字更正法更正。更正时应用红字填写一份与错误凭证科目、借贷方向和金额相同的记账凭证，以冲销原来的记录；然后用蓝字重新填制一份正确的记账凭证，一并登记入账。

2. 在记账以后，如发现记账凭证和账簿记录的金额有错误，而应借、应贷会计科目并无错误。错误表现是，所记金额大于应记金额。这时可采用红字更正法，将多记的金额（即正确数与错误数之间的差额）用红字填写一张记账凭证，用以冲销多记金额，并据以登记入账。

【例7-2】 某企业用银行存款归还前欠购料款1 000元。在记账凭证中金额误记为10 000元，并已登记入账为：

借：应付账款　　　　10 000

　　贷：银行存款　　　　10 000

发现错误后，应将多记的金额用红字冲销，即用红字（本书用外方框表示红字）编制一张调减的记账凭证如下：

借：应付账款　　　　[9 000]

　　贷：银行存款　　　　[9000]

红字更正法不仅能保持账户间的对应关系，而且还能保持账户中的正确发生额，不至于因改正错账而使数字虚增或虚减。

（三）补充登记法

记账后，如果发现记账凭证上应借、应贷的会计科目并无错误，但所填金额小于应填金额，可采用补充登记法更正，即再填一张补充少记金额的记账凭证，并将其补记入账。

【例7－3】 某企业购入一台设备，计20 000元，货款已经支付。但在记账凭证中金额误记为2 000元，少记18 000元，并已登记入账。

借：固定资产　　　　2 000

　贷：银行存款　　　　2 000

当发现上述错账时，可将少记的18 000元另编一张调增的记账凭证如下：

借：固定资产　　　　18 000

　贷：银行存款　　　　18 000

第四节　结账和对账

为了总结某一会计期间（月份、季度、年度）的经济活动情况，考核经营成果，必须使各种账簿的记录保持完整和正确，以便据以编制会计报表。为此，必须定期进行结账和对账工作。

一、结账

各单位应当按照规定定期结账。结账，是指按照规定，定期把一定时期（月份、季度、年度）内所发生的经济业务登记入账，并将各种账簿结记清楚，以便进一步根据账簿记录编制报表。另外，企业因撤销、合并而办理账务交接时，也需要办理结账。

（一）结账工作的内容

结账工作主要包括以下内容。

1. 结账前，必须将本期内发生的经济业务全部登记入账。既不能提前登账，也不能将本期发生业务延至下期登账，若发现漏账、错账，应及时补记、更正。

2. 按照权责发生制原则调整和结转有关账项，合理确定本期的收入和费用。期末账项调整主要包括以下内容。

（1）本期已经发生且符合收入确认条件，但尚未收到款项而未入账的产品销售收入或劳务收入，即应记收入。这类事项的调整方法是，将确认为本期的收入记入“主营业务收入”账户的贷方,同时,将尚未收到的款项记入“应收账款”账户的借方。

(2) 已经收取款项,但尚未提供产品或劳务因而未确认入账的产品销售收入或劳务收入,如预收账款。这类事项的调整方法是,应按照本期实现的产品销售收入和增值税额,贷记“主营业务收入”和“应交税金”账户,同时,调整以前预收款项时形成的负债,借记“预收账款”账户。

(3) 本期发生,因款项尚未支付因而未登记入账的费用,即应记费用,如应记设备修理费、应记借款利息等。这类事项的调整方法是,将其确认为本期费用,记入“制造费用”、“管理费用”、“财务费用”等账户的借方,同时,将尚未支付(以后支付)的款项记入“应付账款”、“应付利息”等其他对应账户的贷方。

(4) 已经支出,但应由本期和以后各期负担的费用,即预付费用,如预付报刊订阅费,预付保险金等。这类事项的调整方法是,根据本期和以后各期收益程度,分摊确认为本期的费用,借记有关费用账户,贷记“银行存款”、“库存现金”或其他对应账户。

此外,本期内的转账业务,应编成记账凭证记入有关账簿。如:本期已完工入库产品的实际成本,应结转记入“库存商品”账户;本期实现的收入和发生的费用,应结转记入“本年利润”账户;等等。

3. 计算、登记本期发生额和期末余额。在本期全部经济业务登记入账的基础上,应当结算库存现金日记账、银行存款日记账、总分类账和明细分类账各账户的本期发生额和期末余额,并结转下期。一般按月进行,称为月结;有的账目按季结转,称为季结;年度终了时,还应进行年结。

(二)结账方法

结账时,应根据不同的账簿记录,分别采用不同的方法。

1. 对不需要按月结计本期发生额的账户,如各项应收、应付账款明细账和各项财产物资明细账等,每次记账以后,都要随时结出余额,每月最后一笔余额即为月末余额。每月结账时,要在最后一笔经济业务记录下面的通栏内画单红线,不需要再结计一次余额。

2. 库存现金、银行存款日记账和需要按月结计发生额的收益、成本费用等明细账,每月结账时,要在最后一笔经济业务记录下面的通栏内画单红线。应当在摘要栏注明“本月合计”或“本季合计”、“本年合计”字样,并在下面通栏画单红线。

3. 需要结计本年累计发生额的某些明细账户,每月结账时,应在“本月合计”行下结出自年初起至本月末止的累计发生额,登记在月份发生额下,在摘要栏注明“本年累计”字样，并在下面的通栏内画单红线。12 月末的“本年累计”就是全年累计发生额，在全年累计发生额下面的通栏画双红线。

4. 总账账户平时只需结出本月末余额。在摘要栏内注明“本年合计”字样，并在合计数下面的通栏内画双红线。采用棋盘式总账和科目汇总表代替总账的单位，年终结账，应当汇编一张全年合计的科目汇总表和棋盘式总账。

5. 年度终了结账时，有余额的账户，要将其余额结转下年。

现以“现金”账户为例说明结账方法，详见表 7－23 所示。

表 7－23 总分类账

会计科目：现金

2008 年		凭证		摘要	借方	贷方	借或贷	余额
月	日	种类	编号					
1	1			上年结转			借	2 600
1	10				1 200	1 800	借	2 000
1	20				1 000	200	借	2 800
1	31				300	700	借	2 400
1	31			本月合计	2 500	2 700	借	2 400
2	10	（略）	（略）		1 050	50	借	3 400
2	20				260	960	借	2 700
2	28				150	650	借	2 200
2	28			本月合计	1 460	1 660	借	2 200
3	10				880	600	借	2 480
3	20				1 500	450	借	3 530
3	31				560	1 440	借	2 650
3	31			本月合计	2 940	2 490	借	2 650
				本季合计	6 900	6 850	借	2 650
≈	≈	≈	≈	≈≈≈≈	≈≈≈≈	≈≈≈≈	≈≈≈≈	≈≈≈≈
12	31			≈≈ 本年累计	≈ 32 000	≈ 31 050	≈ 借	≈ 3 550
12	31			上年结转	2 600			
12	31			结转下年		3 550		
12	31			本年合计	34 600	34 600	平	Ø

二、对账

对账就是核对有关账目的内容、金额与数量是否相符。对账的目的在于保证账簿记录的完整和正确，如实地反映和监督经济活动，为编制会计报表提供真实可靠的数据资料。各单位应当定期（每年至少一次）对会计账簿记录的有关数字与库存实物、货币资金、有价证券、往来单位或者个人等进行相互核对。

对账工作一般应从以下几个方面进行。

（一）账证核对

账证核对，是指将会计账簿记录与记账凭证及其所附的原始凭证进行核对，核对时间、凭证字号、内容、余额是否一致，记账方向是否相同。这种核对除在日常制证、记账过程中进行以外，每月终了，如果发现账账不符时，尚需溯本追源，进行账簿与会计凭证的核查核对，以确保账证相符。

（二）账账核对

账账核对，是指各种账簿之间有关数字的核对，主要包括以下内容。

1. 核对总分类账各账户本期借方发生额合计数与贷方发生额合计数，期末借方余额合计数与贷方余额合计数是否相符。

2. 核对总分类账各账户余额与其所属明细分类账各账户余额合计数是否相符。

3. 核对库存现金日记账和银行存款日记账余额与现金和银行存款总分类账余额是否相符。

4. 会计部门有关财产物资的明细分类账余额应该同财产物资保管或使用部门的登记簿所记录的内容，按月或定期相互核对，保证相符。

（三）账实核对

账实核对，是指各种财产物资的账面余额与实存数额相核对。具体包括以下内容。

1. 库存现金日记账余额与现金实际库存数额相核对。

2. 银行存款日记账账面余额定期与银行对账单相核对。

3. 各种财产、物资明细分类账账面余额与财产、物资实存数相核对。

4. 各种应收、应付账款明细分类账账面余额与有关债务、债权单位或者个人的账目相核对。

在实际工作中的账实核对一般是通过财产清查进行的，有关内容将在第八章详细说明。

三、账簿的更换和保管

（一）账簿的更换

年终结账后，总账和日记账应当更换新账，大多数明细账一般也应当更换。但有些明细账，如财产物资明细账和债权、债务明细账、固定资产明细账（卡）等，由于涉及材料品种、规格和往来单位较多，更换新账，重抄一遍工作量大，如果变化不大，可以不换。各种备查账簿也可以连续使用。

更换账簿的程序是：在本年有余额的账户的年末余额下一行的“摘要”栏内注明“结转下年”字样；在更换新账时，注明各账户的年份，在第一行“日期”栏内写明 1 月 1 日；“记账凭证”栏空置不填，并注明余额的借贷方向。

（二）账簿的保管

各种账簿同会计凭证及会计报表一样，都是重要的会计档案，必须按照制度统一规定的保存年限妥善保管，不得丢失和任意销毁。保管期满后，按照规定的审批程序报经批准以后再行销毁。

如前所述，会计档案的保管既要做到安全完整，又要保证在需要的时候能从账簿中迅速查到所需要的资料。为此，会计人员必须在年度结束后，将各种活页账簿连同“账簿和经管人员一览表”都装订成册，加上封面，统一编号，与各种订本式账簿一起归档保管。

复习思考题

1. 什么是账簿？设置和登记账簿的意义是什么？
2. 设置账簿的原则是什么？
3. 账簿按用途分为哪几类？简要说明各类账簿的作用。
4 试述现金日记账与银行存款日记账的内容和登记方法。
5. 试述总分类账的格式。
6. 明细分类账有哪几种格式？各自的特点和适用的范围是什么？
7. 简述账簿启用的规则和登记规则。
8. 试述总账和明细账的关系及其平行登记。
9. 错账更正的方法有哪几种？各种方法的特点和适用范围是什么？
10. 什么是结账？结账工作包括哪些内容？
11. 什么是对账？对账工作包括哪些内容？

业务操作题

【练习一】

目的:练习现金日记账和银行存款日记账的登记。

资料:某企业2003年6月30日现金日记账和银行存款日记账的余额分别为2 600元和42 000元。7月1~5日发生下列经济业务:

1.2日,职工刘红出差,预借差旅费1 000元,以现金付讫。

2.2日,收到银行通知,长城公司汇来前欠货款25 000元,已收妥入账。

3.2日,从银行提取备用现金1 200元。

4.2日,用银行存款偿还前欠华丰工厂货款10 000元。

5.3日,厂部王华报销市内交通费30元,以现金付讫。

6.4日,从银行取得短期借款60 000元,存入银行。

7.5日,以银行存款支付厂部办公费1 000元。

8.5日,购入材料一批,货款5 000元,增值税进项税额850元,以银行存款支付。

9.5日,用现金支付退休人员工资1 250元。

要求:根据以上资料编制会计分录、并据以登记现金日记账和银行存款日记账。

【练习二】

目的:练习总账与多栏式明细分类账的平行登记。

资料:某企业2003年6月份发生下列经济业务:

1.5日,职工王伟报销差旅费750元,余额250元退回现金。会计分录为:

(1 1/2)　借:管理费用　750

　　贷:其他应收款　750

(1 2/2)　借:现金　250

　　贷:其他应收款　250

2.12日,开出支票一张560元,购买办公用品。会计分录为:

借:管理费用　560

　贷:现金　560

3.15日,经批准,结转已盘盈的原材料320元。会计分录为:

借:待处理财产损溢　320

　贷:管理费用　320

4.30 日,计提行政部门固定资产折旧费 850 元。会计分录为:

借:管理费用　　850

　　贷:累计折旧　　850

5.30 日,结算本月应付行政部门人员工资 6 000 元,应提的福利费 840 元。会计分录为:

借:管理费用　　6 840

　　贷:应付职工薪酬　　6 840

要求:

1. 根据以上资料,平行登记管理费用的总账和明细账。
2. 以本题为例,说明登记总账与多栏式明细账的区别。

【练习三】

目的:练习错账的改正方法。

资料:某企业在账证核对中,发现下列错误:

1. 从银行提取现金 45 000 元,备发工资。

记账凭证为:

借:库存现金　　45 000

　　贷:银行存款　　45 000

账簿记录为:

库存现金		银行存款	
54 000			54 000

2. 预付工厂购料款 22 000 元。

记账凭证为:

借:主营业务成本　　22 000

　　贷:银行存款　　22 000

账簿记录为:

主营业务成本		银行存款	
22 000			22 000

3. 开出转账支票一张 980 元,支付办公用品购置费。

记账凭证为:

借:管理费用　　890

　　贷:银行存款　　890

账簿记录为:

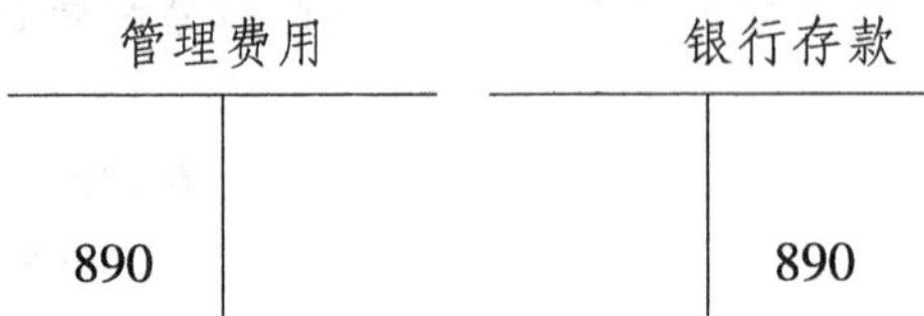

4. 开出转账支票 3 600 元,偿还上月未付红星工厂的材料款。原记账凭证如下:

借:应付账款——红星工厂　　3 900

　　贷:银行存款　　3 900

账簿记录为:

应付账款	
3 900	

银行存款	
	3 900

要求:根据上述资料先回答所应采用的正确的更正方法,然后按照每种方法的要求进行更正。

第八章

财产清查

【内容简介】

本章主要介绍财产清查的意义、种类、具体清查的方法以及对清查检查结果的会计处理。

【学习精要】

财产清查是通过对各项财产物资、债权债务款项的实地盘点或查核，借以确认其账面结存数额，并查明账面结存数额与实存数额是否相符的一种会计核算方法。其中包括全面清查和局部清查、定期清查和不定期清查。

财产清查的方法有实物盘点法、技术推算盘点法、核对账目法等。

对财产清查中出现的账实不符要及时进行相关的会计处理。

【重要概念】

财产清查　全面清查　局部清查　盘盈　盘亏

第一节　财产清查的意义和种类

会计核算的任务之一，是反映和监督财产的保管和使用情况，保护财产的安全完整，提高各项财产的使用效果。一个单位的财产，通常包括其所拥有的各项财产物资、货币资金以及债权债务结算款项。根据财产管理的要求，各单位应通过账簿记录来反映和监督上述各项财产的增减变化和结存情况。为了保证账簿记录正确,各单位应加强会计凭证的日常审核,定期地核对账簿记录,做到账证相符、账账相符。但是,账簿记录的正确不能说明账簿所作记录的真实可靠。这是因为,有很多客观原因使各项财产的账面数额与实际结存数额发生差异,即账实不符。例如:有些财产物资在保管过程中,发生自然损耗、意外灾害造成的毁损;在管理和核算方面,由于手续不健全或制度不严密而发生的错收、错付、丢失、被盗;由于计量或检验不准确,造成多收、多付或少收、少付;由于管理不善或责任者的过失造成的财产毁损、错记、漏记、重记;由于有关凭证传送时间不同形成的未达账项,造成结算双方账实不符;甚至有可能在账实相符的情况下,由于财产物资的毁损变质使账簿记录不符合客观真实性等等。因此,为了保证会计账簿记录的真实、正确,为经济管理提供可靠的信息资料,必须运用"财产清查"这一行之有效的会计核算方法,对企业的各项财产进行定期清查,并与账簿记录核对,做到账实相符。

综上所述,财产清查就是通过对财产物资、现金的实地盘点和对银行存款、债权债务的查对,来确定财产物资、货币资金和债权债务的实存数,并查明账面结存数与实存数是否相符的一种专门方法。

一、财产清查的意义

财产清查的意义可归纳为以下几点。

第一,通过财产清查,可以确定各项财产物资的实有数,将实存数与账存数进行对比,确定各项财产的盘盈、盘亏,并及时调整账簿记录,做到账实相符,以保证账簿记录的真实、可靠,提高会计信息的质量。

第二,通过财产清查,可以揭示各项财产物资的使用情况,改善经营管理,挖掘各项财产物资的潜力,加速资金周转,提高财产物资的使用效果。

第三,通过财产清查,可以查明各项财产物资的储备和保管情况以及各种责任制度的建立和执行情况,揭示各项财经制度和结算纪律的遵守情况,促使财产物资保管人员加强责任感,保证各项财产物资的安全、完整,促使经办人员自觉遵守财经制度和结算纪律,及时结清债权债务,避免发生坏账损失。

二、财产清查的种类

(一)按照财产清查的对象和范围划分

1. 全面清查。全面清查是指对全部财产进行盘点和核对。企业全面清查对象一般包括以下几方面。

(1)库存现金、银行存款等货币资金。

(2)所有的固定资产、材料、在产品、产成品及其他物资。

(3)各项在途材料、在途商品及其他在途物资。

(4)各项债权、债务及预算缴拨款项。

(5)各项由其他单位加工或保管的材料、商品及物资等。

全面清查涉及的范围广、时间长,参加的部门、人员多。一般来说,在以下几种情况下,需要进行全面清查:①年终决算前,为了确保年终决算会计资料真实、正确;②单位撤销,合并或改变隶属关系;③中外合资,国内联营前;④开展清产核资,资产评估;⑤企业股份制改制前;⑥单位主要负责人调离工作。

2. 局部清查。局部清查是指根据需要对一部分财产进行的清查,其清查的主要对象是流动性较大的财产,如库存现金、原材料、在产品和产成品等。

局部清查涉及的范围小、内容少、时间短,参与的部门、人员少,但专业性较强,一般包括以下清查对象。

(1)现金,应由出纳员在每日业务终了时点清,做到日清月结。

(2)银行存款和银行借款,应由出纳员每月同银行核对一次。

(3)材料,在产品和产成品除年度清查外,应有计划地每月重点抽查,对于贵重的财产物资,应每月清查一次。

(4)债权债务,每年至少与对方核对一至两次,有问题应及时核对、及时解决。

(二)按照财产清查的时间划分

1. 定期清查。定期清查是指根据管理制度的规定或预先计划安排的时间,对财产所进行的清查。这种清查的范围和对象不定,可以是全面清查,也可以是局部清查。定期清查的目的在于保证会计核算资料的真实、正确,一般是在月末、季末或年末结账时进行。

2. 不定期清查。不定期清查是指根据实际需要对财产所进行的临时清查。不定期清查一般是局部清查。如:更换出纳员时,对库存现金、银行存款所进行的清查;更换仓库保管员时,对其所保管的材料物资进行的清查;发生意外灾害时,对财产损失情况的清查;等等。其目的在于查明情况,分清责任。

三、财产清查前的准备工作

财产清查是一项复杂的工作,其工作内容涉及面广,涉及的人员多,因而在财产清查之前,应充分做好组织上、业务上以及物资上的准备工作。

(一)组织准备

组织准备是要在总会计师及单位有关主管人员的领导下,成立由财会、统计部门牵头,由设备、技术、生产、行政及各有关部门参加的财产清查领导小组,具体负责财产清查的领导和组织工作。该领导小组的主要任务是:根据管理制度或有关部门的要求拟定财产清查工作的工作步骤,确定财产清查的对象和范围,安排财产清查工作的分工、进度,配备财产清查人员等;在财产清查过程中,及时掌握清查工作的进度,检查和监督清查工作的质量,研究和解决财产清查工作中出现的问题;在财产清查工作结束后,写出财产清查工作的书面报告,对发生的盘盈、盘亏提出处理意见。

(二)业务及物资准备

业务上和物资上的准备是进行财产清查的前提条件,各业务部门特别是会计部门和会计人员应主动配合,做好准备工作。各部门需要做的准备工作有如下几方面。

1. 财会人员,应在财产清查之前将所有的经济业务登记入账,并结出余额。在此基础上将总分类账与所属明细分类账核对清楚,为账实核对提供正确的账面资料。

2. 财产物资保管部门和人员,应将截止到财产清查时点之前的各项财产物资的出入办好凭证手续,全部登记入账,结出余额,并与会计部门的有关总分类账核对相符。同时,财产物资保管人员应将其所保管的各种财产物资堆放整齐,挂上标签,标明品种、规格和结存数量,以便进行实物盘点。

3. 财产清查小组应组织有关部门准备好计量器具,印制好各种登记表册。

第二节　财产清查的方法

一、财产物资的清查方法

财产物资清查的重要环节是确定财产物资的账面结存数量、结存金额与财产物资的实存数量和余额,确定财产物资的实存与账存是否相符。

(一)确定财产物资账面结存的方法

确定财产物资账面结存数量的方法通常有永续盘存制和实地盘存制两种。

1. 永续盘存制。永续盘存制亦称账面盘存制,是根据账簿记录,计算期末财产物资账面结存数的一种方法。采用这种方法,平时对各项财产物资的增加数和减少数都要根据会计凭证连续记入有关账簿,并且随时结出账面结存数,即

账面期末结存数 = 账面期初结存数 + 本期增加数 - 本期减少数

由于这种方法对财产物资的收入和发出进行连续登记，且随时能结出账面结存数，因而便于随时掌握财产物资的占用情况及其动态，有利于加强对财产物资的管理。其不足之处在于，账簿中记录的财产物资的增减变动及结存情况都是根据有关会计凭证登记的，可能发生账实不符的情况。因此，采用永续盘存制，需要对各项财产物资定期进行实物盘点，以查明账实是否相符以及账实不符的原因。

本书前面各章有关财产物资增减及结存情况的账务处理，采用的方法都是永续盘存制。

2. 实地盘存制。实地盘存制不同于永续盘存制。采用这种方法，平时在账簿中只登记财产物资的增加数，不登记减少数。月末，对各项财产物资进行盘点，根据实地盘点所确定的实存数，倒挤出本月各项财产物资的减少数。即

本期减少数 = 账面期初结存数 + 本期增加数 - 期末实际结存数

然后根据倒挤计算出的本期减少数，登记有关账簿。所以，每月末对各项财产物资进行实地盘点的结果是计算、确定本月财产物资减少数的依据。

采用这种方法，可以简化日常核算工作。但是，各项财产物资减少数的计算缺乏严密的手续，不便于会计监督。倒挤出的各项财产物资的减少数中成分复杂，除了正常耗用的外，可能还有毁损的和丢失的，所以非特殊原因，一般情况不宜采用。

（二）确定财产物资账面结存金额的方法

财产物资账面结存金额是财产物资账面结存数量与该项财产物资单价的乘积，即

财产物资账面结存金额 = 财产物资账面结存数 × 单价

由于财产物资流动性较强，收发频繁，所以，财产物资发出和储存单价的计算，往往根据管理的需要采用不同的方法，包括先进先出法、后进先出法、全月一次加权平均法、移动加权法和个别计价法。这些计价方法将在后续课程中详细介绍。

（三）盘点财产物资的方法

不同种类的财产物资，由于其实物形态、体积、重量、堆放方式等的不同，而采用不同的盘点方法。一般采用的有实地盘点法和技术推算盘点法两种。

1. 实地盘点法。实地盘点法是指在财产物资堆放现场进行逐一清点数量或用计量仪器确定实存数的一种方法。这种方法适用范围广，要求严格，数字准确可靠，清查质量高，但工作量大。如果事先能按财产物资的实物形态进行科学的码放，如五五排列、三三制码放等，都有助于提高盘点的速度

和效果。

2. 技术推算盘点法。技术推算盘点法是利用技术方法，如量方计尺等，对财产物资的实存数进行推算的一种方法。这种方法适用于大量成堆、难以逐一清点的财产物资。

为了明确经济责任，在进行财产物资盘点时，有关财产物资的保管人员必须在场，并参加盘点工作。对各项财产物资的盘点结果，应逐一如实地登记在“盘存单”上，并由参加盘点的人员和实物保管人员同时签章生效。“盘存单”是记录各项财产物资实物盘点结果的书面证明，也是财产清查工作的原始凭证之一。“盘存单”的一般格式见表8－1。

表8－1　盘存单

单位名称：　　　　　　　　　　　　　　　　盘点时间：　　　　编号：
财产类别：　　　　　　　　　　　　　　　　存放地点：

序号	名称	规格型号	计量单位	实存数量	单价	金额	备注

盘点人签章：×××　　　　　　　　　　　　　　实物保管人签章：×××

盘点完毕，将“盘存单”中所记录的实存数额与账面结存数额相核对，当发现某些财产物资账实不符时，填制“财产盈亏毁损表”，确定财产物资盘盈或盘亏的数额。“财产盈亏毁损表”是调整账面记录的原始凭证，也是分析盈亏原因、明确经济责任的重要依据，应严肃、认真地填报。“财产盈亏毁损表”的一般格式见表8－2。

表8－2　财产盈亏毁损表

单位名称：　　　　　　　　年　　月　　日

序号	名称	规格型号	计量单价	单位	实存		账存		盘盈		盘亏		备注
					数量	金额	数量	金额	数量	金额	数量	金额	
	金额合计												

盘点人签章：×××　　　　　　　　　　　　　　会计签章：×××

二、货币资金的清查方法

（一）库存现金的清查

库存现金的清查，是通过实地盘点的方法，确定库存现金的实存数，再与现金日记账的账面余额核对，以查明现金短缺或溢余的情况。在进行现金清查时，为了明确经济责任，出纳员必须在场。在清查过程中不能用白条抵库，也就是不能用不具有法律效力的借条、收据等抵充库存现金。库存现金盘点后，应根据盘点的结果及与现金日记账核对的情况，填制“库存现金盘点报告表”。库存现金盘点报告表也是重要的原始凭证，它既起“盘存单”的作用，又起“实存账存对比表”的作用，应严肃认真地填写。“库存现金盘点报告表”应由盘点人和出纳员共同签章方能生效。“库存现金盘点报告表”的一般格式见表 8－3。

表 8－3 库存现金盘点报告表

单位名称： 年 月 日

实存金额	账存金额	实存与账存对比		备注
		溢余	短缺	

盘点人签章：××× 出纳员签章 ：×××

（二）银行存款的清查

银行存款的清查，以企业为例，是采用与开户银行核对账目的方法进行的，即将企业的银行存款日记账与从开户银行取得的对账单逐笔进行核对。如果银行存款日记账的余额与银行对账单的余额一致，说明双方记账都没有错误；如果不一致，要检查不一致的原因。造成银行存款日记账的余额与银行对账单的余额不一致的原因有两种可能：一是由于某一方记账有错误；二是存在未达账项。所谓未达账项，是指企业与银行之间对于同一项业务，由于取得凭证的时间不同，致使记账时间不一致而发生的一方已登记入账而另一方尚未登记入账的款项。未达账项有以下四种情况。

1. 企业已收款入账，银行未收款入账。例如，企业销售产品收到支票，送存银行后即可根据银行盖章退回的“进账单”回联登记银行存款的增加，而银行要等款项收妥后才记增加。如果此时对账，则形成企业已收款入账、银行尚未收款入账的情况。

2. 企业已付款入账，银行未付款入账。例如，企业开出一张支票支付购料款,企业可根据支票存根、发货票及收料单等凭证,登记银行存款的减少,但持票单位尚未将支票送银行转账,而银行尚未登记银行存款减少。如果此时对账,则形成企业已付款入账、银行未付款入账的情况。

3. 银行已收款入账,企业未收款入账。例如,外地某单位给企业汇来款项,银行收到汇款单后即登记银行存款增加,企业由于尚未收到银行转来的收款凭证而未登记银行存款增加,如果此时对账,就形成了银行已收款入账、企业尚未收款入账的情况。

4. 银行已付款入账,企业未付款入账。例如,银行代企业支付款项(如水、电费等),银行已取得支付款项的凭证已记银行存款减少,企业尚未接到银行转来的付款凭证尚未登记银行存款减少。如果此时对账,则形成了银行已收款入账而企业尚未收款入账的情况。

上述任何一种未达到账项存在,都会使企业银行存款日记账余额与银行转来的对账单余额不符。也就是说,即使双方记账都没有错误,企业银行存款日记账余额与银行对账单的余额也往往不一致。因此,企业在与银行对账时,应首先查明有无未达账项,如果有未达账项,可编制补记式的“银行存款余额调节表”,对未达账项进行调整。之后在确定企业与银行双方余额仍不等时,则可能某一方记账有错误。

补记式“银行存款余额调节表”的编制方法是:企业与银行双方都在各自存款余额的基础上,加上对方已收、本单位未收款,减去对方已付、本单位未付款。采用这种方法进行调节,如果双方调节后的余额相等,说明双方记账相符;否则说明一方记账有错误,应给予更正。通过“银行存款余额调节表”进行调节,所得到的调节后的余额也是企业当时的实际可以动用的款项。公式表示如下:

企业银行存款日记账余额 + 银行已收企业未收款项 - 银行已付企业未付款项 = 银行对账单余额 + 企业已收银行未收款项 - 企业已付银行未付款项

下面举例说明补记式的“银行存款余额调节表”的具体编制方法。

【例 8-1】 某企业 2008 年度 12 月 31 日银行存款日记账的余额为 48 800 元,银行转来的对账单余额为 74 000 元,经过逐笔核对发现有如下未达账项:

(1)企业送存银行一张转账支票,金额 2 000 元,企业已记银行存款增加,但银行尚未入账。

(2)企业开出转账支票一张,金额 18 000 元,企业已记银行存款减少,但持票单位尚未到银行办理转账手续。

(3)企业委托银行收款 10 000 元,银行已登入账,但企业尚未收到收款通知。

(4)银行代企业支付水电费 800 元,银行已登记入账,但企业尚未收到付款通知。

根据以上资料编制“银行存款余额调节表”，调整双方金额。“银行存款余额调节表”的格式与内容见表8-4。

表8-4　银行存款余额调节表

2008年12月31日　　　　单位:元

项目	金额	项目	金额
企业银行存款日记账余额	48 800	银行对账单余额	74 000
加:银行已收、企业未收款	10 000	加:企业已收、银行未收款	2 000
减:银行已付、企业未付款	800	减:企业已付、银行未付款	18 000
调节后的存款余额	58 000	调节后的存款余额	58 000

在财产清查过程中，要特别注意长期存在的未达账项，这样的款项可能是错账，应对其进行分析，查明原因。需要指出的是，“银行存款余额调节表”只起对账的作用，不能据以登记未达账项，作为调节账面余额的凭证，无论是企业还是银行都应待收到有关原始凭证后，再据以编制记账凭证登记入账。

以上银行存款清查方法，也适用于其他货币资金的清查。

三、结算往来款项的清查方法

各种结算往来款项一般采取“函证核对法”，即通过与对方单位核对账目的方法进行清查。清查单位按每一个往来单位编制“往来款项对账单”（一式两份，其中一份作为回联单）送往各往来单位，对方经过核对相符后，在回联单上加盖公章退回，表示已核对；如果经核对数字不相符，对方应在回联单上注明情况，或另抄对账单退回本单位，进一步查明原因，再行核对，直到相符为止。

对于内部各部门的往来款项，由各部门的财产清查员、会计员直接根据账簿记录核对。发现不符，则查明原因，进行处理。

对于职工的各种代垫款项和尚未报销的备用金，通常可以抄列清单与本人核对或定期公布，自行核算。

通过往来结算款项的清查，要求及时收回应收款项，及时偿还应付款项。对于双方发生争议的款项，应采取措施予以解决。对于坏账损失应按坏账准备有关规定处理。

“往来款项对账单”的格式和内容见图8-1。

往来款项对账单

× ×单位：

你单位2008年2月24日到我公司购买甲产品1 000件，已付货款4 000元，尚有4 000元货款未付，请核对后将回单寄回。

清查单位：（盖 章）

2008年12月18日

沿此虚线裁开，将以下回联单寄回。

………………………………………………………………………………………………………

往来款项对账单（回联）

× ×清查单位：

你单位寄来的“往来款项对账单”已收到，经核对相符无误。

× ×单位：（盖 章）

2008年12月23日

图8－1

第三节 财产清查结果的处理

财产清查的结果，必须按国家有关财务制度规定严肃认真地处理。财产清查中发现的盘盈、盘亏、毁损、变质及超储积压等问题，应认真核准数字，查明原因，并按规定的程序上报批准后进行处理；对于长期不清或有争执的债权、债务，也应核准数字，查明原因，待上级批准后及时处理。

一、财产清查结果的处理程序

财产清查结果的处理，包括业务处理和账务处理，一般分为以下步骤。

（一）核准数字，查明原因

财产清查结束，应根据清查情况，编制全部清查结果的“财产盈亏毁损报告表”，核准货币资金、财产物资及债务的盈亏数字，对各项差异产生的原因进行分析，明确经济责任，据实提出处理意见，呈报有关领导和部门批准。对于债权债务在核对过程中出现的争议问题，应及时组织清理；对于超储积压物资应同时提出处理方案。

（二）调整账簿，做到账实相符

在核准数字、查明原因的基础上，应根据“财产盈亏毁损报告表”编制记账凭证，并据以登记账簿，使各项财产物资做到账实相符。但对于应收而收不回的坏账损失，在批准前先不做账务处理，待批准后再行处理。在做好上述调整账簿工作后，即可将所编制的“财产盈亏毁损报告表”和所撰写的文字说明，一并报送有关领导和部门批准。

（三）经批准，进行账务处理

当有关领导部门对所呈报的财产清查结果提出处理意见后，应严格按批复意见进行账务处理，编制记账凭证，登记有关账簿，并追回由于责任者个人原因造成的损失。

二、财产清查结果的账务处理

（一）开设账户

为了反映和监督在财产清查过程中查明的各项财产盘盈、盘亏和毁损价值及处理情况，应开设“待处理财产损溢”账户（固定资产盘盈通过“以前年度损益调整”账户），此账户也称过渡账户或调整账户。各项待处理财产的盘盈价值在批准前记入该账户的贷方，经批准后处理时记入该账户的借方。其借方登记各种财产物资的盘亏、毁损或经批准各种财产物资盘盈的转销；贷方登记经批准、转销的财产物资的盘亏、毁损或各种财产物资的盘盈；月末借方或贷方余额，反映尚未转销的财产物资的盘亏、毁损或盘盈。

为了分别反映和监督企业固定资产和流动资产的盘盈、盘亏和毁损的价值及其处理情况，本账户应分别设置“待处理固定资产损溢”和“待处理流动资产损溢”两个明细分类账户。

“待处理财产损溢”账户的结构见图8－2。

借方　　　　待处理财产损溢	贷方
（1）待处理财产的盘亏及毁损数 （2）转销已批准处理财产的盘盈数	（1）待处理财产的盘盈数 （2）转销已批准处理财产的盘亏及毁损数

图8－2

（二）账务处理方法

1. 固定资产的盈亏账务处理。盘盈固定资产的计价，如果同类或类似的固定资产存在活跃市场的，按同类或类似固定资产的市场价格减去该项资产的新旧程度估计的价值损耗后的余额，作为入账价值；如同类或类似固定资产不存在活跃市场的，按固定资产的预计未来现金流量现值，作为入账价值。

【例8-2】 某企业在财产清查过程中盘盈设备一台，按同类或类似固定资产的市场价格，减去该项固定资产按新旧程度估计的价值损耗后的余额为30 000元。

在批准前，根据“财产盈亏毁损报告表”所确定的固定资产盘盈数，编制如下会计分录：

借：固定资产　　30 000

　贷：待处理财产损溢　　30 000

根据以上编制的会计分录登记入账，调整原账面数字，做到账实相符。

【例8-3】 上述盘盈的固定资产，经查明原因报批准后转账，作为企业营业外收入。

固定资产盘盈数作为营业外收入，记入“营业外收入”账户的贷方，应编制如下会计分录：

借：以前年度损溢调整　　30 000

　贷：营业外收入　　30 000

【例8-4】 企业年终财产清查发生盘亏设备一台，账面原值为2 000元，已提折旧为800元，上报审批时编制分录如下：

借：待处理财产损溢——待处理固定资产损溢　　1 200

　　累计折旧　　800

　　贷：固定资产　　20 000

【例8-5】 上例盘亏设备经按规定程序报经批准后，将盘亏固定资产的净值转作“营业外支出”，编制分录如下：

借：营业外支出　　1 200

　贷：待处理财产损溢——待处理固定资产损溢　　1 200

2. 原材料、库存商品、产品盈亏的账务处理。正常范围的自然升溢以及收发过程中计量误差累计所致盘盈：上报审批时，按盈溢数先转入“待处理财产损溢”账户，使材料、商品、产品符合实际情况；报经批准后，冲减“管理费用”账户。盘盈属于多收少发。材料或产品盘盈，查明属于供货单位多发的，应通知供货单位，并补开收货单，作为材料或产品购进，将货款补付给供货方单位；如属于其他原因造成的盘盈,其盘盈存货的成本应按照同类或类似存货的市场价格确定。

由于正常范围的自然损耗以及责任事故、企业管理不善发生的盘亏,上级审批时,按盘亏数转入“待处理财产损溢”账户,使材料、产品、商品符合实存数量。报经批准后,按不同情况分别处理,凡自然损耗以及管理不善造成的盘亏,最终列到企业损失,计入“管理费用”账户;凡责任事故,应由责任者赔偿,计入“其他应收款”。

由于发生火灾或人力不可抗拒的自然灾害所造成的材料、产品或商品毁损,在报经批准核销前,应转入“待处理财产损溢”账户;上级审批同意后,按毁损的材料、产品或商品扣除保险公司赔款和残料价值后的差额,计入“营业外支出”账户。

以上账务处理举例如下。

【例8-6】 某企业在财产清查中,发现材料亏损300元,经查明100元属于自然损耗,150元属于管理不善造成的,50元属于过失人造成,按规定程序上报审批。编制分录如下:

借:待处理财产损溢——待处理流动资产损溢　　300
　贷:原材料　　300

【例8-7】 上述材料的盘亏,经批准作以下处理:自然损耗和管理不善造成盘亏计入管理费用。其余50元由过失人赔偿。编制分录如下:

借:管理费用　　250
　其他应收款　　50
　　贷:待处理财产损溢——待处理流动资产损溢　　300

【例8-8】 某企业不慎发生火灾,烧毁材料一批,计2 000元,企业保有火险,经保险公司核定赔偿1 200元,残料出售300元,报上级审批。编制分录如下:

借:待处理财产损溢——待处理流动资产损溢　　2 000
　贷:原材料　　2 000

【例8-9】 上述烧毁材料报经审批同意,予以转账。编制分录如下:

借:其他应收款　　1 200
　银行存款　　300
　营业外支出　　500
　贷:待处理财产损溢——待处理流动资产损溢　　2 000

3. 货币资金盈亏的账务处理。库存现金发生溢余或短缺时,应由主管人员会同检查,提出书面报告,按照规定审批权限,报经企业领导或再报上级批准,按批示处理意见办理。

(1) 现金发生溢余时的会计处理。

上报审批时:

借:库存现金

　贷:待处理财产损溢——待处理流动资产损溢

审批同意后:

借:待处理财产损溢——待处理流动资产损溢

　贷:其他应付款(应支付给有关单位和人员的)

　　营业外收入(无法查明原因的)

(2) 现金发生短缺时的会计处理。

上报审批时:

借:待处理财产损溢——待处理流动资产损溢

　贷:库存现金

审批同意后:

借:管理费用(不明原因)

　其他应收款(过失人赔偿)

　贷:待处理财产损溢——待处理流动资产损溢

在正常情况下,发生现金短少,应由出纳人员赔偿。

4. 坏账损失的账务处理。企业的各项应收款项因购货人拒付、破产、死亡等原因而无法收回的,一般称为坏账。由于发生坏账而造成的损失,称为坏账损失。在财产清查过程中,如果发现长期不清的往来款项应及时处理,确实收不回的应收款项,经批准予以转销。

坏账损失的转销在批准前不作账务处理,即不通过“待处理财产损溢”账户进行核算。按照《企业会计制度》的规定,对于确认的坏账损失,采用备抵法进行会计处理。即实际发生坏账损失按规定的程序批准后,冲销已计提的坏账准备和相应的应收款项。在这种方法下,企业应设置“坏账准备”账户。该账户贷方登记按应收账款数额和提取比率提取的坏账准备,借方登记实际发生的坏账损失转销数额,期末余额一般在贷方,反映企业已经提取但尚未转销的坏账准备。

【例 8-10】 某企业的一项应收账款 5 000 元,因债务人破产而无法收回。经批准,确认为坏账损失。应编制如下会计分录:

	借方	贷方
借:坏账准备	5 000	
贷:应收账款		5 000

复习思考题

1. 什么是财产清查？财产清查的意义是什么？

2. 财产清查的种类有哪些？每种清查的适用范围是什么？

3. 财产清查的原始凭证有哪些？其作用如何？

4. 何为永续盘存制？何为实地盘存制？各自的特点和优缺点是什么？

5. 如何进行现金的清查？

6. 何为未达账项？未达账项有哪几种？

7. 如何编制“银行存款余额调节表”？“银行存款余额调节表”的作用是什么？

8. 如何进行债权债务的清查？

9. “待处理财产损溢”账户的用途和结构特点是什么？

10. 如何进行财产清查结果的账务处理？具体包括哪些内容？

11. 什么是坏账损失？坏账损失的账务处理与其他财产清查结果的账务处理有何不同？

业务操作题

【练习一】

目的：练习固定资产清查的核算。

资料：某企业2008年11月份对固定资产进行清查，发现以下账实不符：

1. 盘盈机器一台，重置价值为9 700元，八成新，经批准作为营业外收入处理。

2. 盘亏机器一台，账面原价为65 000元，已提折旧为4 000元，经批准作为营业外支出处理。

要求：根据以上经济业务编制会计分录。

【练习二】

目的：练习库存材料清查结果的账务处理。

资料：2008年12月进行材料清查，发现有以下4种材料与账面数量不符：

1. 甲材料账面余额为4 800千克，单价5元/千克，共计24 000元。实存数为4 790千克，盘亏10千克，经查为材料定额内损耗，批准后转入企业管理费用。

2. 乙材料账面余额为6 500千克，6元/千克，共计39 000元，实存数为6 590

千克,盘盈90千克,经查为材料收发过程计量误差所致,经批准后冲减管理费用。

3. 丙材料账面余额398千克,45元/千克,共计17 910元,全面盘亏,经查是由于暴风雨袭击仓库所致,经批准后作为营业外支出处理。

4. 丁材料账面余额365千克,16元/千克,实存数为360千克,盘亏5千克,经查系保管人员责任心不强造成的损失,经批准责令其赔偿,赔款尚未收到。

要求: 根据以上经济业务,编制会计分录。

【练习三】

目的: 练习编制银行存款余额调节表。

资料:

1. 某工业企业2008年1月的银行存款日记账从20日至月末所记经济业务如下:

(1)20日开出支票#09478,支付购入材料的货款14 000元。

(2)21日购入销货款转账支票24 000元。

(3)24日开出支票#09479,支付购料运杂费7 000元。

(4)26日开出支票#09480,支付下季度的房租16 000元。

(5)27日收到销货款转账支票97 000元。

(6)30日开出支票#09481,支付日常零星费用2 000元。

(7)31日银行存款日记账余额337 360元。

2. 银行对账单所列20日至月末的经济业务如下:

(1)20日结算银行存款利息7 920元。

(2)22日收到企业开出支票#09478,金额为14 000元。

(3)24日收到销售款转账支票24 000元。

(4)26日银行为企业代付水电费13 200元。

(5)27日收到企业开出支票#09479,金额为7 000元。

(6)30日代收外地企业汇来货款14 000元。

(7)31日银行对账单余额267 080元。

要求:根据以上资料,找出未达账项,编制银行存款余额调节表。

第九章

编制财务报告

【内容简介】

本章主要介绍财务报告的构成体系及其编制方法。

【学习精要】

财务报告是会计核算工作的结果,是指企业对外提供的反映企业某一特定日期的财务状况和某一会计期间的经营成果、现金流量等会计信息的文件,是财务会计部门提供财务信息资料的一种重要手段。财务报告包括会计报表及其附注和其他应当在财务报告中披露的相关信息和资料。会计报表及其附注统称为财务报表,会计报表至少应包括资产负债表、利润表、现金流量表和所有者权益变动表等。

资产负债表是反映企业在某一特定日期(月末、季末、半年末、年末)财务状况的会计报表。

利润表是反映企业在一定会计期间经营成果的会计报表。

现金流量表是反映企业在一定会计期间现金和现金等价物流入和流出的报表,是动态报表。

所有者权益变动表是反映构成所有者权益各组成部分当期增减变动情况的报表。

附注是指对在会计报表中列示项目所作的进一步说明以及对未能在这些报表中列示项目的说明等。

【重要概念】

财务报告　资产负债表　利润表　现金流量表　所有者权益变动表

第一节 财务报告概述

财务报告,是指企业对外提供的反映企业某一特定日期的财务状况和某一会计期间的经营成果、现金流量等会计信息的文件。财务报告包括财务报表和其他应当在财务报告中披露的相关信息和资料。

一、财务报表的定义和构成

财务报表是对企业财务状况、经营成果和现金流量的结构性表述。财务报表至少应当包括下列组成部分:①资产负债表;②利润表;③现金流量表;④所有者权益(或股东权益)变动表;⑤附注。

二、财务报表列报的基本要求

(一)依据各项会计准则确认和计量的结果编制财务报表

企业应当根据实际发生的交易和事项,按照各项具体会计准则的规定进行确认和计量,并在此基础上编制财务报表。企业应当在附注中对这一情况作出声明,只有遵循了企业会计准则的所有规定时,财务报表才被称为“遵循了企业会计准则”。

企业不应以在附注中披露代替对交易和事项的确认和计量。也就是说,企业如果采用不恰当的会计政策,不得通过在附注中披露等其他形式予以更正。

(二)列报基础

在编制财务报表的过程中,企业董事会应当对企业持续经营的能力进行评价,需要考虑的因素包括市场经营风险、企业目前或长期的赢利能力、偿债能力、财务弹性以及企业管理层改变经营政策的意向等。评价后对企业持续经营的能力产生严重怀疑的,应当在附注中披露导致对持续经营能力产生重大怀疑的重要不确定因素。

非持续经营是企业在极端情况下呈现的一种状态。企业存在以下情况之一的,通常表明企业处于非持续经营状态:①企业已经在当期进行清算或停止营业;②企业已经正式决定在下一个会计期间进行清算或停止营业;③企业已经确定在当期或下 会计期间没有其他可供选择的方案而将被迫进行清算或停止营业。企业处于非持续经营状态时,应当采用其他基础编制财务报表。比如,企业处于破产状态时，其资产应当采用可变现净值计量、负债应当按照其预计的结算金额计量等。在非持续经营情况下，企业应当在附注中声明财务报表未以持续经营为基础列报，披露未以持续经营披露的原因以及财务报表的编制基础。

（三）重要性和项目列报

关于项目在财务报表中是单独列报还是合并列报，应当依据重要性原则来判断。重要性是判断项目是否单独列报的重要标准。企业在进行重要性判断时，应当根据所处环境，从项目的性质和金额大小两方面予以判断：一方面，应当考虑项目的性质是否属于企业日常活动、是否对企业的财务状况和经营成果具有较大影响等因素；另一方面，判断项目金额大小的重要性，应当通过单项金额占资产总额、负债总额、所有者权益总额、营业收入总额、净利润等直接相关项目金额的比重加以确定。具体而言：

1. 性质或功能不同的项目，一般应当在财务报表中单独列报，比如存货和固定资产在性质和功能上都有本质差别，必须分别在资产负债表上单独列报。但是不具有重要性的项目可以合并列报。

2. 性质或功能类似的项目，一般可以合并列报，但是对其具有重要性的类别应当单独列报。比如原材料、在产品等项目在性质上类似、均通过生产过程形成企业的产品存货，因此可以合并列报，合并之后的类别统称为“存货”，在资产负债表上列报。

3. 项目单独列报的原则不仅适用于报表，还适用于附注。某些项目的重要性程度不足以在资产负债表、利润表、现金流量表或所有者权益变动表中单独列报，但是可能对附注而言却具有重要性，在这种情况下应当在附注中单独披露。

4. 无论是财务报表准则规定的单独列报项目，还是其他具体会计准则规定单独列报的项目，企业都应当予以单独列报。

（四）列报的一致性

可比性是会计信息质量的一项重要质量要求，目的是使企业不同期间和同一期间不同企业的财务报表相互可比。为此，财务报表项目的列报应当在各个会计期间保持一致，不得随意变更。这一要求不仅只针对财务报表中的项目名称，还包括财务报表项目的分类、排列顺序等方面。

在以下规定的特殊情况下，财务报表项目的列报是可以改变的：①会计准则要求改变；②企业经营业务的性质发生重大变化后，变更财务报表项目的列报能够提供更可靠、更相关的会计信息。

（五）财务报表项目金额间的相互抵消

财务报表项目应当以总额列报，资产和负债、收入和费用不能相互抵消，即不得以净额列报，但企业会计准则另有规定的除外。比如，企业欠客户的应付款不得与其他客户欠本企业的应收款相抵消，如果相互抵消就掩盖了交易的实质。

下列两种情况不属于抵消，可以以净额列示：①资产项目按扣除减值准备后的净额列示，不属于抵消。对资产计提减值准备，表明资产的价值确实已经发生减损，按扣除减值准备后的净额列示，才反映了资产当时的真实价值。②非日常活动产生的损益以收入扣减费用后的净额列示，更有利于报表使用者的理解，也不属于抵消。

（六）比较信息的列报

企业在列报当期财务报表时，至少应当提供所有列报项目上一可比会计期间的比较数据，以及与理解当期财务报表相关的说明，目的是向报表使用者提供对比数据，提高信息在会计期间的可比性，以反映企业财务状况、经营成果和现金流量的发展趋势，提高报表使用者的判断与决策能力。

在财务报表项目的列报确需发生变更的情况下，企业应当对上期比较数据按照当期的列报要求进行调整，并在附注中披露调整的原因和性质，以及调整的各项目金额。但是，在某些情况下，对上期比较数据进行调整是不切实可行的，则应当在附注中披露不能调整的原因。

（七）财务报表表首的列报要求

财务报表一般分为表首、正表两部分，其中，在表首部分企业应当概括说明下列基本信息：①编报企业的名称，如企业名称在所属当期发生变更的，还应明确标明；②对资产负债表而言，须披露资产负债表日，对利润表、现金流量表、所有者权益变动表而言，须披露会计报表涵盖的会计期间；③货币名称和单位，按照我国企业会计准则的规定，企业应当以人民币作为记账本位币列报，并标明金额单位，如人民币、人民币万元等；④财务报表是合并财务报表的，应当予以标明。

（八）报告期间

企业至少应当编制年度财务报表。根据《中华人民共和国会计法》的规定，会计年度自公历1月1日起至12月31日止。因此，在编制年度财务报表时，可能存在年度财务报表涵盖期间短于一年的情况，比如企业在年度中间（如3月1日）开始设立等，在这种情况下，企业应当披露年度财务报表的实际涵盖期间及其短于一年的原因，并说明由此引起财务报表项目与比较数据不具可比性这一事实。

第二节 资产负债表

一、资产负债表的作用

资产负债表是反映企业在某一特定日期(月末、季末、半年末、年末)财务状况的会计报表。资产负债表是以“资产 = 负债 + 所有者权益”这一会计基本等式为基础进行编制的,是反映企业静态财务状况的一种主要报表,反映了企业的总体规模和资产、负债、所有者权益的结构。

资产负债表的具体作用如下。

(一)反映企业经济资源的分布情况和企业资本结构

企业的经济资源可划分为流动资产和非流动资产,各资产类别之下又具体划分明细项目。使用者通过资产负债表可以清楚地了解企业在一定时日所拥有的资产总量和结构。

资本结构是指企业的资金来源中负债和所有者权益的比例。资产负债表将企业的资金划分为负债和所有者权益两大类,而后又进一步将负债划分为流动负债和非流动负债,将所有者权益划分为实收资本(或股本)、资本公积、留存收益,从而充分反映了企业的资本结构情况。经营者据此可以分析企业资产分布是否合理。

(二)评价和预测企业的短期偿债能力

企业的偿债能力分为短期偿债能力和长期偿债能力。短期偿债能力主要体现为企业资产和负债的流动性。流动性是指资产变现的速度或负债距清偿日的时间。

在资产项目中,除现金外,资产转化为现金的时间越短、速度越快,表明流动性越强。如,证券投资的流动性比应收款项强,应收款项的流动性又比存货项目强。负债到期日越短,其流动性越强,表明短时间内要动用现金。

短期债权人关注的是,企业是否有足够的现金和资产可及时转换成现金,以清偿短期内的债务。短期偿债能力越弱,企业越有可能破产,债权越有可能得不到保障。通过资产负债表流动资产和流动负债的比较,可以预测企业的短期偿债能力。

（三）评价和预测企业的长期偿债能力

企业的长期偿债能力主要是指企业以其全部资产清偿全部负债的能力。一般认为资产越多、负债越少，其长期偿债能力越强；反之，若资不抵债，一般是由于企业长期亏损或举债过多。所以，企业的长期偿债能力取决于企业的获利和资本结构。根据资产负债表中列示的资产、负债、所有者权益三大要素的重要项目，可以预测企业的长期偿债能力。

（四）有助于评价和预测企业的财务弹性

财务弹性是指企业应付各种挑战、适应各种变化的能力，包括进攻性适应能力和防御性适应能力。进攻性适应能力是指企业有能力和财力去抓住突如其来的获利机会；防御性适应能力是指企业在经营危机中生存下来的能力。

财务弹性来自资产的流动性或变现能力、由经营产生资金流入的能力、向投资者和债权人筹措资金的能力、在不影响正常经营的前提下变卖现有资产取得现金的能力。资产负债表所列示的资源分布情况以及对资源的要求权，有助于评价和预测企业的财务弹性。

（五）有助于评价和预测企业的经营绩效

企业的经营绩效主要反映在企业的获利能力上。衡量企业获利能力的指标主要有资产报酬率、股东权益报酬率。

二、资产负债表的内容和结构

（一）资产负债表的内容

1. 资产。资产在资产负债表中按流动资产和非流动资产两大类别列示，在这两大类别下进一步按性质分项列示。

(1)流动资产是指预计在一个正常营业周期中变现、出售或耗用，或者主要为交易目的而持有，或者预计在资产负债表日起一年内（含一年）变现的资产，或者自资产负债表日起一年内交换其他资产或清偿负债的能力不受限制的现金或现金等价物。

正常营业周期通常短于一年，但也可长于一年。变现时间短于一个营业周期的资产，为流动资产；反之，为非流动资产。

资产负债表中，流动资产项目包括：货币资金、交易性金融资产、应收票据、应收账款、预付账款、应收利息、应收股利、其他应收款、存货和一年内到期的非流动资产等。

(2)非流动资产是指流动资产外的资产，通常包括：长期股权投资、持有至到期投资、固定资产、在建工程、工程物资、固定资产清理、无形资产、开发支出、长期待摊费用以及其他非流动资产等。

2. 负债。负债在资产负债表中按流动负债和非流动负债两大类别列示，在这两大类别下进一步按性质分项列示。

(1)流动负债是指预计在一个正常营业周期中清偿，或者主要为交易目的而持有，或者自资产负债表日起一年内(含一年)到期应予以清偿，或者企业无权自主将清偿推后至资产负债表日后一年以上的负债。资产负债表中列示的流动负债项目通常包括：短期借款、应付票据、应付账款、预收账款、应付职工薪酬、应交税费、应付利息、应付股利、其他应付款、一年内到期的非流动负债等。

(2)非流动负债是指流动负债外的负债。非流动负债项目通常包括：长期借款、应付债券和其他非流动负债等。

3. 所有者权益。一般按照实收资本(或股本)、资本公积、盈余公积和未分配利润分项列示。

(二)资产负债表的结构

资产负债表的结构有账户式和报告式两种，我国企业会计制度规定，资产负债表采用账户式结构。账户式资产负债表分左右两方。左方列示资产项目，按资产的流动性大小排列。右方列示负债及所有者权益项目，一般按要求清偿时间的先后顺序排列。根据会计等式的基本原理，左方的资产总额等于右方的负债及所有者权益总额。

三、资产负债表的编制

(一)资产负债表项目的填列方法

资产负债表各项目均需填列“年初余额”和“期末余额”两栏。

其中，“年初余额”栏内各项数字应根据上年末(12月31日)资产负债表的“期末余额”填列，若上年度资产负债表规定的各个项目的名称和内容与本年度不一致，应对上年年末资产负债表各项目的名称和数字按照本年度的规定调整填入本表“年初余额”栏内。

“期末余额”栏内各项数字大多根据相应的总账科目期末余额填列。以企业为例，由于报表项目与会计科目并不完全一致，因而该表的期末余额各项目有下列两种填列方法。

1. 直接填列法。该方法是根据总账科目的期末余额直接填列资产负债表项目期末余额的方法。该表的大部分项目可以直接根据总账科目余额填列，如“其他应收款”、“固定资产”、“累计折旧”、“短期借款”、“应付职工薪酬”、“应交税费”、“应付股利”、“实收资本”、“盈余公积”等。

2. 分析计算填列法。这是将总账科目和明细科目的期末余额，按照资产负债表项目的内容进行分析，计算以后填列期末余额有关项目的方法。这种方法的分析计算依据又各有不同，主要有以下几种。

(1)根据若干总账科目的期末余额分析、计算填列。如，“货币资金”、“应收账款”、“长期股权投资”、“固定资产”、“无形资产”、“存货”等项目的填列。“存货”项目需根据“原材料”、“库存商品”、“委托加工物资”、“周转材料”、“材料采购”、“在途物资”、“发出商品”、“材料成本差异”等总账科目期末余额的分析汇总数，再减去“存货跌价准备”备抵科目余额填列。

(2)根据若干明细科目的期末余额分析、计算填列。如，“应收账款”、“预付账款”、“应付账款”、“预收账款”等项目的填列。

(3)根据总账科目和明细科目两者余额分析填列。如，“长期借款”项目。

(二)资产负债表项目的填列说明

资产负债表中各项目期末栏数字具体计算填列方法如下。

1. 资产项目的填列方法。

(1)“货币资金”项目，反映企业库存现金、银行结算户存款等的合计数。本项目应根据“库存现金”和“银行存款”科目的期末余额的合计数填列。

(2)“交易性金融资产”项目，反映企业持有的以公允价值计量且其变动计入当期损益为交易目的所持有的债券投资、股票投资等金融资产。本项目应根据“交易性金融资产”科目的期末余额合计数填列。

(3)“应收票据”项目，反映企业因销售商品、提供劳务等而收到的商业汇票。本项目应根据“应收票据”科目的期末余额减去“坏账准备”科目中有关应收票据计提的坏账准备期末余额后的金额填列。

(4)“应收账款”项目，反映企业因销售产品、提供劳务等经营活动应收取的款项。本项目应根据“应收账款”和“预收账款”科目所属各明细科目的期末借方余额合计减去“坏账准备”科目中有关应收账款计提的坏账准备期末余额后的金额填列。如“应收账款”科目所属明细科目期末有贷方余额，应在本表“预收款项”项目中填列。

(5)“预付账款”项目，反映企业因购买材料及劳务等经营活动发生的各种预付款项。本项目应根据“应付账款”和“预付账款”科目所属各明细科目的期末借方余额之和减去“坏账准备”科目中有关预付账款计提的坏账准备期末余额后的金额填列。如“预付账款”科目所属各明细科目期末有贷方余额，应在本表

“应付账款”项目中填列。

(6)“应收利息”项目,反映企业应收取的债券投资等的利息。本项目应根据“应收利息”科目的期末余额直接填列。

(7)“应收股利”项目,反映企业应收取的现金股利和应收取其他单位分配的利润。本项目应根据“应收股利”科目的期末余额直接填列。

(8)“其他应收款”项目,反映企业除应收票据、应收账款、预付账款、应收股利、应收利息等经营活动以外的其他各种应收、暂付的款项。本项目应根据“其他应收款”科目的期末余额减去“坏账准备”科目中有关其他应收款计提的坏账准备期末余额后的金额填列。

(9)“存货”项目,反映企业期末在库存、在途和在加工中的各种存货的可变现净值。本项目应根据“在途物资”、“原材料”、“低值易耗品”、“库存商品”、“周转材料”、“委托加工物资”、“发出商品”、“生产成本”等科目的期末余额合计减去“存货跌价准备”等科目余额后的金额填列。材料按计划成本核算、库存商品按售价核算的企业,还应按加或减材料成本差异、商品进销差价后的金额填列。

(10)“一年内到期的非流动资产”项目,反映企业将于一年内到期的非流动资产项目金额。本项目应根据有关科目的期末余额分析填列。

(11)“长期股权投资”项目,反映企业持有的对子公司、联营公司和合营企业的权益性投资以及其他权益性投资。本项目应根据“长期股权投资”科目的期末余额减去“长期股权投资减值准备”科目的期末余额后的金额填列。

(12)“固定资产”项目,反映企业各种固定资产原价减去累计折旧和累计减值准备后的净额。本项目应根据“固定资产”科目的期末余额减去“累计折旧”和“固定资产减值准备”科目期末余额后的金额填列。

(13)“在建工程”项目,反映企业期末各项未完工程的实际支出,包括交付安装的设备价值、未完建筑安装工程已经耗用的材料、薪酬和费用支出,预付出包工程的价款等的可收回金额。本项目应根据“在建工程”科目的期末余额减去“在建工程减值准备”科目期末余额后的金额填列。

(14)“工程物资”项目,反映企业尚未使用的各项工程物资的实际成本。本项目应根据“工程物资”科目期末余额填列。

(15)“固定资产清理”项目,反映企业因出售、毁损、报废等原因转入清理但尚未清理完毕的固定资产的净值,以及固定资产清理过程中所发生的清理费用和变价收入等各项金额的差额。本项目应根据“固定资产清理”科目的期末借方余额填列。

(16)“无形资产”项目,反映企业持有的无形资产,包括专利权、非专利技术、商标权、著作权、土地使用权等。本项目应根据“无形资产”科目的期末余额减去“累计摊销”和“无形资产减值准备”科目期末余额后的金额填列。

(17)“开发支出”项目,反映企业开发无形资产过程中能够资本化形成无形资产成本的支出部分。本项目应根据“研发支出”科目中所属的“资本化支出”明细科目期末余额填列。

(18)“长期待摊费用”项目,反映企业已经发生但应由本期和后期负担的分摊期限在一年以上的各项费用。本项目应根据“长期待摊费用”科目的期末余额减去将于一年内(含一年)摊销的数额后的金额填列。

(19)“其他非流动资产”项目,反映企业除长期股权投资、固定资产、在建工程、工程物资、无形资产等以外的其他非流动资产。本项目应根据有关科目的期末余额填列。

2. 负债项目的填列方法。

(1)“短期借款”项目,反映企业向银行或其他金融机构等借入的偿还期限在一年以下(含一年)的各种借款。本项目应根据“短期借款”科目的期末余额填列。

(2)“应付票据”项目,反映企业购买材料、商品和接受劳务供应等而开出、承兑的商业汇票。本项目应根据“应付票据”科目的期末余额填列。

(3)“应付账款”项目,反映企业由于购买材料、商品和接受劳务供应等经营活动应支付的款项。本项目应根据“应付账款”和“预付账款”科目所属明细科目的期末贷方的余额之和填列。

(4)“预收账款”项目,反映企业预收购买单位的账款。本项目应根据“应收账款”和“预收账款”科目所属明细科目的期末贷方余额之和填列。

(5)“应付职工薪酬”项目,反映企业应付未付的职工工资、职工福利、社会保险费、住房公积金、工会经费、职工教育经费、非货币性福利、辞退福利等各种薪酬。本项目应根据“应付职工薪酬”科目的期末贷方余额填列。

(6)“应交税费”项目,反映企业期末未交、多交或未抵扣的各种税金。本项目应根据“应交税费”科目的期末贷方余额填列。该科目期末如为借方余额,则以“-”号填列。

(7)“应付利息”项目,反映企业按照规定应当支付的利息。本项目应根据“应收利息”科目的期末余额填列。

(8)“应付股利”项目,反映企业分配的现金股利或利润。企业分配的股票股利,不通过本项目列示。本项目应根据“应付股利”科目的期末余额填列。

(9)“其他应付款”项目,反映企业除应付票据、应付账款、预收账款、应付职工薪酬、应付股利、应付利息、应交税费等经营活动以外的其他应付、暂收款。本项目应根据“其他应付款”科目的期末余额填列。

(10)“一年内到期的非流动负债”项目,反映企业非流动负债中将于资产负债表日后一年内到期部分的金额。本项目应根据有关科目的期末余额分析填列。

(11)“长期借款”项目,反映企业向银行或其他金融机构借入的期限在一年以上(不含一年)的各项借款。本项目应根据“长期借款”科目的期末余额减去将于一年内(含一年)到期的长期借款后的余额填列。长期借款中,将于一年内(含一年)到期的,应在“一年内到期的长期负债”项目内单独反映。

(12)“应付债券”项目,反映企业为筹集长期资金而发行的债券本金和利息。本项目应根据“应付债券”科目的期末余额扣除将在一年内(含一年)到期部分后的余额填列。

(13)“其他非流动负债”项目,反映企业除长期借款、应付债券等项目以外的其他非流动负债。其他非流动负债应根据有关科目期末余额减去将于一年内(含一年)到期偿还数后的余额填列。

非流动负债各项目中将于一年内(含一年)到期的非流动负债,应在“一年内到期的非流动负债”项目内单独反映。

3. 所有者权益项目的填列说明。

(1)“实收资本(或股本)”项目,反映企业各投资者实际投入的资本(或股本)总额。本项目应根据“实收资本(或股本)”科目的期末余额填列。

(2)“资本公积”项目,反映企业资本公积的期末余额,本项目应根据“资本公积”科目的期末余额填列。

(3)“盈余公积”项目,反映企业盈余公积的期末余额。本项目应根据“盈余公积”科目的期末余额填列。

(4)“未分配利润”项目,反映企业尚未分配的利润。1～11月,本项目应根据“本年利润”科目的余额和“利润分配”科目的余额计算填列,如果以上两个科目都为贷方余额,则将二者之和填入本项目;如果“本年利润”科目为贷方余额,“利润分配”科目为借方余额,则以二者的差额填入本项目;贷方余额大于借方余额之差,用“＋”号填列,贷方余额小于借方余额之差,用“－”号填列;年末,则根据“利润分配”科目的年末贷方余额直接填列本项目,该科目年末如为借方余额,则以“－”号填列。

四、资产负债表编制实例

【例9－1】　星光公司为增值税一般纳税人,公司2008年的资料如下。

续表

科目代码	科目名称	年初借方	年初贷方	累计借方	累计贷方	期初借方	期初贷方
2314	代理业务负债						
2401	递延收益						
2501	长期借款		800 000.00				800 000.00
2502	应付债券						
2701	长期应付款						
2702	未确认融资费用						
2711	专项应付款						
2801	预计负债						
2901	递延所得税负债						
3101	衍生工具						
3201	套期工具						
3202	被套期项目						
4001	实收资本		3 000 000.00				3 000 000.00
4002	资本公积		90 000.00				90 000.00
4101	盈余公积						
4103	本年利润						
4104	利润分配						
4201	库存股						
5001	生产成本						
5101	制造费用						
5201	劳务成本						
5301	研发支出						
6001	主营业务收入						
6051	其他业务收入						
6101	公允价值变动损益						
6111	投资收益						
6301	营业外收入						

续表

科目代码	科目名称	年初借方	年初贷方	累计借方	累计贷方	期初借方	期初贷方
6401	主营业务成本						
6402	其他业务成本						
6403	营业税金及附加						
6601	销售费用						
6602	管理费用						
6603	财务费用						
6701	资产减值损失						
6711	营业外支出						
6801	所得税费用						
6901	以前年度损益调整						
	合计	4 800 000.00	4 800 000.00			4 800 000.00	4 800 000.00

（二）该企业2008年度发生的经济业务

1. 购入甲材料一批，货款30 000元，增值税进项税款5 100元，款项已通过银行付讫，材料已验收入库，结转材料入库成本。

2. 报销差旅费4 500元（原借款5 000元），余额退回现金。

3. 接受外单位投资100 000元，款已存入银行。

4. 仓库发出材料一批，其中生产产品领用40 000元，车间一般耗用5 000元，管理部门耗用6 000元。

5. 用银行存款支付工人工资50 000元。

6. 售出A产品300件，单位售价150元，增值税率为17%，货款已预收50 000元，不足部分对方已用银行存款支付。

7. 用银行存款2 000元支付社会捐赠支出。

8. 分配本月工资费用，其中生产工人工资30 000元，车间管理人员工资12 000元，厂部管理人员工资8 000元。

9. 用银行存款1 500元购买当月厂部办公用品。

10. 购入不需安装的设备一台，价款及增值税共计150 000元，运输费6 000元，设备已交付使用。

11. 提取应计入本期损益的短期借款利息7 500元。

12. 归还短期借款150 000元。

13. 接受外单位捐赠100 000元,已存入银行。

14. 计提本月折旧,其中生产车间用固定资产折旧7 000元,厂部用固定资产折旧3 000元。

15. 用银行存款支付广告费2 500元。

16. 企业一张面值为120 000元的不带息的银行承兑汇票到期,票款已存入企业银行账户。

17. 用银行存款偿还长期借款500 000元。

18. 收到应收账款50 000元,存入银行。

19. 预收客户商品价货款60 000元,存入银行。

20. 本月销售库存积压的材料一批,售价20 000元,增值税3 400元,款已收存银行。

21. 结转已销售库存材料的成本10 000元。

22. 从银行借入5年期借款500 000元。

23. 结转本期主营业务成本20 000元。

24. 将各收支科目结转本年利润。

25. 计算并结转本期应交所得税(所得税率为25%)。

26. 提取法定盈余公积金(提取比例为净利润的10%)。

(三)根据上述资料编制会计分录及2008年12月31日有关科目余额

1. 借:原材料——甲材料　　30 000
　　应交税费——应交增值税(进项税额)　　5 100
　　贷:银行存款　　35 100

2. 借:库存现金　　500
　　管理费用　　4 500
　　贷:其他应收款　　5 000

3. 借:银行存款　　100 000
　　贷:实收资本　　100 000

4. 借:生产成本　　40 000
　　制造费用　　5 000
　　管理费用　　6 000
　　贷:原材料　　51 000

5. 借:应付职工薪酬　　50 000

分录	借方	贷方
贷:银行存款		50 000
6. 借:银行存款	2 650	
预收账款	50 000	
贷:主营业务收入		45 000
应交税费——应交增值税(销项税额)		7 650
7. 借:营业外支出	2 000	
贷:银行存款		2 000
8. 借:生产成本	30 000	
制造费用	12 000	
管理费用	8 000	
贷:应付职工薪酬		50 000
9. 借:管理费用	1 500	
贷:银行存款		1 500
10. 借:固定资产	15 600	
贷:银行存款		156 000
11. 借:财务费用	7 500	
贷:应付利息		7 500
12. 借:短期借款	150 000	
贷:银行存款		150 000
13. 借:银行存款	100 000	
贷:营业外收入		100 000
14. 借:制造费用	15 000	
管理费用	15 000	
贷:累计折旧		10 000
15. 借:销售费用	2 500	
贷:银行存款		2 500
16. 借:银行存款	120 000	
贷:应收票据		120 000
17. 借:长期借款	500 000	
贷:银行存款		500 000
18. 借:银行存款	50 000	
贷:应收账款		50 000
19. 借:银行存款	60 000	
贷:预收账款		60 000

20. 借:银行存款　23 400
　　贷:其他业务收入　20 000
　　　应交税费——应交增值税(销项税额)　3 400
21. 借:其他业务成本　10 000
　　贷:原材料　10 000
22. 借:银行存款　500 000
　　贷:长期借款　500 000
23. 借:主营业务成本　20 000
　　贷:库存商品　20 000
24. 将各收支科目结转本年利润。
借:主营业务收入　45 000
　其他业务收入　20 000
　营业外收入　100 000
　贷:本年利润　165 000
借:本年利润　65 000
　贷:主营业务成本　20 000
　　其他业务成本　10 000
　　销售费用　2 500
　　管理费用　23 000
　　财务费用　7 500
　　营业外支出　2 000
25. 计算并结转本期应交所得税(所得税率为25%)。
应交所得税 =(165 000 - 62 000) ×25% =25 000(元)
借:所得税费用　25 000
　贷:应交税费——应交所得税　25 000
借:本年利润　25 000
　贷:所得税费用　25 000
26. 提取法定盈余公积金(提取比例为净利润的10%)。
净利润 =165 000 - 65 000 - 25 000 =75 000(元)
法定盈余公积金 =75 000 ×10% =7 500(元)
借:利润分配——提取法定盈余公积　7 000
　贷:盈余公积——法定盈余公积　7 000
借:利润分配　未分配利润　7 000
　贷:利润分配——提取法定盈余公积　7 000

借:本年利润　　75 000

　贷:利润分配——未分配利润　　75 000

通过以上分析可得出表9-2。

表9-2 2008年12月31日科目余额表　　单位:元

资　产	借方余额	贷方余额
库存现金	2 500	
银行存款	558 950	
交易性金融资产	10 000	
应收票据	30 000	
应收账款	150 000	
预付账款	60 000	
其他应收款	8 000	
原材料	1 169 000	
周转材料	15 000	
库存商品	760 000	
生产成本	77 000	
制造费用	20 000	
长期股权投资	100 000	
固定资产	1 056 000	
累计折旧		250 000
在建工程	80 000	
无形资产	790 000	
短期借款		50 000
应付票据		120 000
应付账款		150 000
其他应付款		120 000
预收账款		10 000
应付职工薪酬		60 000
应交税费		51 700
应付利息		7 500
长期借款		800 000
实收资本		3 100 000
盈余公积		97 725
未分配利润		69 525

根据该企业2008年12月31日各账户的期末余额编制资产负债表，如表9－3所示。

表9－3 资产负债表

编制单位:9章余额　　2008年12月31日　　单位:元

资产	行次	年初数	期末数	负债及所有者权益	行次	年初数	期末数
流动资产:				流动负债:			
货币资金	1	502 000.00	502 000.00	短期借款	32	200 000.00	200 000.00
交易性金融资产	2	10 000.00	10 000.00	交易性金融负债	33		
应收票据	3	150 000.00	150 000.00	应付票据	34	120 000.00	120 000.00
应收账款	4	200 000.00	200 000.00	应付账款	35	150 000.00	150 000.00
预付账款	5	60 000.00	60 000.00	预收账款	36		
应收利息	6			应付职工薪酬	37	60 000.00	60 000.00
应收股利	7			应交税费	38	20 000.00	20 000.00
其他应收款	8	13 000.00	13 000.00	应付利息	39		
存货	9	1 995 000.00	1 995 000.00	应付股利	40		
一年内到期的非流动资产	10			其他应付款	41	120 000.00	120 000.00
其他流动资产	11			一年内到期的非流动负债	42		
流动资产合计	12	2 930 000.00	2 930 000.00	其他流动负债	43		
非流动资产:				流动负债合计	44	670 000.00	670 000.00
可供出售金融资产	13			非流动负债:			
持有至到期投资	14			长期借款	45	800 000.00	800 000.00
长期应收款	15			应付债券	46		
长期股权投资	16	100 000.00	100 000.00	长期应付款	47		
投资性房地产	17			专项应付款	48		
固定资产	18	660 000.00	660 000.00	预计负债	49		
在建工程	19	80 000.00	80 000.00	递延所得税负债	50		
工程物资	20			其他非流动负债	51		
固定资产清理	21			非流动负债合计	52	800 000.00	800 000.00

续表

资产	行次	年初数	期末数	负债及所有者权益	行次	年初数	期末数
生产性生物资产	22			负债合计	53	1 470 000.00	1 470 000.00
油气资产	23			所有者权益:			
无形资产	24	790 000.00	790 000.00	实收资本	54	3 000 000.00	3 000 000.00
开发支出	25			资本公积	55	90 000.00	90 000.00
商誉	26			减:库存股	56		
长期待摊费用	27			盈余公积	57		
递延所得税资产	28			未分配利润	58		
其他非流动资产	29			所有者权益合计	59	3 090 000.00	3 090 000.00
非流动资产合计	30	1 630 000.00	1 630 000.00				
资产总计	31	4 560 000.00	4 560 000.00	负债和所有者权益总计	60	4 560 000.00	4 560 000.00

补充资料:1. 已贴现的商业承兑汇票______元;2. 已包括在固定资产原价内的融资租入固定资产原价______元;3. 国家资本______元;4. 法人资本______元;5. 个人资本______元;6. 外商资本______元。

单位负责人: 财会负责人: 复核: 制表:

第三节 利润表及其附表

一、利润表的概念和作用

利润表是反映企业在一定会计期间经营成果实现的报表。一定会计期间可以是一个月、一个季度、半年,也可以是一年,因此,利润表属于动态报表。

利润表可以提供的信息有:①企业在一定期间内取得的全部收入,包括营业收入、投资收益和营业外收入;②企业在一定期间内发生的全部费用,包括营业成本、营业税金及附加、销售费用、管理费用、财务费用、营业外支出和所得税费用;③全部收入与费用相抵计算出的企业一定期间内实现的净利润(或净亏损)总额。

利润表的作用在于:通过利润表可以了解企业利润(或亏损)的形成情况,据以分析、考核企业经营目标及利润计划的执行结果,分析企业利润增减变动的原因;通过利润表和其他报表有关资料,可以分析、评价企业的经济效益、获利能力,预测企业在未来期间的盈利趋势。

二、利润表的格式及内容

利润表的格式有单步式和多步式两种,我国《企业会计制度》规定企业的利润表采用多步式格式。

单步式利润表是将所有收入和费用分别加以汇总,用收入合计减去费用合计,从而得到本期利润。单步式利润表编制方法简单,收入支出归类清楚,但缺点是收入、费用的性质不加区别,不利于报表分析。

单步式利润表的格式见表 9-4。

表 9-4　单步式利润表

会企 02 表

编报单位:　　　　　　年　月　　　　　　单位:元

项　目	本月数	本年累计数
一、收入		
营业收入		
投资收益		
公允价值变动收益		
营业外收入		
收入合计		
二、费用		
营业成本		
营业税金及附加		
销售费用		
管理费用		
财务费用		
资产减值损失		
营业外支出		
所得税费用		
费用合计		
三、净利润		

多步式利润表是将收入与费用按同类属性分别加以归集，分别计算营业利润、利润总额，最后计算出所得税后利润。我国目前的利润表采用的就是多步式结构，其内容和格式参见表9－6。

三、利润表的编制

（一）利润表的编制步骤

企业利润表的编制分为以下三步进行。

第一步：计算出营业利润。公式表示为：

营业利润＝营业收入－营业成本－营业税金及附加－
　　　　　销售费用－管理费用－财务费用－资产减值损失＋
　　　　　公允价值变动收益（减去公允价值变动损失）＋
　　　　　投资收益（减去投资损失）

第二步：计算出利润总额。公式表示为：

利润总额＝营业利润＋营业外收入－营业外支出

第三步：计算出净利润。公式表示为：

净利润＝利润总额－所得税费用

（二）利润表项目的填列说明

1．“营业收入”项目，反映企业经营主要业务和其他业务所确认的收入总额。本项目应根据“主营业务收入”和“其他业务收入”科目的发生额分析填列。

2．“营业成本”项目，反映企业经营主要业务和其他业务所发生的成本总额。本项目应根据“主营业务成本”和“其他业务成本”科目的发生额分析填列。

3．“营业税金及附加”项目，反映企业经营业务应负担的消费税、营业税、城市建设维护税、资源税和教育费附加等。本项目应根据“营业税金及附加”科目的发生额分析填列。

4．“销售费用”项目，反映企业在销售商品过程中发生的包装费、广告费等费用和为销售本企业商品而专设的销售机构的职工薪酬、业务费等经营费用。本项目应根据“销售费用”科目的发生额分析填列。

5．“管理费用”项目，反映企业为组织和管理生产经营发生的管理费用。本项目应根据“管理费用”科目的发生额分析填列。

6．“财务费用”项目，反映企业筹集生产经营所需资金等而发生的筹资费用。本项目应根据“财务费用”科目的发生额分析填列。

7．“资产减值损失”项目，反映企业各项资产发生的减值损失。本项目应根据“资产减值损失”科目的发生额分析填列。

8.“公允价值变动收益”项目,反映企业应当计入当期损益的资产或负债公允价值变动收益。本项目应根据“公允价值变动收益”科目的发生额分析填列,如为净损失,本项目以“-”号填列。

9.“投资收益”项目,反映企业以各种方式对外投资所获得的收益。本项目应根据“投资收益”科目的发生额分析填列,如为投资损失,本项目以“-”号填列。

10.“营业利润”项目,反映企业实现的营业利润。如为亏损,本项目以“-”号填列。

11.“营业外收入”项目,反映企业发生的与经营业务无直接关系的各项收入。本项目应根据“营业外收入”科目的发生额分析填列。

12.“营业外支出”项目,反映企业发生的与经营业务无直接关系的各项支出。本项目应根据“营业外支出”科目的发生额分析填列。

13.“利润总额”项目,反映企业在报告期内实现的利润。本项目的“本月数”是根据以上各项目本月实际数字计算而得,“累计数”应为“本年利润”科目从年初到本报告期累积的期末余额,也应与根据以上各项目的累计数计算的结果相符。计算利润总额按上面的前三步计算公式进行,如为亏损额,以“-”号填列。

14.“所得税费用”项目,反映企业应从当期利润总额中扣除的所得税费用。本项目根据“所得税费用”科目的发生额分析填列。

15.“净利润”项目,反映企业实现的净利润,是根据利润总额减所得税费用而得。如为净亏损,以“-”号填列。

以上各项目的“本月数”根据各有关会计科目的本月发生额直接填列;“本年累计数”栏反映各项目自年初起到本报告期止的累计发生额,应根据上月“利润表”的累计数加上本月“利润表”的本月数之和填列。

年度“利润表”的“本月数”栏改为“上年数”栏,应根据上年末“利润表”的数字填列。如果上年末“利润表”与本年“利润表”的项目名称和内容不相一致,应对上年的报表项目名称和数字按本年度的规定进行调整,然后填入“上年数”栏。

四、利润表编制实例

根据本章第二节中资产负债表编制实例的资料,该企业2008年度利润表科目本年累计发生额资料如表9-5所示。

表 9－5　2008 年度利润表科目本年累计发生额　　　单位:元

会计科目	借方发生额	贷方发生额
主营业务收入		45 000
其他业务收入		20 000
营业税金及附加		
主营业务成本	20 000	
其他业务成本	10 000	
销售费用	2 500	
管理费用	20 000	
财务费用	7 500	
营业外收入		100 000
营业外支出	2 000	
所得税费用	25 750	

该企业 2008 年度利润表如表 9－6 所示。

表 9－6　利润表

编制单位:9 章余额　　　2008 年 12 月　　　单位:元

项　　目	行次	本月数	本年累计数
一、营业收入	1	65 000.00	65 000.00
减:营业成本	2	30 000.00	30 000.00
营业税金及附加	3		
销售费用	4	2 500.00	2 500.00
管理费用	5	20 000.00	20 000.00
财务费用	6	7 500.00	7 500.00
资产减值损失	7		
加:公允价值变动收益(损失以"－"号填列)	8		
投资收益(损失以"－"号填列)	9		
其中:对联营企业和合营企业的投资收益	10		
二、营业利润(亏损以"－"号填列)	11	5 000.00	5 000.00
加:营业外收入	12	100 000.00	100 000.00
减:营业外支出	13	2 000.00	2 000.00

续表

项　目	行次	本月数	本年累计数
其中:非流动资产处置损失	14		
三、利润总额(亏损总额以"－"号填列)	15	103 000.00	103 000.00
减:所得税费用	16	25 750.00	25 750.00
四、净利润(净亏损以"－"号填列)	17	77 250.00	77 250.00
五、每股收益:	18		
(一)基本每股收益	19		
(二)稀释每股收益	20		

补充资料:1.已贴现的商业承兑汇票＿＿＿＿＿＿元;2.已包括在固定资产原价内的融资租入固定资产原价＿＿＿＿＿＿元;3.国家资本＿＿＿＿＿＿元;4.法人资本＿＿＿＿＿＿元;5.个人资本＿＿＿＿＿＿元;6.外商资本＿＿＿＿＿＿元。

单位负责人:　　　　财会负责人:　　　　复核:　　　　制表:

五、利润分配表

利润分配表是利润表的附表,是用来反映企业实现利润的分配情况和年末未分配利润结余情况的会计报表,是年报表。

(一)利润分配表的作用

利润分配表可以提供的信息有:①企业可供分配利润的来源;②企业利润分配的具体情况;③期末未分配利润的情况。

利润分配表的作用在于:通过利润分配表可以了解企业所实现利润的分配情况,由于我国利润的流向较多,单独编制利润分配表有利于检查企业利润分配的合法、合理性;有利于监督企业按照国家法规制度的有关规定正确分配利润。通过利润分配表可以清楚地了解到企业未分配利润的结余情况,从而掌握企业的发展后劲,也为企业的投资者和债权人提供投资或贷出款项的信息资料。

(二)利润分配表的结构和编制方法

1.利润分配表的结构。根据《企业会计制度》的规定,我国企业利润的分配是分三步进行的。

第一步:计算可供分配利润。

可供分配利润＝净利润＋年初未分配利润

第二步:计算可供投资者分配的利润。

可供投资者分配的利润＝可供分配的利润－提取盈余公积－提取公益金

第三步:计算未分配利润。

未分配利润 = 可供投资者分配的利润 - 应分配给股东的现金股利 - 分配给投资者的利润

利润分配表的格式见表9-7。

表9-7　利润分配表

会企02表

编制单位:龙光公司　　　2008年度　　　单位:元

项　目	行次	上年实际	本年实际
一、净利润	1		77 250
加:年初未分配利润	2		0
二、可供分配利润	3		77 250
减:提供盈余公积和公益金	4		7 725
三、可供投资者分配的利润	5		69 525
减:应付股利和利润	6		0
四、未分配利润	7	0	69 525

为了便于与上年度利润分配情况进行对比,利润分配表设有"本年实际"和"上年实际"两个数字栏。

2. 利润分配表的编制方法。利润分配表的"本年实际"栏,应根据"利润分配"科目及其所属明细科目当年的累计发生额分析填列。"上年实际"栏应根据上年末利润分配表的有关数字填列。

(1)"净利润"项目,反映企业全年实现的净利润,如为亏损,则以"-"号在本项目内填列,本项目数字应与利润表中"净利润"项目的"本年累计数"一致。

(2)"年初未分配利润"项目,反映企业会计年度初从上年结转的未分配利润。本项目应根据"利润分配"科目年初余额填列。年初如为"借"方余额,则表示未弥补亏损,应以"-"号填列。

(3)"可供分配利润"项目,反映企业会计年度初从上年结转的未分配利润。本项目的数字应根据"净利润加年初未分配利润"计算的合计数填列。

(4)"提取盈余公积"项目,反映企业根据有关规定按可供分配利润的一定比例提取的法定盈余公积金、法定公益金。本项目应根据"利润分配"科目所属明细科目"——提取盈余公积"科目的本年累计发生额填列。

(5)"应付股利"项目,反映企业根据有关规定按投资的数额和一定方法计算，应付给投资者的现金股利和利润。本项目应根据“利润分配”科目所属明细科目“——应付股利”科目的本年累计发生填列。

(6)“未分配利润”项目，反映企业年末尚未分配利润额。本项目应根据“可供分配利润减提取盈余公积，减应付股利和利润”计算后的差额填列，应与“利润分配——未分配利润”科目的年末余额相等，如为借方余额以“－”号填列。

第四节　现金流量表

一、现金流量表的概念和作用

现金流量表是反映企业在一定会计期间现金和现金等价物流入和流出的报表，是动态报表。其作用主要表现在以下几方面。

第一，可以提供客观评价企业整体财务状况的现金流量信息。

第二，可以判断企业的支付能力和偿债能力以及企业对外部资金的需求情况。

第三，可以了解企业当前的财务状况和预测企业未来的发展情况。

第四，便于报表使用者评估报告期内与现金有关或无关的投资及筹资活动。

第五，符合国际会计惯例，并实现与国际接轨。

二、现金流量的含义及其分类

（一）现金流量的含义

现金流量是指一定会计期间内企业现金和现金等价物的流入和流出。企业从银行提取现金、用现金购买短期内到期的国库券等现金和现金等价物之间的转换不属于现金流量。

现金是指企业库存现金以及可以随时用于支付的存款，包括库存现金、银行存款和其他货币资金（如外埠存款、银行汇票存款、银行本票存款等），不能随时用于支付的存款不属于现金。

现金等价物是指企业持有的期限短、流动性强、易于转换为已知金额现金、价值变动风险很小的投资。期限短，一般是指从购买日起三个月内到期。现金等价物通常包括三个月内到期的债券投资等。权益性投资变现的金额通常不确定，因而不属于现金等价物。企业应当根据具体情况，确定现金等价物的范围，一经确定不得随意变更。

（二）现金流量的分类

1. 经营活动产生的现金流量。经营活动，是指企业投资活动和筹资活动以外的所有交易和事项。经营活动产生的现金流量主要包括销售商品或提供劳务、购买商品、接受劳务、支付工资和交纳税款等流入和流出的现金和现金等价物。

2. 投资活动产生的现金流量。投资活动，是指企业长期资产的购建和不包括在现金等价物范围内的投资及其处置活动。投资活动产生的现金流量主要包括购建固定资产、处置子公司及其他营业单位等流入和流出的现金和现金等价物。

3. 筹资活动产生的现金流量。筹资活动，是指导致企业资本及债务规模和构成发生变化的活动。筹资活动产生的现金流量主要包括吸收投资、发行股票、分配利润、发行债券、偿还债务等流入和流出的现金和现金等价物。偿还应付账款、应付票据等商业应付款等属于经营活动，不属于筹资活动。

三、现金流量表的结构和内容

我国采用报告式结构，分类反映经营活动产生的现金流量、投资活动产生的现金流量和筹资活动产生的现金流量，最后汇总反映企业某一期间现金及现金等价物的净增加额。在有外币现金流量及境外子公司的现金流量折算为人民币的企业，还应设置“汇率变动对现金及现金等价物的影响”项目。

企业应当在附注中披露与现金流量表有关的补充资料：将净利润调节为经营活动现金流量；不涉及现金收支的重大投资和筹资活动；现金及现金等价物净变动情况。

现金流量表的内容如表9－8所示。

表9－8　现金流量表

编制单位：9章余额　　　　2008年12月31日　　　　单位：元

项　　目	行次	金额
一、经营活动产生的现金流量		
销售商品、提供劳务收到的现金	1	256 050.00
收到的税费返还	2	
收到的其他与经营活动有关的现金	3	500
经营活动现金流入小计	4	256 550.00

四、现金流量表的编制方法

现金流量表的基本结构形式,由主表和补充资料两大部分构成。其主表包括经营活动产生的现金流量、投资活动产生的现金流量、筹资活动产生的现金流量和汇率变动对现金的影响额等内容。其中“经营活动产生的现金流量”代表的是收付实现制确认的损益,而利润表确认的当前损益采用的是权责发生制而非收付实现制。怎样将权责发生制确认的损益转换为收付实现制确认的损益,就有“间接法”和“直接法”两种方法可供选择,从而使得现金流量表的编制方法也相应划为间接法和直接法两种。

(一)间接法

间接法是以本期净利润为起算点,调整不涉及现金的收入、费用、营业外收支以及同经营活动有关的流动资产与流动负债的增减变动,以确定经营活动产生的现金流量净额的一种方法。其具体调整方法包括以下内容。

1. 不涉及现金的收入、费用及营业外收支项目的调整。凡不增加现金的收入及与经营活动无关的营业外收入,应从本期净利润中减去;凡不减少现金的费用及与经营活动无关的营业外支出,应增加计入本期净利润。

2. 经营活动引起的流动资产和流动负债增减变动的调整。凡属非现金流动资产增加数或流动负债减少数,应从本期净利润中减去;反之,凡属非现金流动资产的减少数或流动负债增加数,应增加计入本期净利润。其具体项目的调整方向见表9－9。

表9－9　流动资产与流动负债增减变动调整

流动项目	增减变动	本期净利润调整
应收及预付款项	减少	调增
	增加	调减
应付及预收款项	增加	调增
	减少	调减
存货	减少	调增
	增加	调减
预付费用	减少	调增
	增加	调减

(二)直接法

直接法是以本期营业收入为起算点,按照经营活动现金收入与支出的主要类型和项目列示反映现金流量净额的一种方法。直接法通过现金收入和现金支出的主类别列示经营活动、投资活动和筹资活动产生的现金流量。采用直接法编制时，企业可以根据业务量的大小及复杂程度，选择采用工作底稿法、T形账户法或直接根据有关科目的记录分析填列现金流量表。采用直接法列示经营活动、投资活动和筹资活动产生的现金流量，其调整方法包括以下内容。

1. 只调整与企业经营活动有关的非现金流动资产和流动负债的增减变动，列示营业收入及其他收入的现金收入、营业成本及其他费用的现金付出，以现金收支来表述各项经营活动的现金流量。

2. 对现金收支无影响的收入、费用及营业外收支不进行任何调整。

在直接法下，要将按权责发生制确认的本期损益转换为经营活动引起的现金流量，其具体项目的调整计算见表9－10。

表9－10　经营活动现金流量调整计算

数字来源			经营活动现金流量
利润表	资产负债表		现金流量表
营业收入	应收账款	增加	营业收入收现：营业收入－应收账款增加额
		减少	营业收入收现：营业收入＋应收账款减少额
营业成本	应付账款	增加	购货付现：营业成本－应付账款增加额
		减少	购货付现：营业成本＋应付账款减少额
	存货	增加	购货付现：营业成本＋存货增加额
		减少	购货付现：营业成本－存货减少额
其他收入	应收款项	增加	其他收入收现：其他收入－应收款项增加额
		减少	其他收入收现：其他收入＋应收款项减少额
	预收款项	增加	其他收入收现：其他收入＋预收款项增加额
		减少	其他收入收现：其他收入－预收款项减少额
其他费用	预付费用	增加	其他费用付现：其他费用＋预付费用增加额
		减少	其他费用付现：其他费用－预付费用减少额
	应付费用	增加	其他费用付现：其他费用－应付费用增加额
		减少	其他费用付现：其他费用＋应付费用减少额
不涉及现金的收入、费用	增加		现金收入：0
	减少		现金支出：0

由于我国在2001年起在全国范围内统一施行《企业会计准则——现金流量表》规定的报表格式，其主表是按“直接法”设计的，而补充资料则是按“间接法”

构思的，故上述两种编表方法在我国当前均具有重要的现实意义。

第五节　所有者权益变动表

一、所有者权益变动表的内容

所有者权益变动表是反映构成所有者权益的各组成部分当期增减变动情况的报表。

所有者权益变动表至少应当单独列示下列信息的项目：净利润；直接记入所有者权益的利得和损失项目及其总额；会计政策变更和差错更正的累积影响金额；所有者投入资本和向所有者分配利润等；按照规定提取的盈余公积；实收资本（或股本）、资本公积、盈余公积、未分配利润的期初和期末余额及其调节情况。

所有者权益变动表的格式如表 9－11 所示。

表 9－11　所有者权益变动表

会企 04 表

编制单位：　　2008 年度　　单位：元

项目	行次	本年金额						上年金额					
		实收资本	资本公积	盈余公积	未分配利润	其他	所有者权益合计	实收资本	资本公积	盈余公积	未分配利润	库存股	所有者权益合计
一、上年年末余额													
1. 会计政策变更													
2. 前期差错更正													
二、本年年初余额													
三、本年增减变动金额（减少以“－”号填列）													

续表

项 目	行次	本年金额						上年金额					
		实收资本	资本公积	盈余公积	未分配利润	其他	所有者权益合计	实收资本	资本公积	盈余公积	未分配利润	库存股	所有者权益合计
（一）本年净利润													
（二）直接记入所有者权益的利得和损失													
1. 可供出售金融资产公允价值变动净值													
2. 权益法下受投资单位其他所有者权益变动的影响													
3. 与计入所有者权益项目有关的所得税影响													
其他													
小计													
（三）所有者投入和减少资本													
1. 所有者本期投入资本													
2. 股份支付计入所有者权益的金额													
3. 其他													
（四）所有者权益内部结转													
1. 资本公积转增资本													

续表

项目	行次	本年金额						上年金额					
		实收资本	资本公积	盈余公积	未分配利润	其他	所有者权益合计	实收资本	资本公积	盈余公积	未分配利润	库存股	所有者权益合计
2. 盈余公积转增资本													
3. 盈余公积弥补亏损													
四、本年年末余额													

二、所有者权益变动表的编制方法

（一）“上年末余额”项目的编制

“上年末余额”项目，反映企业上年资产负债表中实收资本（或股本）、资本公积、盈余公积、未分配利润的年末余额。本项目应根据上年资产负债表中实收资本（或股本）、资本公积、盈余公积、未分配利润的年末余额填列。

（二）“会计政策变更”和“前期差错更正”项目的编制

“会计政策变更”和“前期差错更正” 项目，反映企业采用追溯调整法处理的会计政策变更的累积影响金额和采用追溯重述法处理的会计差错更正的累计影响金额。

（三）“本年增减变动额”项目的编制

1.“本年净利润”项目，反映企业当年实现的净利润（或净亏损）金额，根据当年利润表中的净利润（或净亏损）金额填列，并对应列在“未分配利润”栏。

2.“直接记入所有者权益的利得和损失”项目，反映企业当年直接记入所有者权益的利得和损失金额。

（1）“可供出售金融资产公允价值变动净额” 项目，反映企业持有的可供出售金融资产当年公允价值变动的金额，并对应列在“资本公积”栏。

（2）“权益法下被投资单位其他所有者权益变动的影响” 项目，反映企业采用权益法核算的长期股权投资，在被投资单位当年除实现的净损益以外其他所有者权益当年变动中享有的份额，并对应列在“资本公积”栏。

(3)“与计入所有者权益项目相关的所得税影响”项目,按规定计入所有者权益项目的当年所得税影响金额,并对应列在“资本公积”栏。

(4)“净利润”和“直接记入所有者权益的利得和损失”项目,反映企业当年实现的净利润(或净亏损)金额和当年直接记入所有者权益的利得和损失金额的合计数。

3.“所有者投入或减少资本”项目,反映企业当年所有者投入形成的实收资本(或股本)和资本溢价(或股本溢价)。

(1)“所有者投入资本”项目,反映企业当年所有者投入的资本,包括实收资本(或股本)和资本溢价(或股本溢价),并对应列在“实收资本”(或“股本”)和“资本公积”栏。

(2)“股份支付计入所有者权益的金额”项目,反映企业处于等待期中的权益结算的股份支付当年计入资本公积的金额,并对应列在“资本公积”栏。

4.“本年利润分配”下各项目,反映当年对所有者(或股东)分配的利润(或股利)金额和按照规定提取的盈余公积金额,并对应列在“未分配利润”和“盈余公积”栏。

5.“所有者权益内部结转”下各项目,反映不影响当年所有者权益总额的所有者权益各组成部分之间当年的增减变动,包括资本公积转增资本(或股本)、盈余公积转增资本(或股本)、盈余公积弥补亏损等项金额。

复习思考题

1. 什么是财务报表?财务报表的作用是什么?
2. 如何对财务报表进行分类?
3. 编制财务报表的要求有哪些?
4. 什么是资产负债表?资产负债表的作用是什么?
5. 举例说明资产负债表各项目期末数填列方法。
6. 什么是利润表?利润表的作用有哪些?
7. 利润表各项目应根据哪些会计科目的记录分析填列?

业务操作题

【练习一】

目的:练习编制会计报表。

资料:龙光公司2008年1月1日全部总分类科目余额见表9-12。

表9-12　2008年1月1日总分类科目余额表　　单位:元

资　产	借方余额	贷方余额
库存现金	17 800	
银行存款	4 420 000	
交易性金融资产	90 000	
应收票据	1 476 000	
应收账款	1 800 000	
预付账款	600 000	
其他应收款	30 000	
原材料	10 160 000	
周转材料	1 500 000	
库存商品	4 520 000	
长期股权投资	1 500 000	
固定资产	8 00 000	
累计折旧		2 400 000
在建工程	9 000 000	
无形资产	4 800 000	
短期借款		1 800 000
应付票据		1 200 000
应付账款		1 722 800
其他应付款		1 300 000
应付职工薪酬		660 600
应交税费		219 000
长期借款		8 600 000
实收资本		29 100 000
盈余公积		911 400

该企业2008年度发生的经济业务有:

1.用银行存款购入原材料1 498 800,增值税254 796元,货款已付。材料已验收入库。

2. 销售产品一批,销售价款 6 000 000 元,增值税 1 020 000 元,该批产品已经发出,已收款项 7 020 000 元。该企业主营业务成本于期末一次结转。

3. 购入不需安装的设备 1 台,价款 1 500 000 元,取得的增值税专用发票上注明的税款为 255 000 元,另外支付包装费、运费 6 000 元。全部款项均已用银行存款支付,设备已经交付使用。

4. 用银行存款偿还长期借款 5 000 000 元。

5. 企业一张面值为 1 200 000 元的不带息的银行承兑汇票到期,票款已存入企业银行账户。

6. 分配应付职工薪酬 3 000 000 元,其中,生产人员 2 650 000 元,车间管理人员工资 160 000 元,行政管理部分人员工资 190 000 元。

7. 通过银行支付工资 3 000 000 元。

8. 提取应计入本期损益的短期借款利息 75 000 元。

9. 归还短期借款本息 1 575 000 元(其中利息 75 000 元已预提)。

10. 计提固定资产折旧 600 000 元,其中记入制造费用 480 000 元,管理费用 120 000 元。

11. 收到应收账款 306 000 元,存入银行。

12. 用银行存款支付产品展览费、广告费 420 000 元。

13. 企业销售产品一批,价款 1 500 000 元,增值税额为 255 000 元,货款尚未收到。

14. 本期主营业务应交纳的教育费附加为 12 000 元。

15. 用银行存款交纳增值税 600 000 元,教育费附加 12 000 元。

16. 收到外单位捐赠的现金 100 000 元存入银行。

17. 向希望工程捐款 60 000 元,用银行存款支付。

18. 预收客户购买产品的货款 500 000 元,存入银行。

19. 本月销售库存积压的材料一批,售价 200 000 元,增值税 34 000 元,款已收存入银行。

20. 结转已销售库存材料的成本 170 000 元。

21. 结转本期主营业务成本 4 500 000 元。

22. 将各收支科目结转本年利润。

23. 计算并结转本期应交所得税(税率 25%)。

24. 提取法定盈余公积金(提取比例为净利润的 10%)。

25. 从银行借入 3 年期借款 2 400 000 元,借款已存入企业银行账户。

要求:

1. 根据上述资料编制会计分录。

2. 根据会计分录编制2008年12月31日有关科目余额表,2008年底的资产负债表、利润表和现金流量表。

【练习二】

目的:练习编制会计报表。

资料:某企业某月发生下列经济业务:

1. 销售产品一批,售价500 000元,增值税销项税额85 000元,货款尚未收到。
2. 预收购买单位购货款200 000元,存入银行。
3. 以银行存款支付广告费10 000元。
4. 以银行存款支付短期借款利息5 000元(直接记入财务费用)。
5. 以银行存款支付厂部管理费用40 000元。
6. 经批准将确实无法支付的应付账款2 000元,转为营业外收入。
7. 经批准将盘亏固定资产净损失1 000元,转入营业外支出。
8. 月末计算出已售产品成本为250 000元,转账。
9. 月末计算出产品销售税金为6 000元,转账。
10. 月末,结转收入(转入"本年利润"账户贷方)。
11. 月末,结转费用(转入"本年利润"账户借方)。
12. 计算本月实现的利润总额。
13. 按所实现利润总额的25%计算并结转应交所得税。
14. 按税后利润的10%计算并提取盈余公积,转账。
15. 计算出应付投资者利润50 000元,转账。
16. 计算出月末的未分配利润。

要求:

1. 根据所给资料编制会计分录。
2. 根据会计分录提供的数字编制利润表和利润分配表。

第十章

会计核算形式

【内容简介】

本章主要介绍会计核算的各种形式。

【学习精要】

会计核算形式，是指在会计循环中，以账簿体系为核心，把会计凭证、账簿组织、记账形式和记账方法有机结合起来的方式。

目前我国各企业单位一般采用记账凭证核算形式、科目汇总表核算形式、汇总记账凭证核算形式、多栏日记账核算形式、日记总账核算形式。这五种会计核算形式的主要区别在于登记总分类账的依据和方法不同。

【重要概念】

会计核算形式　记账凭证核算形式　科目汇总表核算形式　汇总记账凭证核算形式

第一节　会计核算形式概述

审核会计凭证、登记账簿和编制会计报表是会计核算工作过程中的三个主要环节。它们之间相互联系、密切配合，并以一定的组织程序结合起来，构成了一个完整的会计工作体系。所谓会计核算形式，也称会计核算组织程序、账务处理程序，就是会计凭证、账簿、会计报表和账务处理程序相互结合的方式。由于他们结合的方式不尽相同，因而形成了不同的会计核算形式。

一、会计核算形式的意义

为了更好地反映和监督各单位的经济活动，为经济管理提供完整、系统的核算资料，必须相互联系地运用会计核算的专门方法，采用一定的组织程序，规定设置会计凭证、账簿及会计报表的种类和格式，规定各种凭证之间、各种账簿之间、各种报表之间的相互关系，规定各种凭证、账簿及各种报表之间的相互关系、填制方法和登记程序。这是会计制度设计的一项重要内容，对于提高会计信息的质量，保证会计记录的完整性、正确性和会计信息的及时性，提供全面、连续、系统、清晰的会计核算资料具有重要意义。

科学、合理地采用一定的会计核算形式，通过规定会计凭证、账簿和会计报表以及记账程序，将各单位的会计核算工作有机地组织成为既有分工又有协作的整体，将各个会计核算岗位的工作连在一起，对于减少不必要的会计核算环节、减少会计人员的工作量、提高会计工作效率有着重要的意义。

二、设计会计核算形式的要求

合理的、适用的会计核算形式，一般应符合以下三个要求。

一是要适应本单位的经济活动特点、规模大小和业务繁简的情况，有利于会计核算的分工，建立岗位责任制。

二是要适应本单位、主管部门以及国家管理经济的需要，全面、系统、及时、正确地提供反映本单位经济活动情况的会计核算资料。

三是要在保证核算资料正确、及时和完整的前提下，尽可能地简化会计核算手续，提高会计工作效率，节约人力物力，节约核算费用。

三、会计核算形式的种类

根据上述要求，结合我国会计工作的实际情况，各单位采用的会计核算形式一般有以下六种。

(1)记账凭证核算形式。

(2)科目汇总表核算形式。

(3)汇总记账凭证核算形式。

(4)多栏式日记账核算形式。

(5)日记总账核算形式。

(6)通用日记账核算形式。

以上六种会计核算形式有很多相同点，但也有区别。各种会计核算形式之间的区别主要表现在登记总账的依据和方法不同。下面分别介绍各种会计核算形式的特点、基本内容、主要优缺点和适用范围。

第二节　记账凭证核算形式

一、记账凭证核算形式的特点

记账凭证核算形式的特点是:直接根据记账凭证,逐笔登记总分类账。记账凭证核算形式是最基本的会计核算形式,其他各种会计核算形式都是在此基础上,根据经济管理的需要而形成的。

二、记账凭证核算形式设置的凭证和账簿

在记账凭证核算形式下,记账凭证一般采用收款凭证、付款凭证和转账凭证三种专用记账凭证格式，也可以采用通用记账凭证格式。

需要设置的账簿有:库存现金日记账、银行存款日记账、总分类账和明细分类账。库存现金日记账、银行存款日记账和总分类账一般都采用三栏式账页;明细分类账则可根据管理的需要，采用三栏式、数量金额式或者多栏式账页。

三、记账凭证核算形式的账务处理程序

(1)根据原始凭证编制汇总原始凭证。

(2)根据原始凭证或汇总原始凭证编制记账凭证(包括收款凭证、付款凭证和转账凭证)。

(3)根据收款凭证、付款凭证逐笔登记现金日记账和银行存款日记账。

(4)根据原始凭证、汇总原始凭证、记账凭证登记各种明细账。

(5)根据所有记账凭证逐笔登记总分类账。

(6)期末,将库存现金日记账、银行存款日记账的余额以及各种明细分类账的余额合计数,分别与总分类账中有关账户的余额核对相符。

(7)期末，根据核实的总分类账和明细分类账的记录编制会计报表。

记账凭证核算形式的账务处理程序如图 10－1 所示。

四、记账凭证核算形式的优缺点和适用范围

记账凭证核算形式简单明了,易于理解,总分类账较详细地记录和反映经济

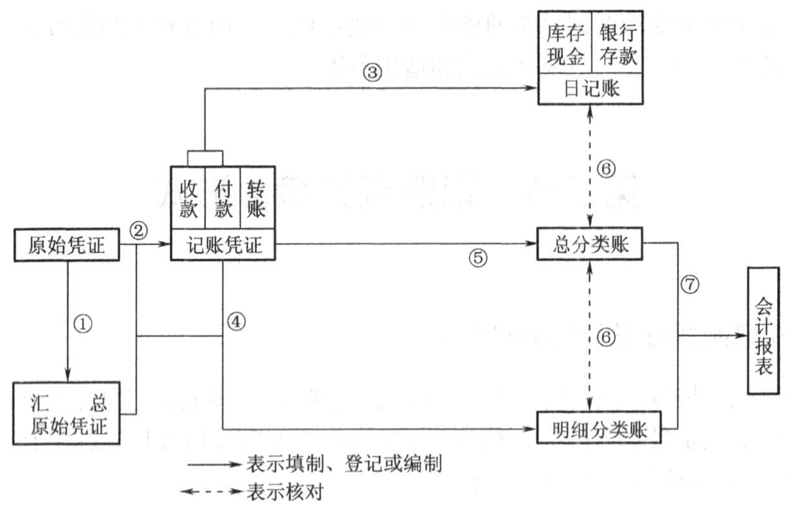

图 10－1　记账凭证核算形式的账务处理程序

业务的发生情况，来龙去脉清楚，便于了解经济业务动态和查对账目。其不足之处在于，直接根据记账凭证逐笔登记总分类账，当企业规模大、经济业务较多、记账凭证较多时，登记总分类账的工作量也就很大。所以，这种会计核算形式一般适用于规模小且经济业务较少的单位。

第三节　科目汇总表核算形式

一、科目汇总表核算形式的特点

科目汇总表核算形式的特点是：定期地将所有记账凭证汇总编制科目汇总表，然后再根据科目汇总表登记总分类账。

二、科目汇总表核算形式设置的凭证和账簿

在科目汇总表核算形式下，与记账凭证核算形式相同，一般设置收款凭证、付款凭证和转账凭证等专用记账凭证；设置库存现金日记账、银行存款日记账和总分类账，一般采用三栏式账页；设置各总账科目所属的明细分类账，根据所记录经济业务内容，可采用三栏式、数量金额式或多栏式账页。

三、科目汇总表的编制方法

科目汇总表是将一定时期内的全部记账凭证，按照会计科目进行归类后编制的。在科目汇总表中，分别计算出每一个总账科目的借方发生额合计数、贷方发生额合计数。由于借贷记账法的记账规则是“有借必有贷，借贷必相等”，所以在编制的科目汇总表内，全部总账科目的借方发生额合计数与贷方发生额合计数相等。

科目汇总表可以每月汇总编制一张，其格式和内容见表10－1。

表10－1　科目汇总表（一）

年　月　日　　　　第　号

借方金额	√	会计科目	贷方金额	√
		合计		

附单据　张

会计主管：　　记账：　　审核：　　制表：　　附单据　张

科目汇总表也可以每旬汇总一次，每月编制一张，其格式和内容见表10－2。

表10－2　科目汇总表（二）

年　月　　　　第　号

会计科目	1～10日		11～20日		21～30日		合计		总账页数
	借方	贷方	借方	贷方	借方	贷方	借方	贷方	
合　计									

附单据　张

会计主管：　　记账：　　审核：　　制表：　　附单据　张

科目汇总表可以输入电脑，用电脑进行科目汇总表的编制，从而大大简化和加速会计核算工作。

四、科目汇总表核算形式的账务处理程序

(1)根据原始凭证或汇总原始凭证编制收款凭证、付款凭证和转账凭证。

(2)根据收款凭证和付款凭证，逐笔登记库存现金日记账和银行存款日记账。

(3)根据原始凭证、汇总原始凭证、记账凭证登记各种明细账。

(4)根据一定时期内的全部记账凭证汇总编制成科目汇总表。

(5)根据科目汇总表登记总分类账。

(6)期末，将库存现金日记账、银行存款日记账的余额和各种明细分类账户余额合计数，分别与总分类账中有关科目的余额核对相符。

(7)期末，根据核实的总分类账和有关明细分类账的记录编制会计报表。

科目汇总表核算形式的账务处理程序用图 10－2 表示如下。

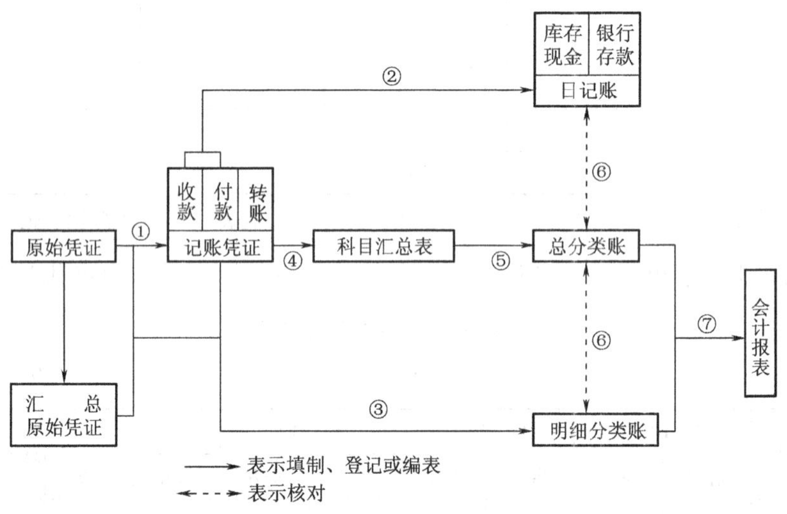

图 10－2　科目汇总表核算形式的账务处理程序

五、科目汇总表核算形式的优缺点和适用范围

科目汇总表核算形式与记账凭证核算形式相比，突出的优点是：由于总分类账是根据定期编制的科目汇总表登记的，大大减少了登记总账的工作量，并兼有

试算平衡的作用。其不足之处在于:科目汇总表是按总账科目汇总编制的,只能作为登记总账的依据,不反映经济业务的来龙去脉,不便于查对账目。科目汇总表核算形式适用于经营规模大、经济业务量多的单位。

第四节 汇总记账凭证核算形式

一、汇总记账凭证核算形式的特点

汇总记账凭证核算形式的特点是:先定期将全部记账凭证按收款凭证、付款凭证和转账凭证分别归类汇总编制成汇总记账凭证,再根据汇总记账凭证登记总分类账。

二、汇总记账凭证核算形式设置的凭证和账簿

在汇总记账凭证核算形式下,除设置收款凭证、付款凭证和转账凭证外,还应设置汇总收款凭证、汇总付款凭证和汇总转账凭证,以此作为登记总分类账的依据。与记账凭证核算形式和科目汇总表核算形式相同,设置库存现金日记账、银行存款日记账和总分类账一般都采用三栏式账页;设置各种明细分类账,根据需要可采用三栏式、数量金额式或多栏式账页。

三、汇总记账凭证的编制方法

汇总记账凭证分为汇总收款凭证、汇总付款凭证和汇总转账凭证三种。

(一)汇总收款凭证及其编制方法

汇总收款凭证是按“库存现金”或“银行存款”科目的借方分别设置的一种汇总记账凭证,它汇总了一定时期内库存现金和银行存款的收款业务。其格式和内容见表 10-3。

汇总收款凭证的编制方法是:将需要进行汇总的收款凭证,按其对应的贷方科目进行归类,计算出每一个贷方科目发生额合计数,填入汇总收款凭证中。一般可 5 天或 10 天汇总一次,每月编制一张。月终,根据计算出的每个贷方科目的发生额合计数登记总分类账。

表 10－3 汇总收款凭证

借方科目:库存现金　　2008 年 12 月　　第 1 号

贷方科目	金额				总账页数	
	1～10 日 凭证第 1～30 号	11～20 日 凭证第 31～60 号	21～30 日 凭证第 61～90 号	合计	借方	贷方
其他应收款	80	20		80	95	10
主营业务收入	600	50		620	95	200
其他业务收入			100	150	95	180
待处理财产损溢			150	150	95	300
合　计	680	70	250	1 000	－	－

(二)汇总付款凭证及其编制方法

汇总付款凭证是指按“库存现金”或“银行存款”科目的贷方分别设置的一种汇总记账凭证,它汇总了一定时期内库存现金和银行存款的付款业务。其格式和内容见表 10－4。

表 10－4 汇总付款凭证

贷方科目:银行存款　　2008 年 12 月　　第 4 号

贷方科目	金额				总账页数	
	1～10 日 凭证第 1～30 号	11～20 日 凭证第 31～60 号	21～30 日 凭证第 61～90 号	合计	借方	贷方
应付账款	10 000	5 000		15 000	100	190
材料采购	20 000	10 000	20 000	50 000	260	190
固定资产	20 700			20 700	30	190
应付利息			300	300	50	190
管理费用	200	300	500	1 000	300	190
合　计	50 900	15 300	20 800	87 000	－	－

汇总付款凭证的编制方法是:将需要进行汇总的付款凭证按其对应的借方科目进行归类,计算出每一个借方科目的发生额合计数,填入汇总付款凭证中。

一般可5天或10天汇总一次,每月编制一张。月终,根据计算出的每个借方科目发生额合计数登记总账。

(三)汇总转账凭证及其编制方法

汇总转账凭证是按转账凭证中每一贷方科目分别设置的,用来汇总一定时期内转账业务的一种汇总记账凭证。其格式和内容见表10-5。

表10-5　汇总转账凭证

贷方科目:银行存款　　　　2008年12月　　　　第15号

借方科目	金额				总账页数	
	1~10日 凭证第1~30号	11~20日 凭证第31~60号	21~30日 凭证第61~90号	合计	借方	贷方
生产成本	5 000	10 000	5 000	20 000	120	240
制造费用			2 000	2 000	200	240
管理费用		1 000	3 000	4 000	300	240
合　计	5 000	11 000	10 000	26 000	-	-

汇总转账凭证的编制方法是:将需要汇总的转账凭证按其对应的借方科目进行归类,计算出每一个借方科目发生额合计数,填入汇总转账凭证。一般可以5天或10天汇总一次,每月编制一张。月终,根据计算出的每个借方科目发生额合计数登记总账。

由于汇总转账凭证上的科目对应关系是一个贷方科目与一个或几个借方科目相对应,因此,在汇总记账凭证核算形式下,为了便于编制汇总转账凭证,所有转账凭证要按一个贷方科目与一个或几个借方科目对应来编制,而不能编制一个借方科目与几个贷方科目相对应的转账凭证。也就是可以填制一借一贷或一贷多借的转账凭证。

四、汇总记账凭证核算形式总分类账的登记方法

在汇总记账凭证核算形式下,月终时,根据汇总收款凭证的合计数记入总分类账中“库存现金”或“银行存款”科目的借方,以及相对应科目的贷方;根据汇总付款凭证的合计数,记入总分类账中“库存现金”科目或“银行存款”科目的贷方,以及相对应科目的借方;根据汇总转账凭证的合计数,记入总分类账中设证

科目的贷方,以及相对应科目的借方。采用汇总记账凭证登记总分类账的具体格式和内容见表 10－6、表 10－7。

表 10－6　总分类账(一)

会计科目:银行存款　　　　　　　　　　　　　　　　　　　　　　　　第 3 页

2008 年		凭证号	摘　要	借　方	贷　方	借或贷	余　额
月	日						
10	1		期初余额			借	106 000
10	10	汇收 3	根据银行存款汇总收款凭证	230 000		借	336 000
10	20	汇付 4	根据银行存款汇总付款凭证		100 000	借	236 000
10	20	汇付 5	根据银行存款汇总付款凭证		71 000	借	165 000
10	20	汇收 4	根据银行存款汇总收款凭证	103 000		借	268 000
10	31	汇付 6	根据银行存款汇总付款凭证		60 000	借	208 000
10	31		本月合计	333 000	231 000	借	208 000

表 10－7　总分类账(二)

会计科目:生产成本　　　　　　　　　　　　　　　　　　　　　　　　第 9 页

2008 年		凭证号	摘　要	借　方	贷　方	借或贷	余　额
月	日						
10	1		期初余额			借	6 000
10	10	汇转 5	根据"原材料"科目贷方汇总转账凭证	104 000		借	110 000
10	20	汇转 6	根据"应付职工薪酬"科目贷方汇总转账				
10	20		凭证	57 000		借	167 000
10	20	汇转 8	根据"燃料"科目贷方汇总转账凭证	80 000		借	247 000
10	31	汇转 13	根据"制造费用"科目贷方汇总转账凭证	320 000		借	567 000
10	31	汇转 14	根据"生产成本"科目贷方汇总转账凭证		200 500	借	366 500
10	31		本月合计	561 000	200 500	借	366 500

五、汇总记账凭证核算形式的账务处理程序

(1)根据原始凭证或汇总原始凭证编制收款凭证、付款凭证和转账凭证。

(2)根据收款凭证、付款凭证登记库存现金日记账和银行存款日记账。

(3)根据原始凭证、汇总原始凭证和记账凭证登记各种明细分类账。

(4)根据一定时期内的全部记账凭证,分别汇总编制汇总收款凭证、汇总付款凭证和汇总转账凭证。

(5)根据汇总收款凭证、汇总付款凭证和汇总转账凭证登记总分类账。

(6)期末,将库存现金日记账、银行存款日记账的余额及各种明细分类账的余额合计数,分别与总分类账中有关科目的余额核对相符。

(7)期末,根据核实的总分类账和各明细分类账的记录,编制会计报表。

汇总记账核算形式的账务处理程序用图表示,见图 10－3。

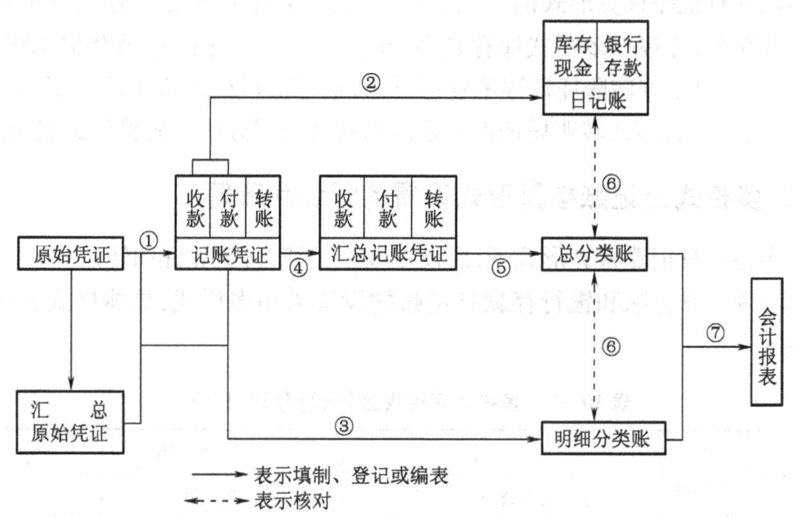

图 10－3　汇总记账凭证核算形式的账务处理程序

六、汇总记账凭证核算形式的优缺点和适用范围

汇总记账凭证核算形式与记账凭证核算形式和科目汇总表核算形式相比,其优点是:在汇总记账凭证核算形式下,总分类账根据汇总记账凭证于月终时一次登记入账,减少了登记总分类账的工作量,克服了在经营规模大的单位采用记账凭证核算形式的缺点;由于汇总记账凭证是根据一定时期内全部记账凭证按照科目对应关系进行归类、汇总编制的,便于通过有关科目之间的对应关系了解经济业务的来龙去脉,克服了科目汇总表不能反映账户对应关系的缺点。汇总记账凭证核算形式的不足之处在于:汇总转账凭证是按每一贷方科目,而不是按经济业务的性质归类、汇总的,因而不利于会计核算工作的分工,当转账凭证较多时,编制汇总转账凭证的工作量较大。这种核算形式适用于规模大、经济业务

较多的单位。

第五节　多栏式日记账核算形式

一、多栏式日记账核算形式的特点

多栏式日记账核算形式的特点是:库存现金日记账和银行存款日记账均采用多栏式账页,并根据多栏式库存现金、银行存款日记账的记录登记总账;对于转账业务,可以根据转账凭证逐笔登记总账,也可以根据转账凭证定期编制转账凭证汇总表登记总账(转账凭证汇总表的格式及编制方法与科目汇总表相同)。

二、多栏式日记账核算形式设置的凭证和账簿

在多栏式日记账核算形式下,需设置收款凭证、付款凭证和转账凭证。

库存现金日记账和银行存款日记账的设置采用多栏式,具体格式和内容见表10-8。

表10-8　多栏式库存现金(银行存款)日记账

<table>
<tr><th colspan="2">年</th><th rowspan="3">凭证号</th><th rowspan="3">摘要</th><th colspan="5">收　入</th><th colspan="5">支　出</th><th rowspan="3">余额</th></tr>
<tr><th rowspan="2">月</th><th rowspan="2">日</th><th colspan="4">对应账户贷方</th><th rowspan="2">借方合计</th><th colspan="4">对应账户借方</th><th rowspan="2">贷方合计</th></tr>
<tr><th>预收账款</th><th>短期借款</th><th>主营业务收入</th><th></th><th>原材料</th><th>管理费用</th><th>应付账款</th><th></th></tr>
<tr><td></td><td></td><td></td><td></td><td></td><td></td><td></td><td></td><td></td><td></td><td></td><td></td><td></td><td></td><td></td></tr>
<tr><td></td><td></td><td></td><td></td><td></td><td></td><td></td><td></td><td></td><td></td><td></td><td></td><td></td><td></td><td></td></tr>
<tr><td></td><td></td><td></td><td></td><td></td><td></td><td></td><td></td><td></td><td></td><td></td><td></td><td></td><td></td><td></td></tr>
<tr><td></td><td></td><td></td><td></td><td></td><td></td><td></td><td></td><td></td><td></td><td></td><td></td><td></td><td></td><td></td></tr>
<tr><td></td><td></td><td></td><td></td><td></td><td></td><td></td><td></td><td></td><td></td><td></td><td></td><td></td><td></td><td></td></tr>
</table>

在这种核算情况下,由于库存现金日记账和银行存款日记账都按对应账户设置专栏,具备了库存现金和银行存款科目汇总表的作用,月终可根据这些日记账的本月收方、付方发生额和对应账户的发生额登记总分类账。登记时,根据多栏式日记账借方合计栏的本月发生额,登记总分类账各有关账户的贷方,根据多栏式日记账贷方合计栏本月发生额,登记"库存现金"和"银行存款"账户的贷

方;根据支出栏对应借方科目的本月发生额,登记总分类账各有关账户的借方。对于转账业务,则根据转账凭证或转账凭证汇总表登记总账。

三、多栏式日记账核算形式的账务处理程序

(1)根据原始凭证或汇总原始凭证编制收款凭证、付款凭证和转账凭证。

(2)根据收款凭证、付款凭证登记多栏式库存现金日记账和多栏式银行存款日记账。

(3)根据原始凭证、汇总原始凭证、记账凭证登记各明细分类账。

(4)期末,根据多栏式库存现金日记账、多栏式银行存款日记账和转账凭证汇总表登记总分类账。

(5)期末,将各种明细分类账的余额合计数,分别与总分类账中有关科目的余额核对相符。

(6)根据核实的总分类账和明细分类账编制会计报表。

多栏式日记账核算形式的账务处理程序见图 10-4。

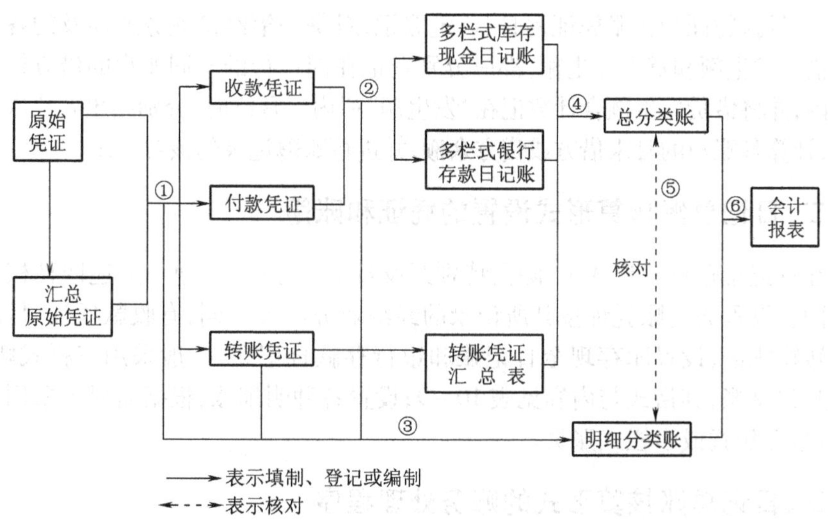

图 10-4 多栏式日记账核算形式的账务处理程序

四、多栏式日记账核算形式的优缺点和适用范围

多栏式日记账核算形式的优点是可以简化总分类账的登记工作。其缺点是,在业务较复杂、会计科目设置较多的企业里,日记账的专栏栏次过多,账页庞

大,不便于记账,另外,为了防止记账错误,登记前,需由专人对多栏式日记账进行审核。因此,这种核算形式适用于运用会计科目少、业务量少的经济单位。

第六节　日记总账核算形式

一、日记总账核算形式的特点

日记总账核算形式的特点是:设置日记总账,根据记账凭证逐笔登记日记总账。

日记总账是日记账和分类账结合在一起的联合账簿,是将全部账户都集中设置在一张账页上,以记账凭证为依据,对所发生的全部经济业务进行序时登记,月末将每个账户借、贷方的发生额分别合计,计算出每个账户的月末余额。

日记总账的登记方法是:对于收款业务、付款业务和转账业务,都分别根据收款凭证、付款凭证和转账凭证逐日、逐笔登记,对每一笔经济业务所涉及的各个账户的借方发生额和贷方发生额,都应分别登记在同一行的不同账户的借方栏和贷方栏内,并将借贷发生额合计数记在“发生额”栏内。月终时,分别结出各栏次的合计数,计算各账户的月末借方或贷方余额,并进行账簿记录的核对工作。

二、日记总账核算形式设置的凭证和账簿

在日记总账核算形式下,除需特别开设日记总账外,其他与上述四种核算形式相同。设置的记账凭证按其所记录的经济业务内容不同,有收款凭证、付款凭证和转账凭证;设置库存现金日记账和银行存款日记账,一般采用三栏式账页;设置日记总账,其格式与内容见表10-9;设置各种明细账,根据需要可采用三栏式、数量金额式或多栏式账页。

三、日记总账核算形式的账务处理程序

(1)根据原始凭证编制汇总原始凭证。

(2)根据原始凭证或汇总原始凭证编制收款凭证、付款凭证和转账凭证。

(3)根据收款凭证、付款凭证登记库存现金日记账和银行存款日记账。

(4)根据原始凭证、汇总原始凭证、记账凭证登记各种明细账。

(5)根据收款凭证、付款凭证和转账凭证逐日逐笔登记日记总账。

(6)期末,将库存现金日记账、银行存款日记账的余额,及各种明细分类账余

收款凭证

借方科目:银行存款

2008 年 12 月 30 日第 100 号

摘要	贷方科目	金额
从银行借入	短期借款	10 000
合计		10 000

付款凭证

贷方科目:银行存款

2008 年 12 月 30 日第 101 号

摘要	贷方科目	金额
购物	原材料	4 000
合计		4 000

转账凭证

2008 年 12 月 30 日第 102 号

摘要	会计科目	借方余额	贷方余额
略	生产成本 原材料	3 000	 3 000
合计		3 000	3 000

表10–9　日记总账

××年		凭证		摘要	发生额	银行存款		短期借款		原材料		生产成本	
月	日	字				借方	贷方	借方	贷方	借方	贷方	借方	贷方
12	1			期初余额		0			0	0		0	
12	30	银收	100	从银行借入	10 000	10 000			10 000				
12	30	银付	101	购料	4 000		4 000			4 000			
12	30	转	102	生产产品耗料	3 000						3 000	3 000	
12	30			本月合计	17 000	10 000	4 000		10 000	4 000	3 000	3 000	
12	30			期末余额		6 000			10 000	1 000		3 000	

额合计数，分别与日记总账中有关科目的余额核对相符。

(7)期末，根据核实的日记总账和各种明细分类账的记录编制会计报表。

日记总账核算形式的账务处理程序见图10－5。

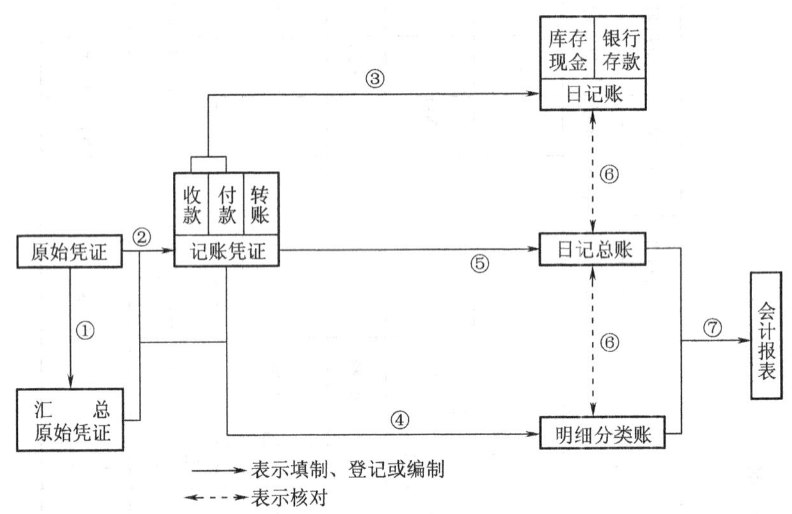

图10－5 日记总账核算形式的账务处理程序

四、日记总账核算形式的优缺点和适用范围

日记总账核算形式的优点是：由于日记总账是按全部总账科目分借方和贷方设置的，并且是根据记账凭证逐日逐笔登记的，因此，可以全面地反映各项经济业务的来龙去脉，有利于对会计核算资料的分析和使用，其账务处理程序也较简单。日记总账核算形式的不足之处在于：一个单位如果运用的会计科目多，总分类账的账页就过长，记账容易出错，也不便于分工和查阅。日记总账核算形式适用于规模小、经济业务简单、使用会计科目少和实行会计电算化的单位。

第七节 通用日记账核算形式

一、通用日记账核算形式的账务处理程序

(1)根据原始凭证编制汇总原始凭证。

(2)根据原始凭证、汇总原始凭证登记通用日记账。

(3)根据原始凭证、汇总原始凭证或通用日记账登记明细分类账。

(4)根据通用日记账逐笔登记总分类账。

(5)期末,将各种明细分类账的余额和技术与总分类账中有关科目余额核对相符。

(6)期末,根据核实的总分类账和明细分类账的记录编制会计报表。

通用日记账核算形式账务处理程序见图 10-6。

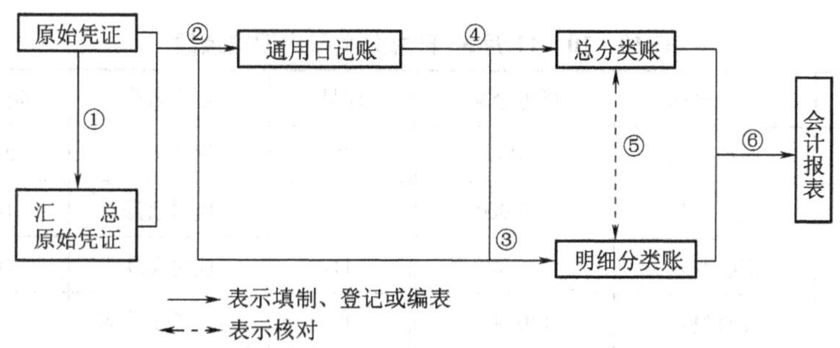

图 10-6 通用日记账核算形式的账务处理程序

二、通用日记账核算形式的优缺点和适用范围

通用日记账核算形式的优点在于:减少了编制记账凭证的大量工作,便于了解各单位每日每项经济业务的发生和完成情况;便于按经济业务发生的时间顺序查阅资料。其不足之处在于:只设一本通用日记账,不便于会计核算工作分工;根据原始凭证或汇总原始凭证登记日记账,账簿记录容易发生差错;根据通用日记账逐笔登记总分类账,登记总分类账的工作量较大。通用日记账核算形式适用于运用电子计算机进行会计核算的经济单位。

附录 记账凭证核算形式应用举例

在记账中,记账凭证核算形式是最基本的会计核算形式,下面我们用第四章的例子说明这种核算形式下的账务处理。

【资料】

1. 企业背景及采用的会计政策。宏达公司为制造企业。该公司属于增值税一般纳税人,适用17%的基本税率。该公司对原材料和库存商品的日常核算采用实际成本法进行核算。该公司对验收入库的材料采购成本的结转和已销产品销售成本的结转采用月末集中结转法。该公司采用记账凭证核算形式在月末集中进行账务处理,记账凭证采用通用记账凭证。

2. 宏达公司2008年11月30日总分类账户和有关明细分类账户期末余额资料分别如表10-10和表10-11所示。

表10-10 11月30日总分类账户期末余额

序号	账户名称	借方余额	序号	账户名称	贷方余额
1	库存现金	5 000	9	累计折旧	200 000
2	银行存款	250 000	10	应付票据	10 000
3	应收账款	3 000	11	应付账款	60 000
4	原材料	140 000	12	应付职工薪酬	12 000
5	应收票据	8 000	13	应交税费	50 000
6	其他应收款	8 000	14	实收资本	1 000 000
7	库存商品	48 000	15	未分配利润	700 000
8	固定资产	1 600 000	16	盈余公积	30 000
合计		2 062 000	合 计		2 062 000

表10-11 11月30日有关明细分类账户期末余额

序号	总分类账名称	明细分类账名称	借方余额	
1	应收账款	海林工厂	8 000	
		红星公司		5 000
2	原材料	甲材料	50 000	
		乙材料	50 000	
		丙材料	40 000	
3	库存商品	A产品	48 000	
4	应付账款	利达公司		70 000
		长虹公司	10 000	

3. 宏达公司2008年12月份发生的经济业务。

(1)12月1日宏达公司收到国家投资350 000元,款项存入银行。这项业务应编制如下会计分录:

借:银行存款　　350 000
　贷:实收资本　　350 000

(2)12月2日宏达收到中阳公司作为投资投入的新设备一台,该设备所确认的价值为60 000元。这项经济业务应编制如下会计分录:

借:固定资产　　60 000
　贷:实收资本　　60 000

(3)公司12月3日从银行取得借款60 000元,期限为6个月,年利率为6%,利息每季结算一次,所得借款存入银行。应编制如下会计分录:

借:银行存款　　60 000
　贷:短期借款　　60 000

(4)12月4日公司从银行借入期限为3年、年利率为4%的长期借款80 000元,存入银行。这项经济业务应编制如下会计分录:

借:银行存款　　80 000
　贷:长期借款　　80 000

(5)12月5日,企业购入不需要安装的机器设备一台,买价18 000元,增值税发票上注明的增值税为3060(18 000×17%)元,包装费和运输费360元,全部款项已用银行存款支付。12月10日,安装完毕,经验收合格交付使用。

这项业务应编制如下会计分录:

借:固定资产　　18 360
　　应交税费——应交增值税(进项税额)　　3 060
　贷:银行存款　　21 460

(6)12月6日,企业购入需要安装的机器设备一台,买价26 000元,增值税发票上注明的增值税为4 420(26 000×17%)元,包装费和运输费420元,共计26 420元,全部款项已用银行存款支付。在安装过程中,耗用材料1 200元,耗用人工700元。

这项业务应编制如下会计分录:

①将购入固定资产交付安装:

借:在建工程　　26 420
　　应交税费——应交增值税(进项税额)　　4 420
　贷:银行存款　　30840

②安装过程耗用的材料和人工费用:

借:在建工程　　1 900

贷:原材料　　1 200

　应付职工薪酬　　700

③交付使用时:

借:固定资产　　28 320

　贷:在建工程　　28 320

(7)12 月 7 日公司从广源公司购入甲、乙两种材料,材料买价为:

甲材料 40 吨　　单价 700 元　　合计 28 000 元

乙材料 60 吨　　单价 900 元　　合计 54 000 元

合计 82 000 元

购入材料的运杂费 2 600 元,增值税进项税额 13 940 元(82 000 元 × 17%)。上述款项已用银行存款支付,材料已运达公司并已验收入库。

下面说明材料实际采购成本的计算方法:企业购入甲、乙两种材料,材料买价可以直接计入甲、乙材料的采购成本,但支付的运杂费 2 600 元,需要采用一定的标准在两种材料之间进行分配。假定本例按材料重量比例分配,甲材料 40 吨,乙材料 60 吨,则

费用分配率 = 2 600 ÷ (40 + 60) = 26(元/吨)

甲材料应分配的运杂费 = 40 × 26 = 1 040(元)

乙材料应分配的运杂费 = 60 × 26 = 1 560(元)

甲、乙材料实际采购成本的计算见表 10 - 12。

表 10 - 12　材料采购成本计算表　　单位:元

材料名称	单位	数量	单价	买价	运输费（分配率:26）	总成本	单位成本
甲	吨	40	700	28 000	1 040	29 040	726
乙	吨	60	900	54 000	1 560	55 560	926
合计	—	100	—	82 000	2 600	84 600	—

这项业务应编制如下的会计分录:

借:在途物资——甲材料　　29 040

　　　　——乙材料　　55 560

　应交税费——应交增值税(进项税额)　　13 940

　贷:银行存款　　98 540

(8)12 月 8 日公司从裕丰公司购进丙材料 7 吨,每吨 1 600 元,材料的运杂费 400 元,增值税进项税额 1 904 元(11 200 × 17%)。材料已运达企业并已验收入库。

账单、发票已到,但材料价款、税费尚未支付。此项业务应编制如下会计分录:

借:在途物资——丙材料　11 600

　应交税费——应交增值税(进项税额)　1 904

　贷:应付账款——裕丰公司　13 504

(9)12 月 9 日,公司从乐华工厂购买丁材料 5 吨,每吨 1 800 元,运杂费 300 元,增值税进项税额 1 530 元,货款采用商业承兑汇票结算,企业开出并承兑半年期商业承兑汇票一张,但材料尚未运达企业。这项经济业务应编制如下会计分录:

借:在途物资——丁材料　9 300

　应交税费——应交增值税(进项税额)　1 530

　贷:应付票据——乐华工厂　10 830

(10)12 月 10 日,公司按照购货合同规定,以银行存款 26 400 元向光华工厂预付材料货款。这项业务应编制如下会计分录:

借:预付账款——光华工厂　26 400

　贷:银行存款　26 400

(11)12 月 11 日,公司用银行存款偿还前欠裕丰公司的货款 13 504 元。这项业务应编制如下会计分录:

借:应付账款——裕丰公司　13 504

　贷:银行存款　13 504

(12)12 月 12 日,公司收到光华工厂发运来的已预付货款的丙材料,并验收入库。该批材料的买价 27 700 元,运杂费 500 元,增值税进项税额 4 709 元,应付款项共计 32 909 元。

借:在途物资——丙材料　28 200

　应交税费——应交增值税(进项税额)　4 709

　贷:预付账款——光华工厂　32 909

(13)13 日计算并结转已验收入库材料的实际采购成本。这项经济业务应编制如下会计分录:

借:原材料——甲材料　29 040

　　　　——乙材料　55 560

　　　　——丙材料　39 800

　贷:在途物资——甲材料　29 040

　　　　　　——乙材料　55 560

　　　　　　——丙材料　39 800

假定宏达公司生产 A,B 两种产品,本月发生下列经济业务:

(14)14 日,本月生产车间领用的材料及其用途如表 10-13 所示。

表 10－13　　单位:元

项目	甲材料	乙材料	丙材料	合计
生产产品耗用	44 000	21 000	9 590	74 590
其中:A 产品	28 000	13 000	7 860	48 860
B 产品	16 000	8 000	1 730	25 730
车间一般消耗	—	620	180	800
合计	44 000	21 620	9 770	75 390

这项业务应编制如下会计分录:

借:生产成本——A 产品　　48 860
　　　　　——B 产品　　25 730
　制造费用　　800
　贷:原材料——甲材料　　44 000
　　　　　——乙材料　　21 620
　　　　　——丙材料　　9 770

(15)15 日结算本月应付职工工资 32 000 元,其中生产工人工资 28 000 元,车间管理人员工资 4 000 元。这项业务应编制如下会计分录:

借:生产成本　　28 000
　制造费用　　4 000
　贷:应付职工薪酬　　32 000

(16)月末计算本月车间使用的厂房、机器设备等固定资产应计提折旧 8 000 元。这项业务应编制如下会计分录:

借:制造费用　　8 000
　贷:累计折旧　　8 000

(17)16 日用银行存款支付生产车间的办公费 1 200 元、水电费 800 元共计 2 000元。这项经济业务应编制如下会计分录:

借:制造费用　　2 000
　贷:银行存款　　2 000

(18)17 日,产品生产成本的计算。假定,前面举例中的 A,B 产品的生产工时分别为 600 小时和 400 小时,本月生产工人职工薪酬 28 000 元,制造费用 14 800元。以上费用按产品生产工时比例在 A,B 产品之间进行分配,计算如下:

①应付职工薪酬的分配。

计算费用分配率，即每小时应分配费用：

分配率＝应付职工薪酬÷生产工时总数＝28 000÷(600＋400)

＝28(元/小时)

计算各种产品应分配的应付职工薪酬：

某产品应分配的应付职工薪酬＝某种产品耗用的工时数×分配率

A产品应分配的应付职工薪酬＝600×28＝16 800(元)

B产品应分配的应付职工薪酬＝400×28＝11 200(元)

②制造费用的分配：计算程序同上。

分配率＝14 800÷(600＋400)＝14.8(元/小时)

A产品应分配的制造费用＝600×14.8＝8 880(元)

B产品应分配的制造费用＝400×14.8＝5 920(元)

这项经济业务应编制如下会计分录：

借：生产成本——A产品　　25 680

——B产品　　17 120

贷：应付职工薪酬　　28 000

制造费用　　14 800

③计算产品生产成本。假定月末A产品、B产品全部完工。将前面所述的有关产品生产的各项费用直接计入或分配计入A，B两种产品的成本明细账(见表10－14)之后，即可据以计算出A种产品的完工产品成本和B种产品的在产品成本。

表10－14　产品成本明细账　　单位：元

产品名称	产量(件)	原材料	生产工人工资	制造费用	合计	单位成本
A产品	100	48 860	16 800	8 880	74 540	745.4
B产品	50	25 730	11 200	5 920	42 850	857

(19)月末，计算并结转已完工入库产品的实际成本117 390元。这项业务应编制如下会计分录：

借：库存商品——A产品　　74 540

——B产品　　42 850

贷：生产成本——A产品　　74 540

——B产品　　42 850

(20)18 日,向京海公司销售 A 产品 40 件,每件售价 2 100 元,价款共计 84 000元,应向购买单位收取增值税销项税额 14 280 元,以上款项已通过银行转账收讫。这项业务应编制如下会计分录:

借:银行存款 98 280
　贷:主营业务收入 84 000
　　应交税费——应交增值税(销项税额) 14 280

(21)19 日,收到沪光公司预付购买 A 产品的货款 30 000 元,已存入银行。这项经济业务应编制如下会计分录:

借:银行存款 30 000
　贷:预收账款——沪光公司 30 000

(22)20 日,向虹阳公司发出 A 产品 30 件,每件售价 2 000 元,价款共计 60 000元,以银行存款支付代垫运费 800 元,应交增值税销项税额 10 200 元,但货款及税金尚未收到。这项经济业务应编制如下会计分录:

借:应收账款——虹阳公司 71 000
　贷:主营业务收入 60 000
　　应交税费——应交增值税(销项税额) 10 200
　　银行存款 800

(23)21 日,采用商业汇票结算方式向南通公司销售 B 产品 10 件,每件售价 1 000 元,价款共计 10 000 元,应收增值税销项税额 1700 元,收到该公司签发的商业承兑汇票,汇票 6 个月以后到期。这项经济业务应编制如下会计分录:

借:应收票据——南通公司 11 700
　贷:主营业务收入 10 000
　　应交税费——应交增值税(销项税额) 1 700

(24)22 日,按合同向预付货款的沪光公司发出 A 产品 15 件,每件售价2 000元,价款共计 30 000 元,应收增值税销项税额 5 100 元。这项经济业务应编制如下会计分录:

借:预收账款——沪光公司 35 100
　贷:主营业务收入 30 000
　　应交税费——应交增值税(销项税额) 5 100

(25)按照规定计算出本月应负担的消费税、城市维护建设税(含教育费附加)2000 元。这项经济业务应编制如下业务分录:

借:营业税金及附加 2 000
　贷:应交税费 2 000

(26)期末结转本月已销售产品的生产成本。其中销售 A 产品成本每件

745.4 元,B 产品每件 857 元。据此计算本月已销售产品的生产成本,如表10-15所示。

表 10-15　本月已销售产品生产成本计算表　　单位:元

产品种类	销售产品数量	单位生产成本	生产成本合计
A	85	745.4	63 359
B	10	857	8 570
合计	—	—	71 929

这项业务应编制如下会计分录:

借:主营业务成本　　71 929
　贷:库存商品——A 产品　　63 359
　　　　　　——B 产品　　8 570

(27)23 日,用银行存款支付产品销售过程中发生的运输费和装卸费1 000元。这项经济业务编制如下会计分录:

借:销售费用　　1 000
　贷:银行存款　　1 000

(28)24 日,用银行存款支付本月行政管理部门的办公费 500 元。这项经济业务的发生,一方面使企业的管理费用支出增加 500 元;另一方面使企业的银行存款减少 500 元,涉及"管理费用"和"银行存款"两个账户,应编制如下会计分录:

借:管理费用　　500
　贷:银行存款　　500

(29)25 日,计提应由本月负担的短期借款利息 400 元(60 000 元×8%×1/12)。这项经济业务的发生,一方面使企业的财务费用增加 400 元;另一方面使企业应付利息增加 400 元。财务费用增加是费用的增加,应记入"财务费用"账户的借方;应付利息增加是负债的增加,应记入"应付利息"账户的贷方。这项业务应编制如下会计分录:

借:财务费用　　400
　贷:应付利息　　400

(30)26 日,结算本月应付行政管理部门人员工资 8 400 元。这项经济业务涉及"管理费用"、"应付职工薪酬"两个账户,应编制如下会计分录:

借:管理费用　　8 400

贷:应付职工薪酬　　8 400

(31)27 日,计提本月行政管理部门使用固定资产的折旧 1 000 元。这项经济业务的发生涉及"管理费用"和"累计折旧"两个账户,应编制如下会计分录:

借:管理费用　　1 000

贷:累计折旧　　1 000

(32)28 日,王宁报销差旅费 500 元(原借 600 元),余额退回现金。这项业务应编制如下会计分录:

借:管理费用　　500

库存现金　　100

贷:其他应收款　　600

(33)29 日,用银行存款支付社会捐赠支出 4 400 元。这项经济业务的发生,使银行存款减少 4 400 元,营业外支出增加 4 400 元,应编制如下会计分录:

借:营业外支出　　4 400

贷:银行存款　　4 400

(34)29 日,企业取得政府补助 5 000 元,存入银行。这项经济业务的发生,一方面使银行存款增加 5 000 元,另一方面使营业外收入增加 5 000 元,涉及"银行存款"和"营业外收入"两个账户,应编制如下会计分录:

借:银行存款　　5 000

贷:营业外收入　　5 000

(35)期末,结转本月发生的各种收入共计 189 000 元,其中主营业务收入 184 000 元、营业外收入 5 000 元。这项转账业务涉及"主营业务收入"、"营业外收入"和"本年利润"三个账户。将各种收入账户的贷方发生额从各收入账户借方转入"本年利润"账户贷方,应编制如下会计分录:

借:主营业务收入　　184 000

营业外收入　　5 000

贷:本年利润　　189 000

(36)期末,结转本期发生的各种费用共计 90129 元,其中主营业务成本 71 929元、主营业务税金及附加 2 000 元、销售费用 1 000 元、管理费用 10 400 元、财务费用 400 元、营业外支出 4 400 元。这项转账业务涉及"本年利润"、"主营业务成本"、"主营业务税金及附加"、"营业费用"、"管理费用"、"财务费用"、"营业外支出"七个账户。将各种费用本月借方发生额从各费用账户贷方转入"本年利润"账户借方,应编制如下会计分录:

借:本年利润　　90 129

贷:主营业务成本　　71 929

营业税金及附加 2 000
销售费用 1 000
管理费用 10 400
财务费用 400
营业外支出 4 400

本期实现的利润 = 189 000 − 90 129 = 98 871(元)

(37)按实现利润的25%提取所得税费用。其中1~12月份实现的应纳税所得额(无税前扣除项目,即利润总额)为98 871元,所得税率为25%,所得税为98 871×25% = 24 717.75(元)。这项经济业务应编制如下会计分录:

借:所得税费用 24 717.75
　贷:应交税费——应交所得税 24 717.75
借:本年利润 24 717.75
　贷:所得税费用 24 717.75

本月实现的净利润 = 98 871 − 24 717.75 = 74 153.25(元)

(38)按净利润的10%提取盈余公积。这项经济业务应编制如下会计分录:

借:利润分配 7 415.33
　贷:盈余公积 7 415.33

(39)年末,向投资者分配利润150 000元。这项经济业务应编制如下会计分录:

借:利润分配 150 000
　贷:应付股利 150 000

(40)年终,结转全年实现的净利润74 153.25元。这项转账业务应编制如下会计分录:

借:本年利润 74 153.25
　贷:利润分配 74 153.25

(41)30日,用银行存款24 717.75元交纳所得税。这项经济业务应编制如下的会计分录:

借:应交税费——应交所得税 24 717.75
　贷:银行存款 24 717.75

(42)30日,用银行存款150 000元支付应付投资者利润。这项经济业务的发生涉及"银行存款"和"应付股利"两个账户。应付利润的减少是负债的减少,应编制如下会计分录:

借:应付股利 150 000
　贷:银行存款 150 000

(43)收到出租包装物的押金1 000元，存入银行。这项经济业务应编制如下会计分录：

借：银行存款　　1 000

　贷：其他应付款　　1 000

(44)30日，从银行提取现金50 000元，以备发工资。这项经济业务的发生。涉及“库存现金”和“银行存款”两个账户，一增一减，应编制如下会计分录：

借：库存现金　　50 000

　贷：银行存款　　50 000

(45)31日，用现金50 000元支付职工工资。这项经济业务的发生，一方面使现金减少50 000元；另一方面，使应付职工工资减少50 000元。应付工资减少是负债的减少，应借记“应付工资”账户。这项经济业务应编制如下会计分录：

借：应付职工薪酬　　50 000

　贷：库存现金　　50 000

【要求】

根据上述资料，采用记账凭证核算形式对远大公司12月份的经济业务进行账务处理。

一、编制记账凭证

根据所给资料的原始凭证或原始凭证汇总表，填制记账凭证如表10－16至表10－59所示。

表10－16

记　账　凭　证

2008年12月31日　　收字第1号

摘　要	会计科目	借方金额	贷方金额
1. 投资者投入企业的货币资金	1002：银行存款	350 000.00	
	4001：实收资本		350 000.00
附单据1张	合　计	350 000.00	350 000.00

会计主管：(签章)　复核：(签章)　记账：(签章)　出纳：(签章)　经办：(签章)　制单：(签章)

表 10－17

记　账　凭　证

2008 年 12 月 31 日　　　　转字第 1 号

摘　要	会计科目	借方金额	贷方金额
2. 投资者投入企业的固定资产	1601:固定资产	60 000.00	
	4001:实收资本		60 000.00
附单据 1 张	合　计	60 000.00	60 000.00

会计主管:(签章)　复核:(签章)　记账:(签章)　出纳:(签章)　经办:(签章)　制单:(签章)

表 10－18

记　账　凭　证

2008 年 12 月 31 日　　　　收字第 2 号

摘　要	会计科目	借方金额	贷方金额
3. 向银行借入短期借款	1002:银行存款	60 000.00	
	2001:短期借款		60 000.00
附单据 1 张	合　计	60 000.00	60 000.00

会计主管:(签章)　复核:(签章)　记账:(签章)　出纳:(签章)　经办:(签章)　制单:(签章)

表 10－19

记　账　凭　证

2008 年 12 月 31 日　　　　收字第 3 号

摘　要	会计科目	借方金额	贷方金额
4. 向银行借入长期借款	1002:银行存款	80 000.00	
	2501:长期借款		80 000.00
附单据 1 张	合　计	80 000.00	80 000.00

会计主管:(签章)　复核:(签章)　记账:(签章)　出纳:(签章)　经办:(签章)　制单:(签章)

表 10－20

记 账 凭 证

2008 年 12 月 31 日　　付字第 1 号

摘 要	会计科目	借方金额	贷方金额
5 购置不需安装的固定资产	1601:固定资产	18 360.00	
	222102:应交税费－应交增值税(进项税额)	3 060.00	
	1002:银行存款		21 420.00
附单据 1 张	合 计	21 420.00	21 420.00

会计主管:(签章)　复核:(签章)　记账:(签章)　出纳:(签章)　经办:(签章)　制单:(签章)

表 10－21

记 账 凭 证

2008 年 12 月 31 日　　付字第 2 号　　转字第 2 号

摘 要	会计科目	借方金额	贷方金额
6 购置需安装的固定资产	1604:在建工程	26 420.00	
	222102:应交税费 － 应交增值税(进项税额)	4 420.00	
	1002:银行存款		30 840.00
	1604:在建工程	1 900.00	
	140301:原材料 － 甲材料		1 200.00
	2211:应付职工薪酬		700
完工验收	1601:固定资产	28 320.00	
	1604:在建工程		28 320.00
附单据 1 张	合 计	61 060.00	61 060.00

会计主管:(签章)　复核:(签章)　记账:(签章)　出纳:(签章)　经办:(签章)　制单:(签章)

表 10－22

记 账 凭 证

2008 年 12 月 31 日　　付字第 3 号

摘 要	会计科目	借方金额	贷方金额
7. 从广源公司购入甲、乙两种材料	140201:在途物资—甲材料	29 040.00	
	140202:在途物资—乙材料	55 560.00	
	222102:应交税费—应交增值税(进项税额)	13 940.00	
	1002:银行存款		98 540.00
附单据 1 张	合 计	98 540.00	98 540.00

会计主管:(签章)　复核:(签章)　记账:(签章)　出纳:(签章)　经办:(签章)　制单:(签章)

表 10－23

记　账　凭　证

2008 年 12 月 31 日　　　　转字第 3 号

摘　要	会计科目	借方金额	贷方金额
8. 从裕丰公司购进丙材料 7 吨	140203：在途物资—丙材料	11 600.00	
	222102：应交税费—应交增值税（进项税额）	1 904.00	
	220201：应付账款—裕丰公司		13 504.00
附单据 1 张	合　计	13 504.00	13 504.00

会计主管：（签章）　复核：（签章）　记账：（签章）　出纳：（签章）　经办：（签章）　制单：（签章）

表 10－24

记　账　凭　证

2008 年 12 月 31 日　　　　转字第 4 号

摘　要	会计科目	借方金额	贷方金额
9. 从乐华工厂购买丁材料 5 吨	140204：在途物资—丁材料	9 300.00	
	222102：应交税费—应交增值税（进项税额）	1 530.00	
	220101：应付票据—乐华工厂		10 830.00
附单据 1 张	合　计	10 830.00	10 830.00

会计主管：（签章）　复核：（签章）　记账：（签章）　出纳：（签章）　经办：（签章）　制单：（签章）

表 10－25

记　账　凭　证

2008 年 12 月 31 日　　　　付字第 4 号

摘　要	会计科目	借方金额	贷方金额
10. 以银行存款向光华工厂预付材料款	112301：预付账款—光华工厂	26 400.00	
	1002：银行存款		26 400.00
附单据 1 张	合　计	26 400.00	26 400.00

会计主管：（签章）　复核：（签章）　记账：（签章）　出纳：（签章）　经办：（签章）　制单：（签章）

表 10－26

记 账 凭 证

2008 年 12 月 31 日　　　　付字第 5 号

摘 要	会计科目	借方金额	贷方金额
11. 偿还前欠裕丰公司的货款	220201:应付账款—裕丰公司	13 504.00	
	1002:银行存款		13 504.00
附单据 1 张	合 计	13 504.00	13 504.00

会计主管:(签章)　复核:(签章)　记账:(签章)　出纳:(签章)　经办:(签章)　制单:(签章)

表 10－27

记 账 凭 证

2008 年 12 月 31 日　　　　转字第 5 号

摘 要	会计科目	借方金额	贷方金额
12. 收到光华工厂发运来的已预付货款的丙材料	140203:在途物资—丙材料	28 200.00	
	222102:应交税费—应交增值税(进项税额)	4 709.00	
	112301:预付账款—光华工厂		32 909.00
附单据 1 张	合 计	32 909.00	32 909.00

会计主管:(签章)　复核:(签章)　记账:(签章)　出纳:(签章)　经办:(签章)　制单:(签章)

表 10－28

记 账 凭 证

2008 年 12 月 31 日　　　　转字第 6 号

摘 要	会计科目	借方金额	贷方金额
13. 计算并结转已验收入库材料的实际采购成本	140301:原材料—甲材料	29 040.00	
	140302:原材料—乙材料	55 560.00	
	140303:原材料—丙材料	39 800.00	
	140201:在途物资—甲材料		29 040.00
	140202:在途物资—乙材料		55 560.00
	140203:在途物资—丙材料		39 800.00
附单据 1 张	合 计	124 400.00	124 400.00

会计主管:(签章)　复核:(签章)　记账:(签章)　出纳:(签章)　经办:(签章)　制单:(签章)

表 10－29

记 账 凭 证

2008 年 12 月 31 日　　　　转字第 7 号

摘 要	会计科目	借方金额	贷方金额
14. 生产车间领用的材料	5001:生产成本	74 590.00	
	5101:制造费用	800.00	
	140301:原材料—甲材料		44 000.00
	140302:原材料—乙材料		21 620.00
	140303:原材料—丙材料		9 770.00
附单据 1 张	合 计	75 390.00	75 390.00

会计主管:(签章)　复核:(签章)　记账:(签章)　出纳:(签章)　经办:(签章)　制单:(签章)

表 10－30

记 账 凭 证

2008 年 12 月 31 日　　　　转字第 8 号

摘 要	会计科目	借方金额	贷方金额
15. 职工工资	5001:生产成本	28 000.00	
	5101:制造费用	4 000.00	
	2211:应付职工薪酬		32 000.00
附单据 1 张	合 计	32 000.00	32 000.00

会计主管:(签章)　复核:(签章)　记账:(签章)　出纳:(签章)　经办:(签章)　制单:(签章)

表 10－31

记 账 凭 证

2008 年 12 月 31 日　　　　转字第 9 号

摘 要	会计科目	借方金额	贷方金额
16. 提取折旧	5101:制造费用	8 000.00	
	1602:累计折旧		8 000.00
附单据 1 张	合 计	8 000.00	8 000.00

会计主管:(签章)　复核:(签章)　记账:(签章)　出纳:(签章)　经办:(签章)　制单:(签章)

表 10－32

记　账　凭　证

2008 年 12 月 31 日　　　　付字第 6 号

摘　要	会 计 科 目	借 方 金 额	贷 方 金 额
17. 车间办公费	5101:制造费用	2 000.00	
	1002:银行存款		2 000.00
附单据 1 张	合　计	2 000.00	2 000.00

会计主管:(签章)　复核:(签章)　记账:(签章)　出纳:(签章)　经办:(签章)　制单:(签章)

表 10－33

记　账　凭　证

2008 年 12 月 31 日　　　　转字第 10 号

摘　要	会 计 科 目	借 方 金 额	贷 方 金 额
18. 结转制造费	5001:生产成本	14 800.00	
	5101:制造费用		14 800.00
附单据 1 张	合 计	14 800.00	14 800.00

会计主管:(签章)　复核:(签章)　记账:(签章)　出纳:(签章)　经办:(签章)　制单:(签章)

表 10－34

记　账　凭　证

2008 年 12 月 31 日　　　　转字第 11 号

摘　要	会 计 科 目	借 方 金 额	贷 方 金 额
19. 产品完工入库	1405:库存商品	117 390.00	
	5001:生产成本		117 390.00
附单据 1 张	合　计	117 390.00	117 390.00

会计主管:(签章)　复核:(签章)　记账:(签章)　出纳:(签章)　经办:(签章)　制单:(签章)

表 10－35

记 账 凭 证

2008 年 12 月 31 日　　　　收字第 4 号

摘 要	会计科目	借方金额	贷方金额
20. 销售 A 产品 40 件	1002:银行存款	98 280.00	
	6001:主营业务收入		84 000.00
	222101:应交税费—应交增值税(销项税额)		14 280.00
附单据 1 张	合 计	98 280.00	98 280.00

会计主管:(签章)　复核:(签章)　记账:(签章)　出纳:(签章)　经办:(签章)　制单:(签章)

表 10－36

记 账 凭 证

2008 年 12 月 31 日　　　　收字第 5 号

摘 要	会计科目	借方金额	贷方金额
21. 预收沪光 A 货款	1002:银行存款	30 000.00	
	220301:预收账款—沪光公司		30 000.00
附单据 1 张	合 计	30 000.00	30 000.00

会计主管:(签章)　复核:(签章)　记账:(签章)　出纳:(签章)　经办:(签章)　制单:(签章)

表 10－37

记 账 凭 证

2008 年 12 月 31 日　　　　付字第 7 号

摘 要	会计科目	借方金额	贷方金额
22. 向虹阳售 A30 件	112201:应收账款—虹阳	71 000.00	
	6001:主营业务收入		60 000.00
	222101:应交税费—应交增值税(销项税额)		10 200.00
	1002:银行存款		800.00
附单据 1 张	合 计	71 000.00	71 000.00

会计主管:(签章)　复核:(签章)　记账:(签章)　出纳:(签章)　经办:(签章)　制单:(签章)

表 10－38

记 账 凭 证

2008 年 12 月 31 日　　　　转字第 12 号

摘　要	会计科目	借方金额	贷方金额
23. 向南通售 B10 件	112101:应收票据—南通公司	11 700.00	
	6001:主营业务收入		10 000.00
	222101:应交税费—应交增值税(销项税额)		1 700.00
附单据 1 张	合　计	11 700.00	11 700.00

会计主管:(签章)　复核:(签章)　记账:(签章)　出纳:(签章)　经办:(签章)　制单:(签章)

表 10－39

记 账 凭 证

2008 年 12 月 31 日　　　　转字第 13 号

摘　要	会计科目	借方金额	贷方金额
24. 向沪光售 A15 件	220301:预收账款—沪光公司	35 100.00	
	6001:主营业务收入		30 000.00
	222101:应交税费—应交增值税(销项税额)		5 100.00
附单据 1 张	合　计	35 100.00	35 100.00

会计主管:(签章)　复核:(签章)　记账:(签章)　出纳:(签章)　经办:(签章)　制单:(签章)

表 10－40

记 账 凭 证

2008 年 12 月 31 日　　　　转字第 14 号

摘　要	会计科目	借方金额	贷方金额
25. 计提营业税金及附加	6403:营业税金及附加	2 000.00	
	222104:应交税费—营业税金及附加		2 000.00
附单据 1 张	合　计	2 000.00	2 000.00

会计主管:(签章)　复核:(签章)　记账:(签章)　出纳:(签章)　经办:(签章)　制单:(签章)

表 10－41

记 账 凭 证

2008 年 12 月 31 日 转字第 15 号

摘 要	会计科目	借方金额	贷方金额
26. 结转已销产品的成本	6401:主营业务成本	71 929.00	
	1405:库存商品		71 929.00
附单据 1 张	合 计	71 929.00	71 929.00

会计主管:(签章) 复核:(签章) 记账:(签章) 出纳:(签章) 经办:(签章) 制单:(签章)

表 10－42

记 账 凭 证

2008 年 12 月 31 日 付字第 8 号

摘 要	会计科目	借方金额	贷方金额
27. 销售的运输和装卸费	6601:销售费用	1 000.00	
	1002:银行存款		1 000.00
附单据 1 张	合 计	1.000.00	1.000.00

会计主管:(签章) 复核:(签章) 记账:(签章) 出纳:(签章) 经办:(签章) 制单:(签章)

表 10－43

记 账 凭 证

2008 年 12 月 31 日 付字第 9 号

摘 要	会计科目	借方金额	贷方金额
28. 支付行管办公费计提短期借款利息	6602:管理费用	500.00	
	1002:银行存款		500.00
附单据 1 张	合 计	500.00	500.00

会计主管:(签章) 复核:(签章) 记账:(签章) 出纳:(签章) 经办:(签章) 制单:(签章)

表 10－44

记 账 凭 证

2008 年 12 月 31 日　　　　转字第 16 号

摘 要	会计科目	借方金额	贷方金额
29. 计提短期借款利息	6603:财务费用	400.00	
	2231:应付利息		400.00
附单据 1 张	合 计	400.00	400.00

会计主管:(签章)　复核:(签章)　记账:(签章)　出纳:(签章)　经办:(签章)　制单:(签章)

表 10－45

记 账 凭 证

2008 年 12 月 31 日　　　　转字第 17 号

摘 要	会计科目	借方金额	贷方金额
30. 结算行管人员工资	6602:管理费用	8 400.00	
	2211:应付职工薪酬		8 400.00
附单据 1 张	合 计	8 400.00	8 400.00

会计主管:(签章)　复核:(签章)　记账:(签章)　出纳:(签章)　经办:(签章)　制单:(签章)

表 10－46

记 账 凭 证

2008 年 12 月 31 日　　　　转字第 18 号

摘 要	会计科目	借方金额	贷方金额
31. 计提行管部门折旧	6602:管理费用	1 000.00	
	1602:累计折旧		1 000.00
附单据 1 张	合 计	1 000.00	1 000.00

会计主管:(签章)　复核:(签章)　记账:(签章)　出纳:(签章)　经办:(签章)　制单:(签章)

表 10－47

记 账 凭 证

2008 年 12 月 31 日　收字第 6 号　转字第 19 号

摘　要	会计科目	借方金额	贷方金额
32. 王宁报差旅费	6602：管理费用	500.00	
	1001：库存现金	100.00	
	1221：其他应收款		600.00
附单据 1 张	合　计	600.00	600.00

会计主管：（签章）　复核：（签章）　记账：（签章）　出纳：（签章）　经办：（签章）　制单：（签章）

表 10－48

记 账 凭 证

2008 年 12 月 31 日　付字第 10 号

摘　要	会计科目	借方金额	贷方金额
33. 支付社会捐赠支出	6711：营业外支出	4 400.00	
	1002：银行存款		4 400.00
附单据 1 张	合　计	4 400.00	4 400.00

会计主管：（签章）　复核：（签章）　记账：（签章）　出纳：（签章）　经办：（签章）　制单：（签章）

表 10－49

记 账 凭 证

2008 年 12 月 31 日　收字第 7 号

摘　要	会计科目	借方金额	贷方金额
34. 取得政府补助	1002：银行存款	5 000.00	
	6301：营业外收入		5 000.00
附单据 1 张	合　计	5 000.00	5 000.00

会计主管：（签章）　复核：（签章）　记账：（签章）　出纳：（签章）　经办：（签章）　制单：（签章）

表 10－50

记 账 凭 证

2008 年 12 月 31 日　　　　转字第 20 号

摘　要	会计科目	借方金额	贷方金额
37. 计算应交所得税	6801：所得税费用	24 717.75	
	222105：应交税费—应交所得税		24 717.75
附单据 1 张	合　计	24 717.75	24 717.75

会计主管：（签章）　复核：（签章）　记账：（签章）　出纳：（签章）　经办：（签章）　制单：（签章）

表 10－51

记 账 凭 证

2008 年 12 月 31 日　　　　转字第 21 号

摘　要	会计科目	借方金额	贷方金额
38. 提取盈余公积	4104：利润分配	7 415.33	
	4101：盈余公积		7 415.33
附单据 1 张	合　计	7 415.33	7 415.33

会计主管：（签章）　复核：（签章）　记账：（签章）　出纳：（签章）　经办：（签章）　制单：（签章）

表 10－52

记 账 凭 证

2008 年 12 月 31 日　　　　转字第 22 号

摘　要	会计科目	借方金额	贷方金额
39. 分配股利	4104：利润分配	150 000.00	
	2232：应付股利		150 000.00
附单据 1 张	合　计	150 000.00	150 000.00

会计主管：（签章）　复核：（签章）　记账：（签章）　出纳：（签章）　经办：（签章）　制单：（签章）

表 10－53

记　账　凭　证

2008 年 12 月 31 日　　　　转字第 23 号

摘　要	会计科目	借方金额	贷方金额
40. 结转本年利润	4103:本年利润	74 153.25	
	4104:利润分配		74 153.25
附单据 1 张	合　计	74 153.25	74 153.25

会计主管:(签章)　复核:(签章)　记账:(签章)　出纳:(签章)　经办:(签章)　制单:(签章)

表 10－54

记　账　凭　证

2008 年 12 月 31 日　　　　付字第 11 号

摘　要	会计科目	借方金额	贷方金额
41. 交纳所得税	222105:应交税费—应交所得税	24 717.75	
	1002:银行存款		24 717.75
附单据 1 张	合　计	24 717.75	24 717.75

会计主管:(签章)　复核:(签章)　记账:(签章)　出纳:(签章)　经办:(签章)　制单:(签章)

表 10－55

记　账　凭　证

2008 年 12 月 31 日　　　　付字第 12 号

摘　要	会计科目	借方金额	贷方金额
42. 支付股利	2232:应付股利	150 000.00	
	1002:银行存款		150 000.00
附单据 1 张	合　计	150 000.00	150 000.00

会计主管:(签章)　复核:(签章)　记账:(签章)　出纳:(签章)　经办:(签章)　制单:(签章)

表 10－56

记 账 凭 证

2008 年 12 月 31 日　　　　收字第 8 号

摘 要	会计科目	借方金额	贷方金额
43. 包装物押金	1002:银行存款	1 000.00	
	2241:其他应付款		1 000.00
附单据 1 张	合 计	1 000.00	1 000.00

会计主管:(签章)　复核:(签章)　记账:(签章)　出纳:(签章)　经办:(签章)　制单:(签章)

表 10－57

记 账 凭 证

2008 年 12 月 31 日　　　　付字第 13 号

摘 要	会计科目	借方金额	贷方金额
44. 取现备发工资	1001:库存现金	50 000.00	
	1002:银行存款		50 000.00
附单据 1 张	合 计	50 000.00	50 000.00

会计主管:(签章)　复核:(签章)　记账:(签章)　出纳:(签章)　经办:(签章)　制单:(签章)

表 10－58

记 账 凭 证

2008 年 12 月 31 日　　　　付字第 14 号

摘 要	会计科目	借方金额	贷方金额
45. 工资发放	2211:应付职工薪酬	50 000.00	
	1002:库存现金		50 000.00
附单据 1 张	合 计	50 000.00	50 000.00

会计主管:(签章)　复核:(签章)　记账:(签章)　出纳:(签章)　经办:(签章)　制单:(签章)

表 10－59

记 账 凭 证

2008 年 12 月 31 日　　　　转字第 24 号

摘 要	会计科目	借方金额	贷方金额
结转本期损益	4103:本年利润		189 000.00
结转本期损益	6001:主营业务收入	30 000.00	
结转本期损益	6001:主营业务收入	84 000.00	
结转本期损益	6001:主营业务收入	60 000.00	
结转本期损益	6001:主营业务收入	10 000.00	
结转本期损益	6301:营业外收入	5 000.00	
结转本期损益	4103:本年利润	114 846.75	
结转本期损益	6401:主营业务成本		71 929.00
结转本期损益	6403:营业税金及附加		2 000.00
结转本期损益	6601:销售费用		1 000.00
结转本期损益	6602:管理费用		500.00
结转本期损益	6602:管理费用		1 000.00
结转本期损益	6602:管理费用		8 400.00
结转本期损益	6602:管理费用		500.00
结转本期损益	6603:财务费用		400.00
结转本期损益	6711:营业外支出		4 400.00
结转本期损益	6801:所得税费用		24 717.75
附单据 1 张	合 计	303 846.75	303 846.75

会计主管:(签章)　复核:(签章)　记账:(签章)　出纳:(签章)　经办:(签章)　制单:(签章)

二、登记日记账

根据所编制的记账凭证,逐日逐笔登记库存现金日记账、银行存款日记账,分别如表 10－60、表 10－61 所示。

表 10 - 60　库存现金日记账

★会计期间:2008 年 12 月至 2008 年 12 月★　☆币别:人民币☆　【会计科目:〔1001〕库存现金】

期间	日期	凭证字号	摘要	借方金额	贷方金额	余额方向	余　额
12	2008 年 12 月 1 日		期初余额			借	5 000.00
12	2008 年 12 月 31 日	收 - 6	差旅费余额退回现金	100.00		借	5 100.00
12	2008 年 12 月 31 日	付 - 13	44 取现发工资	50 000.00		借	55 100.00
12	2008 年 12 月 31 日	付 - 14	44 用现金发工资	50 000.00		借	5 100.00
12	2008 年 12 月 31 日		本日合计	50 100.00	50 000.00	借	5 100.00
12	2008 年 12 月 31 日		本期合计	50 100.00	50 000.00	借	5 100.00
12	2008 年 12 月 31 日		本年累计	50 100.00	50 000.00	借	5 100.00

表 10 - 61　银行存款日记账

期间	日期	凭证字号	摘要	借方金额	贷方金额	余额方向	余额
12	2008 年 12 月 1 日		期初余额			借	250 000.00
12	2008 年 12 月 31 日	收 - 1	1 投资者投资	350 000.00		借	600 000.00
12	2008 年 12 月 31 日	收 - 2	3 取得短期借款	60 000.00		借	660 000.00
12	2008 年 12 月 31 日	收 - 3	4 取得长期借款	80 000.00		借	740 000.00
12	2008 年 12 月 31 日	付 - 1	5 买设备		21 420.00	借	71 850.00
12	2008 年 12 月 31 日	付 - 2	6 买设备		30 840.00	借	687 740.00
12	2008 年 12 月 31 日	付 - 3	7 买材料		98 540.00	借	589 200.00
12	2008 年 12 月 31 日	付 - 4	10 向光华预付材料款		26 400.00	借	562 800.00
12	2008 年 12 月 31 日	付 - 5	11 还货款		13 504.00	借	549 286.00
12	2008 年 12 月 31 日	付 - 6	17 付车间办公费		2 000.00	借	547 296.00
12	2008 年 12 月 31 日	收 - 4	20 销售 A40 件	98 280.00		借	645 576.00
12	2008 年 12 月 31 日	收 - 5	21 预付 A 货款	30 000.00		借	675 576.00
12	2008 年 12 月 31 日	付 - 7	22 代垫运杂费		800	借	674 776.00
12	2008 年 12 月 31 日	付 - 8	27 销售运输装卸费		1 000.00	借	673 776.00
12	2008 年 12 月 31 日	付 - 9	28 行管办公费		500	借	673 276.00
12	2008 年 12 月 31 日	付 - 10	33 社会捐赠支出		4 400.00	借	668 876.00

续表

期间	日期	凭证字号	摘要	借方金额	贷方金额	余额方向	余额
12	2008年12月31日	收-7	34 政府补助	5 000.00		借	673 876.00
12	2008年12月31日	付-11	41 交所得税		24 717.75	借	649 158.25
12	2008年12月31日	付-12	42 支付利润		150 000.00	借	499 158.25
12	2008年12月31日	收-8	43 包装物押金	1 000.00		借	500 158.25
12	2008年12月31日	付-13	44 取现备发工资		50 000.00	借	450 158.25
12	2008年12月31日		本日合计	624 280.00	424 121.75	借	450 158.25
12	2008年12月31日		本期合计	624 280.00	424 121.75	借	450 158.25
12	2008年12月31日		本年累计	624 280.00	424 121.75	借	450 158.25

三、根据原始凭证和记账凭证登记明细分类账

为了节省篇幅，本例只列出甲、乙、丙原材料明细账、应收账款明细账和生产成本明细账的登记方法，其他有关明细账的登记方法与该三种明细账的登记方法基本相同，故从略。上述三种明细账的登记内容如表10-62至表10-64所示。

表10-62　甲原材料明细账

★会计期间:2008年12月至2008年12月★　☆币别:人民币☆　【会计科目:〔140301〕原材料—甲材料】

期间	日期	凭证字号	摘要	借方金额（数量、单价略）	贷方金额（数量、单价略）	余额方向	余额（数量、单价略）
12	2008年12月1日		期初余额			借	50 000.00
12	2008年12月31日	转-2			1 200.00	借	48 800.00
12	2008年12月31日	转-6		29 040.00		借	77 840.00
12	2008年12月31日	转-7			44 000.00	借	33 840.00
12	2008年12月31日		本期合计	29 040.00	45 200.00	借	33 840.00
12	2008年12月31日		本年累计	29 040.00	45 200.00	借	33 840.00

表 10－63　乙原材料明细账

★会计期间:2008 年 12 月至 2008 年 12 月★　☆币别:人民币☆【会计科目:〔140302〕原材料—乙材料】

期间	日期	凭证字号	摘要	借方金额（数量、单价略）	贷方金额（数量、单价略）	余额方向	余额(数量、单价略)
12	2008 年 12 月 1 日		期初余额			借	50 000.00
12	2008 年 12 月 31 日	转－6		55 560.00		借	105 560.00
12	2008 年 12 月 31 日	转－7			21 620.00	借	83 940.00
12	2008 年 12 月 31 日		本期合计	55 560.00	21 620.00	借	83 940.00
12	2008 年 12 月 31 日		本年累计	55 560.00	21 620.00	借	83 940.00

表 10－64　丙原材料明细账

★会计期间:2008 年 12 月至 2008 年 12 月★　☆币别:人民币☆【会计科目:〔140303〕原材料—丙材料】

期间	日期	凭证字号	摘要	借方金额（数量、单价略）	贷方金额（数量、单价略）	余额方向	余额(数量、单价略)
12	2008 年 12 月 1 日		期初余额			平	40 000.00
12	2008 年 12 月 31 日	转－6		39 800.00		平	79 800.00
12	2008 年 12 月 31 日	转－7			9 770.00	贷	70 030.00
12	2008 年 12 月 31 日		本期合计	39 800.00	9 770.00	贷	70 030.00
12	2008 年 12 月 31 日		本年累计	39 800.00	9 770.00	贷	70 030.00

表 10－65　应收账款明细账

★会计期间:2008 年 12 月至 2008 年 12 月★　☆币别:人民币☆【会计科目:〔112201〕应收账款—虹阳】

期间	日期	凭证字号	摘要	借方金额	贷方金额	余额方向	余　额
12	2008 年 12 月 1 日		期初余额			借	0.00
12	2008 年 12 月 31 日	付－7	22 销售 A 未收款	71 000.00		借	71 000.00
12	2008 年 12 月 31 日		本期合计	71 000.00		借	71 000.00
12	2008 年 12 月 31 日		本年累计	71 000.00		借	71 000.00

表 10－66　生产成本明细账

★会计期间:2008 年 12 月至 2008 年 12 月★　☆币别:人民币☆【会计科目:〔5001〕生产成本】

期间	日期	凭证字号	摘要	借方金额	贷方金额	余额方向	余　额
12	2008 年 12 月 1 日		期初余额			平	
12	2008 年 12 月 31 日	转－7	14 直接材料	74 590.00		借	74 590.00
12	2008 年 12 月 31 日	转－8	15 直接人工	28 000.00		借	102 590.00
12	2008 年 12 月 31 日	转－10	18 制造费用	14 800.00		借	117 390.00
12	2008 年 12 月 31 日	转－11			117 390.00	平	
12	2008 年 12 月 31 日		本期合计	117 390.00	117 390.00	平	
12	2008 年 12 月 31 日		本年累计	117 390.00	117 390.00	平	

四、登记总分类账

根据编制的记账凭证登记有关总分类账。2008 年 12 月 31 日全部总分类科目和所属明细分类科目余额见表 10－67 所示。

表 10－67　2008 年 12 月 31 日总分类账

★会计期间:2008 年 12 月至 2008 年 12 月★　☆币别:人民币☆

科目代码	科目名称	2008 年		凭证字号	摘要	借方	贷方	余额方向	余额
		月	日						
1001	库存现金	12	1		期初余额			借	5 000.00
		12	31	收 1～8;付 1～14	本期合计	50 100.00	50 000.00	借	5 100.00
		12	31		本年累计	50 100.00		借	5 100.00
1002	银行存款	12	1		期初余额			借	250 000.00
		12	31	付 1～14;收 1～8	本期合计	624 280.00	424 121.75	借	450 158.25
		12	31		本年累计	624 280.00	424 121.75	借	450 158.25
1121	应收票据	12	1		期初余额			借	8 000.00
		12	31	转 1～24	本期合计	11 700.00		借	19 700.00
		12	31		本年累计	11 700.00		借	19 700.00
1122	应收账款	12	1		期初余额			借	3 000.00
		12	31	付 1～14	本期合计	71 000.00		借	74 000.00
		12	31		本年累计	71 000.00		借	74 000.00

续表

科目代码	科目名称	2008年		凭证字号	摘要	借方	贷方	余额方向	余额
		月	日						
1123	预付账款	12	1		期初余额			平	
		12	31	付1~14;转1~24	本期合计	26 400.00	32 909.00	贷	6 509.00
		12	31		本年累计	26 400.00	32 909.00	贷	6 509.00
1221	其他应收款	12	1		期初余额			借	8 000.00
		12	31	收1~8	本期合计		600.00	借	7 400.00
		12	31		本年累计		600.00	借	7 400.00
1402	在途物资	12	1		期初余额			平	
		12	31	付1~14;转1~24	本期合计	133 700.00	84 600.00	借	49 100.00
		12	31		本年累计	133 700.00	84 600.00	借	49 100.00
1403	原材料	12	1		期初余额			借	140 000.00
		12	31	付1~14;转1~24	本期合计	124 400.00	116 390.00	借	148,010.00
		12	31		本年累计	124 400.00	116 390.00	借	148.010.00
1403	库存商品	12	1		期初余额			借	48 000.00
		12	31	转1~24	本期合计	117 390.00	71 929.00	借	93 461.00
		12	31		本年累计	117 390.00	71 929.00	借	93 461.00
1601	固定资产	12	1		期初余额			借	1 600 000.00
		12	31	付1~14;转1~24	本期合计	106 680.00		借	1 706 680.00
		12	31		本年累计	106 680.00		借	1 706 680.00
1602	累计折旧	12	1		期初余额			贷	200 000.00
		12	31	转1~24	本期合计		9 000.00	贷	209 000.00
		12	31		本年累计		9 000.00	贷	209 000.00
1604	在建工程	12	1		期初余额			平	
		12	31	付1~14	本期合计	28 320.00	28 320.00	平	
		12	31		本年累计	28 320.00	28 320.00	平	
2001	短期借款	12	1		期初余额			平	
		12	31	收1~8	本期合计		60 000.00	贷	60 000.00
		12	31		本年累计		60 000.00	贷	60 000.00

续表

科目代码	科目名称	2008年		凭证字号	摘要	借方	贷方	余额方向	余额
		月	日						
2201	应付票据	12	1		期初余额			贷	10 000.00
		12	31	转1~24	本期合计		10 830.00	贷	20 830.00
		12	31		本年累计		10 830.00	贷	20 830.00
2202	应付账款	12	1		期初余额			贷	60 000.00
		12	31	付1~14	本期合计	13 504.00	13 504.00	贷	60 000.00
		12	31		本年累计	13 504.00	13 504.00	贷	60 000.00
2203	预收账款	12	1		期初余额			平	
		12	31	收1~8;转1~24	本期合计	35 100.00	30 000.00	借	5 100.00
		12	31		本年累计	35 100.00	30 000.00	借	5 100.00
2211	应付职工薪酬	12	1		期初余额			贷	12 000.00
		12	31	付1~14;转1~24	本期合计	50 000.00	41 100.00	贷	3 100.00
		12	31		本年累计	50 000.00	41 100.00	贷	3 100.00
2221	应交税费	12	1		期初余额			贷	50 000.00
		12	31	付1~14;收1~8;转1~22	本期合计	54 280.75	57 997.75	贷	53 717.00
		12	31		本年累计	54 280.75	57 997.75	贷	53 717.00
2231	应付利息	12	1		期初余额			平	
		12	31	转1~24	本期合计		400.00	贷	400.00
		12	31		本年累计		400.00	贷	400.00
2232	应付股利	12	1		期初余额			平	
		12	31	付1~14;转1~24	本期合计	150 000.00	150 000.00	平	
		12	31		本年累计	150 000.00	150 000.00	平	
2241	其他应付款	12	1		期初余额			平	
		12	31	收1~8	本期合计		1 000.00	贷	1 000.00
		12	31		本年累计		1 000.00	贷	1 000.00
2501	长期借款	12	1		期初余额			平	
		12	31	收1~8	本期合计		80 000.00	贷	80 000.00
		12	31		本年累计		80 000.00	贷	80 000.00

续表

科目代码	科目名称	2008年		凭证字号	摘要	借方	贷方	余额方向	余额
		月	日						
4001	实收资本	12	1		期初余额			贷	1 000 000.00
		12	31	收1~8;转1~24	本期合计		410 000.00	贷	1 410 000.00
		12	31		本年累计		410 000.00	贷	1 410 000.00
4101	盈余公积	12	1		期初余额			贷	30 000.00
		12	31	转1~24	本期合计		7 415.33	贷	37 415.33
		12	31		本年累计		7 415.33	贷	37 415.33
4103	本年利润	12	1		期初余额			平	
		12	31	转1~24	本期合计	189 000.00	189 000.00	平	
		12	31		本年累计	189 000.00	189 000.00	平	
4104	利润分配	12	1		期初余额			贷	700 000.00
		12	31	转1~24	本期合计	157 415.33	74 153.25	贷	616 737.92
		12	31		本年累计	157 415.33	74 153.25	贷	616 737.92
5001	生产成本	12	1		期初余额			平	
		12	31	转1~24	本期合计	117 390.00	117 390.00	平	
		12	31		本年累计	117 390.00	117 390.00	平	
5101	制造费用	12	1		期初余额			平	
		12	31	付1~14;转1~24	本期合计	14 800.00	14 800.00	平	
		12	31		本年累计	14 800.00	14 800.00	平	
6001	主营业务收入	12	1		期初余额			平	
		12	31	付1~14;收1~8;转1~24	本期合计	184 000.00	184 000.00	平	
		12	31		本年累计	184 000.00	184 000.00	平	
6301	营业外收入	12	1		期初余额			平	
		12	31	收1~8;转1~24	本期合计	5 000.00	5 000.00	平	
		12	31		本年累计	5 000.00	5 000.00	平	
6401	主营业务成本	12	1		期初余额			平	
		12	31	转1~24	本期合计	71 929.00	71 929.00	平	
		12	31		本年累计	71 929.00	71 929.00	平	

续表

科目代码	科目名称	2008 年		凭证字号	摘要	借方	贷方	余额方向	余额
		月	日						
6403	营业税金及附加	12	1		期初余额			平	
		12	31	转 1 ~24	本期合计	2 000.00	2 000.00	平	
		12	31		本年累计	2 000.00	2 000.00	平	
6601	销售费用	12	1		期初余额			平	
		12	31	付 1 ~14;转 1 ~24	本期合计	1 000.00	1 000.00	平	
		12	31		本年累计	1 000.00	1 000.00	平	
6602	管理费用	12	1		期初余额			平	
		12	31	付 1 ~14;收 1 ~8;转 1 ~24	本期合计	10 400.00	10 400.00	平	
		12	31		本年累计	10 400.00	10 400.00	平	
6603	财务费用	12	1		期初余额			平	
		12	31	转 1 ~24	本期合计	400.00	400.00	平	
		12	31		本年累计	400.00	400.00	平	
6711	营业外支出	12	1		期初余额			平	
		12	31	付 1 ~14;转 1 ~24	本期合计	4 400.00	4 400.00	平	
		12	31		本年累计	4 400.00	4 400.00	平	
6801	所得税费用	12	1		期初余额			平	
		12	31	转 1 ~24	本期合计	24 717.75	24 717.75	平	
		12	31		本年累计	24 717.75	24 717.75	平	

表 10 -68 全部总分类科目和所属明细分类科目余额

总账科目	明细科目	借方余额	贷方余额	总账科目	明细科目	借方余额	贷方余额
库存现金		5 100.00		短期借款			60 000.00
银行存款		450 158.25		应付票据			20 830.00
应收票据		19 700.00		应付账款			60 000.00
应收账款		74 000.00			利达公司		70 000.00
	海林工厂	8 000.00		预收账款	长虹公司	10 000.00	
	红星公司		5 000.00			5 100.00	
	虹阳公司	71 000.00			沪光公司	5 100.00	

续表

总账科目	明细科目	借方余额	贷方余额	总账科目	明细科目	借方余额	贷方余额
预付账款			6 509.00	应付职工薪酬			3 100.00
	光华工厂		6 509.00	应交税费			53 717.00
其他应收款		7 400.00		应付利息			400.00
在途物资		49 100.00		其他应付款			1 000.00
原材料		148 010.00		长期借款			80 000.00
库存商品		93 461.00		实收资本			1 410 000.00
固定资产		1 706 680.00		盈余公积			37 415.33
累计折旧			209 000.00	利润分配			616 737.92

五、核对账务和试算平衡

月末时，一方面应当将库存现金日记账、银行存款日记账的余额和各种明细分类账的余额合计数与总分类账中有关账户的余额核对相符，这项核对工作一般是通过编制“总分类账户与明细分类账户和库存现金、银行存款日记账发生额及余额对照表”来完成的；另一方面，根据核对无误的总分类账和明细分类账的记录，编制“总分类科目本期发生额及余额试算平衡表”。试算平衡表的内容如表 10－69 所示。

表 10－69　总分类科目本期发生额及余额试算平衡表

★会计期间:2008 年 12 月★　☆币别:记账本位币☆

科目代码	科目名称	期初余额		本期发生额		期末余额	
		借方	贷方	借方	贷方	借方	贷方
1001	库存现金	5 000.00		50 100.00	50 000.00	5 100.00	
1002	银行存款	250 000.00		624 280.00	424 121.75	450 158.25	
1121	应收票据	8 000.00		11 700.00		19 700.00	
1122	应收账款	3 000.00		71 000.00		74 000.00	
1123	预付账款			26 400.00	32 909.00		6 509.00
1221	其他应收款	8 000.00			600.00	7 400.00	
1402	在途物资			133 700.00	84 600.00	49 100.00	
1403	原材料	140 000.00		124 400.00	116 390.00	148 010.00	
1405	库存商品	48 000.00		117 390.00	71 929.00	93 461.00	
1601	固定资产	1 600 000.00		106 680.00		1 706 680.00	

续表

科目代码	科目名称	期初余额		本期发生额		期末余额	
		借方	贷方	借方	贷方	借方	贷方
1602	累计折旧		200 000.00		9 000.00		209 000.00
1604	在建工程			28 320.00	28 320.00		
2001	短期借款				60 000.00		60 000.00
2201	应付票据		10 000.00		10 830.00		20 830.00
2202	应付账款		60 000.00	13 504.00	13 504.00		60 000.00
2203	预收账款			35 100.00	30 000.00	5 100.00	
2211	应付职工薪酬		12 000.00	50 000.00	41 100.00		3 100.00
2221	应交税费		50 000.00	54 280.75	57 997.75		53 717.00
2231	应付利息				400.00		400.00
2232	应付股利			150 000.00	150 000.00		
2241	其他应付款				1 000.00		1 000.00
2501	长期借款				80 000.00		80 000.00
4001	实收资本		1 000 000.00		410 000.00		1 410 000.00
4101	盈余公积		30 000.00		7 415.33		37 415.33
4103	本年利润			189 000.00	189 000.00		
4104	利润分配		700 000.00	157 415.33	74 153.25		616 737.92
5001	生产成本			117 390.00	117 390.00		
5101	制造费用			14 800.00	14 800.00		
6001	主营业务收入			184 000.00	184 000.00		
6301	营业外收入			5 000.00	5 000.00		
6401	主营业务成本			71 929.00	71 929.00		
6403	营业税金及附加			2 000.00	2 000.00		
6601	销售费用			1 000.00	1 000.00		
6602	管理费用			10 400.00	10 400.00		
6603	财务费用			400.00	400.00		
6711	营业外支出			4 400.00	4 400.00		
6801	所得税费用			24 717.75	24 717.75		
	合　计	2 062 000.00	2 062 000.00	2 364 346.83	2 364 346.83	2 558 709.25	2 558 709.25

六、编制会计报表

月末，根据编制的“全部总分类科目和所属明细分类科目余额表”编制资产负债表、利润表和现金流量表，其内容分别如表 10－70、表 10－71 和表 10－72 所示。

表 10－70　资产负债表

编制单位：宏达公司　　　　2008 年 12 月 31 日　　　　单位：元

资　产	行次	年初数	期末数	负债及所有者权益	行次	年初数	期末数
流动资产：				流动负债：			
货币资金	1	255 000.00	455 258.25	短期借款	32		60 000.00
交易性金融资产	2			应付票据	34	10 000.00	20 830.00
应收票据	3	8 000.00	19 700.00	应付账款	35	70 000.00	76 509.00
应收账款	4	8 000.00	84 100.00	预收账款	36	5 000.00	5 000.00
预付账款	5	10 000.00	10 000.00	应付职工薪酬	37	12 000.00	3 100.00
应收利息	6			应交税费	38	50 000.00	53 717.00
应收股利	7			应付利息	39		400.00
其他应收款	8	8 000.00	7 400.00	应付股利	40		
存货	9	188 000.00	290 571.00	其他应付款	41		1 000.00
其他流动资产	11			流动负债合计	44	147 000.00	220 556.00
流动资产合计	12	477 000.00	867 029.25	非流动负债：			
非流动资产：				长期借款	45		80 000.00
可供出售金融资产	13			应付债券	46		
持有至到期投资	14			非流动负债合计	52		80 000.00
长期应收款	15			负债合计	53	147 000.00	308 036.00
长期股权投资	16			所有者权益：			
投资性房地产	17			实收资本	54	1 000 000.00	1 410 000.00
固定资产	18	1 400 000.00	1 497 680.00	资本公积	55		
在建工程	19			盈余公积	57	30 000.00	37 415.33
				未分配利润	58	700 000.00	616 737.92
				所有者权益合计	59	1 730 000.00	2 064 153.25
资产总计	31	1 877 000.00	2 364 709.25	负债和所有者权益总计	60	1 877 000.00	2 364 709.25

表 10－71　利润表

编制单位:宏达公司　　2008 年 12 月　　单位:元

项　目	行　次	本月数	本年累计数
一、营业收入	1	184 000.00	184 000.00
减:营业成本	2	71 929.00	71 929.00
营业税金及附加	3	2 000.00	2 000.00
销售费用	4	1 000.00	1 000.00
管理费用	5	10 400.00	10 400.00
财务费用	6	400.00	400.00
二、营业利润(亏损以“－”号填列)	7	98 271.00	98 271.00
加:营业外收入	8	5 000.00	5 000.00
减:营业外支出	9	4 400.00	4 400.00
三、利润总额(亏损总额以“－”号填列)	10	98 871.00	98 871.00
减:所得税费用	11	24 717.75	24 717.75
四、净利润(净亏损以“－”号填列)	12	74 153.25	74 153.25

表 10－72　现金流量表

编制单位:宏达公司　　2008 年 12 月 31 日　　单位:元

项　　目	行次	金额
一、经营活动产生的现金流量		
销售商品、提供劳务收到的现金	1	128 280.00
收到的税费返还	2	
收到的其他与经营活动有关的现金	3	6 100.00
经营活动现金流入小计	4	134 380.00
购买商品、接受劳务支付的现金	5	138 444.00
支付给职工以及为职工支付的现金	6	50 000.00
支付的各项税费	7	32 197.25
支付的其他与经营活动有关的现金	8	4 300.00
经营活动现金流出小计	9	209 981.75
经营活动产生现金净额	10	－75 601.75

续表

项　　目	行次	金额
二、投资活动产生的现金流量		
收回投资所收到的现金	11	
取得投资收益所收到的现金	12	
处置固定资产、无形资产和其他长期资产而收回的现金净额	13	
处置子公司及其他营业单位收到的现金净额	14	
收到的其他与投资活动有关的现金	15	
投资活动现金流入小计	16	
购建固定资产、无形资产和其他长期投资所支付的现金	17	52 260.00
投资所支付的现金	18	
取得子公司及其他营业单位支付的现金净额	19	
支付的其他与投资活动有关的现金	20	
投资活动现金流出小计	21	52 260.00
投资活动产生现金净额	22	-52 260.00
三、筹资活动产生的现金流量		
吸收投资所收到的现金	23	350 000.00
取得借款所收到的现金	24	140 000.00
收到的其他与筹资活动有关的现金	25	
筹资活动现金流入小计	26	490 000.00
偿还债务所支付的现金	27	
分配股利、利润或偿付利息所支付的现金	28	150 000.00
支付的其他与筹资活动有关的现金	29	4 400.00
筹资活动现金流出小计	30	154 400.00
筹资活动产生现金净额	31	335 600.00
四、汇率变动产生的现金流量	32	
五、现金及现金等价物净增加额	33	207 738.25
加:期初现金及现金等价物余额	34	255 000.00
六、期末现金及现金等价物余额	35	462 738.25

续表

项　　目	行次	金额
补充资料	行次	金额
1. 将净利润调节为经营活动现金流量:		
净利润	36	74 153.25
加:资产减值准备	37	
固定资产折旧、油气资产折耗、生产性生物资产折旧	38	
无形资产摊销	39	
长期待摊费用摊销	40	
处置固定资产、无形资产和其他长期资产的损失(收益以"-"号填列)	41	
固定资产报废损失(收益以"-"号填列)	42	
公允价值变动损失(收益以"-"号填列)	43	
财务费用(收益以"-"号填列)	44	
投资损失(收益以"-"号填列)	45	
递延所得税资产减少(增加以"-"号填列)	46	
递延所得税负债增加(减少以"-"号填列)	47	
存货的减少(增加以"-"号填列)	48	
经营性应收项目的减少(增加以"-"号填列)	49	
经营性应付项目的增加(减少以"-"号填列)	50	
其他	51	
经营活动产生的现金流量净额	52	74 153.25
2. 不涉及现金收支的重大投资和筹资活动:		
3. 现金及现金等价物净变动情况:		
现金的期末余额	53	462 738.25
减:现金的期初余额	54	255 000.00
现金及现金等价物净增加额	55	207 738.25

单位负责人:(签章)　　财会负责人:(签章)　　复核:(签章)　　制表:(签章)

复习思考题

1. 什么是会计核算形式?
2. 合理组织会计核算形式的意义是什么?
3. 合理组织会计核算形式的要求是什么?
4. 会计核算形式有哪几种?
5. 试述记账凭证核算形式的特点、一般程序、优缺点及适用范围。
6. 试述科目汇总表核算形式的特点、一般程序、优缺点及适用范围。
7. 如何编制科目汇总表?
8. 试述汇总记账凭证核算形式的特点、一般程序、优缺点及适用范围。
9. 如何编制汇总收款、汇总付款和汇总转账凭证?
10. 试述日记总账核算形式的特点、一般程序、优缺点及适用范围。
11. 试述多栏式日记账核算形式的特点、一般程序、优缺点及适用范围。
12. 试述通用日记账核算形式的特点、一般程序、优缺点及适用范围。

业务操作题

【练习一】

目的:练习“科目汇总表账务处理程序”

资料:本章最后的附录

要求:根据附录的资料采用“科目汇总表账务处理程序”进行会计核算。

【练习二】

目的:练习“汇总记账凭证账务处理程序”

资料:本章最后的附录

要求:根据附录的资料采用“汇总记账凭证账务处理程序”进行会计核算。

第十一章

会计工作的组织

【内容简介】

本章主要介绍会计工作组织的要求、会计法规体系和会计档案等。

【学习精要】

会计工作组织就是为了保证合理、有效地开展会计工作，根据会计工作的特点，制定会计法规制度，设置会计机构，并配备会计工作人员。

会计法规和制度是组织会计工作必须遵守的规范。

会计机构是直接从事和组织领导会计的职能部门。

为了使每个单位会计工作得以正常发展，必须配备适当的会计人员。

会计档案是会计凭证、会计账簿和会计报表等会计核算专业材料，是记录和反映经济业务的重要资料和证据。

会计电算化是在会计工作中利用电子计算来代替手工操作，实现数据处理的自动化。

【重要概念】

会计法规　会计稽查　会计档案　会计电算化

第一节　组织会计工作的意义

会计工作的组织就是根据会计工作的特点，制定会计法规制度，设置会计机构,配备会计人员,以保证合理有效地进行会计工作。合理组织会计工作的意义可以归纳为以下几个方面。

一、有利于保证会计工作的质量,提高会计工作的效率

会计反映的对象是企业和行政事业单位的资金运动及相关的财务收支活动,会计要将这些信息反映在凭证、账簿和报表中,必须对企业的资金运动、财务收支活动连续地进行收集、记录、分类、汇总和分析,这都需要一连串的数字计算,需要一系列的程序和手续,如果没有专职的机构和办事人员,没有一套工作制度和办事程序,就不能把会计工作科学地组织起来,不能很好地完成会计的任务。因此,只有建立、健全会计机构,配备合格的会计人员和不断完善会计法规体系,才能保障会计工作的质量,提高会计工作的效率。

二、有利于确保会计工作与其他经济管理工作协调一致

会计工作既独立于其他经济管理工作,又同它们存在着密切的联系。例如,会计工作与国家财政、税务、金融等工作,与单位内部计划、统计、内部审计等工作,都有着密切的联系。合理地组织会计工作,才能使会计工作同其他经济管理工作相互协调、密切配合,彼此在强化科学管理、提高经济效益等方面相互补充、促进。

三、有利于加强单位内部的经济责任制

经济责任制是各单位加强内部经济管理的重要手段。实行内部经济责任制离不开会计,比如科学地经济预测、正确地经营决策以及业绩评价考核等,都需要会计工作的支持。科学地组织会计工作、建立健全内部会计管理制度,可以促使单位内部及有关部门管好用好资金、增收节支、提高管理水平和经济效益、促进内部经济责任制水平的提高。

四、有利于贯彻执行国家的方针、政策和法令、制度

科学、合理地组织会计工作,发挥会计的职能作用,有利于贯彻执行国家的方针、政策和法令、制度,并维护财经纪律,建立良好的社会经济秩序。

第二节　会计机构

会计工作是一项复杂细致而又要求严密的工作。为了有组织、有引导地进

行会计工作,建立起正常的会计工作秩序,充分发挥财会人员的主动性、积极性,各个企业和行政事业单位都要设置会计工作的专职机构。

一、设置会计机构的必要性

会计机构是直接从事组织领导会计工作的职能部门。《会计基础工作规范》第六条规定:“各单位应当根据会计业务的需要设置会计机构;不具备单独设置会计机构条件的,应当在有关机构中配备专职会计人员。”“设置会计机构,应当配备会计机构负责人;在有关机构中配备专职会计人员,应当在专职会计人员中指定会计主管人员。”

会计机构的设置是否合理,职责分工是否明确,对于能否顺利地开展会计工作有着重要的影响。一个企业或行政事业单位如果没有一个强有力、高效率的会计机构,就不可能有条不紊地完成会计工作的各项任务,企业和行政事业领导也就在管理工作方面失去了一个有力的助手和参谋。由此可见,建立健全会计机构,是加强会计工作、保证会计工作顺利进行的重要条件。因此,《中华人民共和国会计法》第三十六条作了明确的规定:“各单位应当根据会计业务的需要,设置会计机构,或者在有关机构中设置会计人员并指定会计主管人员。”

二、会计机构的设置

会计机构是直接从事和组织领导会计工作的职能部门。建立和健全会计机构是保证会计工作正常进行、充分发挥会计管理作用的重要条件。

各企业、事业和行政机关等单位一般都应单独设置会计机构。在一些规模小、会计业务简单的单位,如果不单独设置会计机构,就应在有关机构中设置会计人员并指定会计主管人员,以保证会计工作的正常进行。在一些规模大、会计业务复杂且工作量大的单位,可根据统一领导、分级管理的原则,在单位内部设置各级、各部门会计组织,它们可以根据会计业务量的多少,单独设置会计机构或设会计人员。

基层单位的会计机构一般称为会计处、科、股、组等。各单位的会计机构,在宏观上要接受上级管理机构、国家财政税务和审计等部门的指导和监督,并按规定向它们报送会计报表;在单位内部,要在行政领导人的领导下开展会计工作,在设置总会计师的单位,其会计机构由总会计师直接领导。

三、会计机构的岗位责任制

会计机构的岗位责任制就是在会计机构内部,按照会计工作的内容和会计人员的配备情况,将会计机构的工作划分为若干个岗位,并为每个岗位规定职责和要求的责任制度。各单位应本着有利于加强会计管理,改进工作作风,提高工作效率,以及有利于分清职责、严明纪律、考核干部的要求,建立健全会计机构的岗位责任制。

各单位建立会计机构的岗位责任制,要从本单位会计业务量和会计人员配备的实际情况出发,按照效益和精简的原则划分工作岗位。会计人员的工作岗位一般分为:会计主管、出纳、财产物资核算、工资核算、成本费用核算、收入利润核算、资金核算、往来结算、总账报表、稽查等。这些岗位可以一人一岗、一人多岗或一岗多人,各单位可以根据自身特点具体确定。为贯彻内部牵制原则,出纳人员不得兼管稽核、会计档案保管及收入、费用、债权、债务账目的登记工作。在较大规模的单位中,会计业务量大、会计人员较多,会计机构内部可以按经济业务的类别划分岗位,设立若干职能组,分别负责各项业务工作,如综合会计组、财务结算组、固定资产会计组、材料会计组、成本会计组、销售和利润会计组、资金会计组等,并按分管的业务明确职责要求。

各个岗位上的会计人员在完成本职工作的同时,要与其他岗位上的会计人员密切配合、互相协作,共同做好本单位的会计工作。实行会计人员岗位责任制并不是要求会计人员长期固定在某一工作岗位上,会计人员之间的分工应该有计划地轮换,以使会计人员能够比较全面地了解和熟悉各项会计工作,提高业务水平。

第三节　会计人员

与会计工作要求相适应、合理配备具有一定素质和数量的会计人员,是做好会计工作、充分发挥会计职能作用的重要保证。

一、会计人员的职责

为了提高会计人员的工作效率,避免因工作职责界限不明而引发的会计工作低效和会计监督管理弱化现象的出现,必须明确会计人员职责范围。根据会计法规、制度的规定,会计部门和会计人员的职责主要包括以下内容。

(一)进行会计核算

进行会计核算是会计人员的首要职责,就是按照会计法规、制度的规定,认真填制和审核会计凭证,登记账簿,记录各种财产物资的增减变动及使用情况,正确地计算各种收入、支出、成本、费用、财务成果，按期结算，核对账目，进行财产清查，编制报表，如实反映财务状况、经营成果和现金流量，保证会计数字真实、准确、完整，为国家宏观经济管理、投资者、债权人和企业内部经济管理者提供真实可靠的会计信息。

（二）实行会计监督

实行会计监督即通过会计工作对本单位的各项经济业务和会计手续的合法性、合理性、有效性或预算执行情况的监督。对不真实、不合法的原始凭证，不予受理；对记载不准确、不完整的原始凭证予以退回，要求按照国家统一会计制度的规定更正、补充；对违法收支，不予办理；发现账簿记录与实物、款项不符时，应当按照有关规定进行处理，无权自行处理的，应当向本单位领导报告。此外，各单位必须依照法律和法规，接受财政、审计、税务机关的监督，如实提供会计凭证、账簿、报表等会计资料和有关情况，不得拒绝、隐匿、谎报。

（三）拟定本单位办理会计事务的具体办法

拟定本单位办理会计事务的具体办法即根据国家的会计法规、制度、财政经济的方针、政策及上级机关的有关规定，结合本单位的具体情况，拟定本单位会计工作必须遵循的要求和办理会计事务的具体办法，如会计人员岗位责任制度、内部稽核制度、财产清查制度和成本计算办法，等等。

（四）编制预算和财务计划，并考核、分析其执行情况

会计部门应负责编制财务计划和预算，并考核、分析其执行情况，揭示执行中的问题，查明原因，提出改进的措施和建议。

会计人员还应积极参与本单位经济计划和业务计划的拟定工作，运用本身掌握的资料和专业知识，对这些计划的制订提出改进建议和措施，促使有关部门改进经营管理、增收节支、杜绝浪费，充分发挥会计参与管理的职能作用。

（五）办理其他会计事项

其他会计事项指上述各项尚未包括的其他会计业务。比如，协助本单位内部其他管理部门做好管理的基础工作，提供关于改制、合并、分立等方面有关的会计信息，举办单位管理人员财务知识的培训等。

二、会计人员的主要权限

第一，会计人员有权要求本单位有关部门、人员严格遵守国家财经纪律和法规制度；认真执行本单位的计划、预算，对于内部有关部门违法国家法规的情况，会计人员有权拒绝付款、拒绝报销或拒绝执行，并及时向本单位领导或上级有关

部门报告。

第二，会计人员有权参与本单位编制计划、制定定额、对外签订经济合同，参与有关的生产、经营管理会议和业务会议；有权了解企业的生产经营情况，并提出自己的建议。

第三，会计人员有权监督、检查本单位有关部门的财务收支、资金使用和财产保管、收发、计量、检验等情况。

三、会计人员的任免和奖惩

（一）会计人员的任职资格

会计人员的任职资格是对会计工作各级岗位人员业务素质的基本规定。对不同层次的会计人员，任职资格要求不同。分述如下。

1. 会计人员从业资格。一般从事会计工作的人员必须取得会计从业资格证书，简称会计证。会计证是证明能够从事会计工作的合法凭证，也就是进入会计岗位的“准入证”。未取得会计证的人员，不得从事会计工作。

2. 会计机构负责人、会计主管人员的任职资格。设置会计机构的单位，应当配备会计机构负责人；在有关机构中配备专职人员的，应当在专职人员中指定会计主管人员。

会计机构负责人和会计主管人员，是指企业任用的组织和领导会计机构依法进行会计核算、实行会计监督的中层管理人员。由于他们的素质状况直接关系到本单位会计工作的水平，因此，必须具备规定的任职资格和任职条件。

(1)会计机构负责人和会计主管人员必须遵纪守法，坚持原则，廉洁奉公，具备良好的职业道德。

(2)会计机构负责人和会计主管人员应当取得会计从业资格证，并具备会计师以上专业技术职务资格或者具有从事会计工作 3 年以上的经历。

(3)会计机构负责人和会计主管人员要熟悉国家财经法律、法规、制度；掌握财务会计理论及本行业业务的管理知识；同时，还必须具备一定的领导才能和组织能力，并有较好的身体状况，以适应和胜任本职工作。

3. 总会计师的任职资格。总会计师是单位行政领导成员，协助单位主要行政领导工作，直接对单位主要行政领导负责。根据《会计法》的规定，国有的和国有资产占控股地位或者主导地位的大、中型企业必须设置总会计师，体现了国家对这类企业管理上的特殊要求。

按照《总会计师条例》的规定，担任总会计师，应当具备以下条件：

(1)坚持社会主义方向，积极为社会主义市场经济建设和改革开放服务。

(2)坚持原则、廉洁奉公。

(3)取得会计师以上专业技术资格后，主管一个单位或者单位内部一个重要方面的财务会计工作的时间不少于3年。

(4)要有较高的理论政策水平，熟悉国家财经纪律、法规、方针和政策，掌握现代化管理的有关知识。

(5)具备本行业的基本业务知识，熟悉行业情况，有较强的组织领导能力等。

(二)会计专业职务

为了充分调动会计人员的积极性和创造性，国家实行了会计人员专业技术职务制度。会计专业技术职务分别定为：高级会计师、会计师、助理会计师、会计员。各级会计专业职务的基本要求如下。

1. 会计员。会计员应初步掌握财务会计知识和技能，熟悉并能执行有关会计法规和财务会计制度，能担负一个岗位的财务会计工作，具有规定学历。

2. 助理会计师。助理会计师应掌握一般的财务会计理论和专业知识，熟悉并能执行有关财经方针、政策和财务会计法规、制度，能担负一个方面或某个重要岗位的财务会计工作，具有规定学历和专业经历。

3. 会计师。会计师应较系统地掌握财务会计基础理论和专业知识，掌握并能贯彻执行有关的财经方针、政策和财务会计法规、制度，具有一定的财务会计工作经验，能担负一个单位或管理一个地区、一个部门、一个系统某个方面的财务会计工作，具备规定学历和专业工作经历。

4. 高级会计师。高级会计师应较系统地掌握经济、财务会计理论和专业知识，具有较高的政策水平和丰富的财务会计工作经验，能担负一个地区、一个部门、一个系统的财务会计管理工作，具有规定学历和工作经历。

会计人员除应当具备上述必要的专业知识和专业技能外，国家法规还规定：会计人员应当按照国家有关规定参加会计业务的培训；各单位应当合理安排会计人员培训，保证会计人员每年有一定时间用于学习和参加培训。

(三)会计人员的奖惩

会计人员依法进行会计核算、实行会计监督是法律赋予会计人员的一项职责。对于忠于职守、坚持原则、做出显著成绩的会计人员，应给予一定的精神或物质奖励；对于不宜担任会计工作的有关人员，上级主管单位应当责成所在单位予以撤职或免职；对于提供虚假财务报告，做假账，隐匿或者故意销毁会计凭证、会计账簿、财务报告，贪污、挪用公款，职务侵占等与会计职务有关的会计人员应依法追究其刑事责任，不得取得或者重新取得会计资格证书。

四、会计人员的职业道德

会计人员的职业道德是指会计人员在职业活动中应遵循的、体现会计职业特征的、调整会计职业关系的职业行为准则和规范。

会计是以提供会计信息为主的经济管理活动。其工作质量的好坏直接影响着经营者、投资者和社会公众的利益，进而影响着整个社会的经济秩序。会计人员在提供会计信息的过程中，除了必须将本职工作置于法律、法规的约束和规范下，还必须具备与其职能相适应的职业道德水准。根据我国会计工作、会计人员的实际情况，我国会计人员职业道德规范主要包括如下内容。

（一）爱岗敬业

爱岗就是会计人员热爱本职工作，安心本职岗位，并为做好本职工作尽心尽力。敬业是指人们对其所从事的会计职业或行业的正确认识和恭敬态度，并用这种严肃恭敬的态度，认真对待本职工作，将身心与本职工作融为一体。

（二）诚实守信

诚实守信是指会计人员要实事求是，严格按照会计准则、会计制度进行记账、算账、报账，做到手续完备、账目清楚、数字准确，不伪造账目，不弄虚作假，如实反映企业经济业务的事项。同时，还要依法保守本单位的商业机密，除法律规定和单位领导人同意外，不能私自向外界提供或者泄露本单位的会计信息。

（三）廉洁自律

会计人员必须加强世界观的改造，树立正确的人生观和价值观，严格划分公私界限，做到不贪、不沾、不收礼、不同流合污，正确处理会计职业权利与职业义务的关系，增强抵制行业不正之风的能力。

（四）客观公正

客观是指会计人员开展会计工作时，要以客观事实为依据，真实地记录和反映实际经济业务事项，会计核算要准确，记录要可靠，凭证要合法。公正是指制定与实施会计法规制度、履行会计职能时，要做到公平公正、不偏不倚，维护会计主体和社会公众的利益。

（五）坚持准则

坚持准则要求会计人员在处理经济业务的过程中，不为主观或他人意志左右，严格按照会计法律、国家统一的会计制度以及与会计工作相关的法律制度办事，确保会计信息的真实、完整，维护国家利益、社会公众利益和正常的经济秩序。

（六）提高技能

提高技能，要求会计人员通过学习、培训和实践等途径，不断提高会计理论水平、会计实务能力、职业判断能力、自动更新知识的能力、提供会计信息能力、沟通交流能力以及职业经验。运用所掌握的知识、技能和经验，开展会计工作，履行会计职责，以适应深化会计改革和会计国际化的需要。

（七）参与管理

参与管理，要求会计人员不能消极被动地局限于记账、算账和报账，要树立参与管理的意识，经常主动地向领导反映经济管理活动中的情况和存在的问题，主动提供合理化建议、协助领导决策、参与经营管理活动，做好领导的参谋。

（八）强化服务

强化服务，要求会计人员具有文明的服务态度、强烈的服务意识和优良的服务质量。会计人员必须端正服务态度，做到讲文明、讲礼貌、讲信誉、讲诚实、坚持准则，提高会计行业的声誉和全行业的运作效率。强化服务的关键是提高服务质量，要求会计人员真实、客观地记账、算账和报账，积极主动地向上级反映经营活动情况和存在的问题，提出合理化建议，协助领导决策，参与经营管理活动。

五、会计人员的工作交接

会计人员因工作调动或其他原因离职，必须与接管人员办理交接手续，这样可以使会计工作前后衔接，防止账目不清、财务混乱，同时也有利于加强财务会计管理，分清移交人员和接管人员的责任。

会计人员在办理会计工作交接前，对已经受理的经济业务尚未填制会计凭证的，应当填制完毕；尚未登记的账目，应当登记完毕；整理好应移交的各项资料，对未了事项和遗留问题要写出书面说明材料；编制移交清册，列明应该移交的内容。实行电算化的单位还应在移交清册中列明会计软件和密码等内容。

会计人员工作交接最重要的环节是移交和监交。移交人员离职前，必须将本人经管的会计工作在规定的期限内全部向接替人员移交清楚。接替人员应认真按照移交清册逐项点收。会计人员在办理交接手续时，必须有人监交，以起督促、公正作用。对监交的具体要求是：一般会计人员办理交接手续，由会计机构负责人、会计主管人员监交；会计机构负责人、会计主管人员办理交接手续，由单位负责人监交，必要时主管单位可以派人会同监交。

会计工作交接完毕后，交接双方和监交人要在移交清册上签名盖章，并对移交清册妥善保管；接管人员应继续使用移交前的账簿，不得擅自另立账簿，以保证会计记录前后衔接、内容完整。

第四节　会计法规制度

一、会计法规体系

会计的法规和制度是组织和从事会计工作必须遵守的规范，是经济法规、制度的重要组成部分。制定和执行会计法规和制度，可以保证会计工作贯彻执行国家有关的财经方针、政策，保证会计工作沿着社会主义市场经济方向正确进行；可以使其提供的会计资料和会计信息真实、及时，更好地满足各个方面的需要，更圆满地完成会计的任务。

会计法规体系是指由调整会计活动中发生的社会关系的各种法律规范所形成的有机联系的统一整体，包括会计法规、会计行政法规、会计部门规章和地方性会计法规四个部分。

我国企业会计法规制度，是一个以《中华人民共和国会计法》为中心形成的较为完备的会计法规体系。其中包括《会计法》、《企业会计准则》和《企业会计制度》等会计核算方面的法规制度。

二、会计法律

会计法律是指由国家最高权力机关——全国人民代表大会及其常务委员会制定的会计法律规范。《会计法》是我国会计工作的基本法，也是我国进行会计工作的基本依据。它在我国会计法规体系中居于最高地位。

《会计法》于1985年1月21日第六届全国人民代表大会常务委员会第九次会议通过。1999年10月31日第九届全国人民代表大会常务委员会第十二次会议第二次修订，共七章五十二条，主要对会计核算、会计监督、会计机构和会计人员、法律责任作出了规定。新修订的《会计法》自2000年7月1日起执行。会计法是适应经济管理需要和经济体制改革要求的一项重要经济立法，是新中国成立以来会计工作经验和会计理论研究成果的集中体现，是会计工作的准绳、依据和总章程。

三、会计行政法规

会计行政法规是由国家最高行政机关——国务院制定的会计法律规范。会计行政法规根据会计法律制定，是对会计法律的具体化或某方面的补充。

我国现行的会计法规中,属于会计行政法规的有《企业财务会计报告条例》、《总会计师条例》、《国家统一会计核算制度》等。

《企业财务会计报告条例》是国务院于2000年6月21日发布的,自2001年1月1日起实施,共六章四十六条,主要对企业财务会计报告的构成、编制,对外提供和法律责任等作出了规定。《总会计师条例》是国务院于1990年12月31日发布的,共五章,主要对总会计师的职责以及总会计师的权限、任免与奖惩等作出了规定。

四、会计部门规章

会计部门规章是指国家主管会计工作的行政部门——财政部以及其他相关部委制定的会计方面的法律规范,制定会计部门规章必须依据会计法律和会计行政法规的规定,如会计监督制度、会计机构和会计人员管理制度、会计基础工作规范、会计档案管理办法等。

(一)国家统一的会计核算制度

1. 企业会计准则。2006年2月15日,财政部发布了新会计准则,包括1项基本准则、38项具体准则。新会计准则分为三个层次:第一层次为基本准则;第二层次为具体会计准则;第三层次为具体会计准则的应用指南。企业会计准则是我国企业会计核算工作的基本规范,它以《会计法》为指导,同时又统驭企业会计制度,是我国会计制度制定的依据。

(1)基本会计准则。经国务院批准,由财政部长签署发布的《企业会计准则》,是为适应我国社会主义市场经济发展的需要,统一会计核算标准,保证会计信息质量,根据《中华人民共和国会计法》制定的企业基本会计准则。基本会计准则内容广泛,涉及会计核算的各个方面,主要包括四方面内容:①关于会计核算基本前提的规定;②关于会计核算一般原则的规定;③关于会计要素准则的规定;④关于财务会计报告体系的规定。

(2)具体会计准则。具体会计准则是根据基本会计准则的要求,就会计核算业务作出的规定。具体会计准则按照内容分为共同性业务会计准则、会计报表准则、特殊行业和特殊业务会计准则三类:①共同性业务会计准则主要对各行业会计核算中共同的基本业务的会计处理作出规定,如固定资产折旧会计、存货会计、成本计算、收入确认、应收账款会计等。②会计报表准则主要就各种会计报表(如资产负债表、利润表、现金流量表、合并会计报表等)反映的内容、列示方法和报表的格式等作出规定。③特殊行业和特殊业务会计准则主要就一些特殊业务、特殊业务的会计核算方法作出规定。

新会计准则自2007年1月1日起在上市公司率先施行，同时，鼓励其他企业执行。

2. 非企业会计准则。非企业会计准则是指企业之外的其他单位适用的会计准则，如《事业单位会计准则（试行）》等。

3. 企业会计制度。企业会计制度是指直接指导各个企业办理会计业务、实施会计核算的重要规范，是从事生产经营业务并以赢利为目的的企业法人进行会计核算的规范。2000年12月29日，财政部以财会〔2000〕25号文件的形式发布了《关于印发〈企业会计制度〉的通知》，正式颁发了《企业会计制度》，适用于"除了不对外筹集资金、经营规模较小的企业，以及金融保险企业以外，在中华人民共和国境内设立的企业（含公司，下同）"。《企业会计制度》包括两大部分：一是《企业会计制度》正文；二是《企业会计制度——会计科目和会计报表》。

财政部于2001年11月27日发布了《金融企业会计制度》，并于2002年1月1日起在上市的金融公司范围内实施，同时鼓励其他股份制金融公司实施。2004年4月27日财政部发布了《小企业会计制度》，并于2005年1月1日起在小企业范围内执行。

4. 非企业会计制度。非企业会计制度是指企业之外的其他单位适用的会计制度，如《事业单位会计制度》、《行政单位会计制度》、《财政总预算会计制度》及《民间非营利组织会计制度》等。

（二）国家统一的会计监督制度

国家统一的会计监督制度是在会计部门规章中有关会计监督的制定，如《会计基础工作规范》中对会计监督的规定等。

（三）国家统一的会计机构和会计人员管理制度

国家统一的会计机构和会计人员管理制度主要包括《会计从业资格管理办法》、《会计人员继续教育暂行规定》等。

（四）国家统一的会计工作管理制度

国家统一的会计工作管理制度主要包括《会计档案管理办法》、《会计电算化管理办法》、《代理记账管理暂行办法》等。

五、地方性会计法规

会计法规体系除了上述三个层次外，各省、自治区、直辖市也可以根据会计法律、会计行政法规和会计部门规章的规定，结合本地区的实际情况，制定一些在本行政区域之内实施的地方性会计法规。

第五节　会计档案

一、会计档案的概念及作用

（一）会计档案的概念

会计档案是指会计凭证、会计账簿和财务报告等会计核算专业材料，是记录和反映单位经济业务的重要史料和证据。具体包括以下几类。

1. 会计凭证类，包括原始凭证、记账凭证、汇总凭证、其他会计凭证。

2. 会计账簿类，包括总账、明细账、日记账、固定资产卡片、辅助账簿、其他会计账簿。

3. 财务会计报告类，包括月度、季度、年度财务报告（包括财务报表、附表、附注及文字说明和其他财务报告）。

4. 其他类，包括银行存款余额调节表、银行对账单、其他应当保存的会计核算专业资料，会计档案移交清册、会计档案保管清册、会计档案销毁清册。

实行会计电算化的单位存贮在磁性介质上的会计数据、程序文件及其他会计核算资料均应视同会计档案一并管理。

（二）会计档案的作用

会计档案是会计活动的产物，是记录和反映经济活动的重要史料和证据，其重要作用表现在以下方面。

1. 会计档案是总结经验、揭露责任事故、打击经济领域犯罪、分析和判断事故原因的重要依据和证据。

2. 利用会计档案提供的过去经济活动的史料，有助于各单位进行经济前景的预测、进行经营决策，编制财务、成本计划。

3. 利用会计档案资料，可以为解决经济纠纷、处理遗留的经济事务提供依据。

此外，会计档案在经济科学的研究活动中发挥着重要史料价值的作用。

二、会计档案的归档要求

为了加强会计档案的科学管理，统一全国会计档案制度，做好会计档案工作，财政部和国家档案局联合制定和颁布了《会计档案管理办法》，统一规定了会计档案的立卷、归档、保管、调动和销毁等具体规定，各单位应按国家统一规定，建立健全管理制度和使用办法。大中型企业应建立会计档案，小型企业应有会计档案柜并指定专人负责。

各单位每年形成的会计档案，都应由财务会计部门按照归档的要求整理、立卷并装订成册，编制会计档案保管清册；当年的会计档案，要在会计年度终了后，由本单位财会部门保管一年，期满后，应由会计机构编制移交清册，移交本单位档案机构统一保管；未设立档案机构的，应当在会计机构内部指定专人保管，但出纳人员不得兼管会计档案。移交本单位档案机构保管的会计档案，原则上应当保持原卷册的封装。个别需要拆封重新整理的，档案机构应当同会计机构的经办人员共同拆封整理，以分清责任。

会计档案应分类保存，并建立相应的分类目录或卡片，随时进行登记，要严格执行安全保密制度，不得随意销毁、散失和失密。按照《会计档案管理办法》的规定，年度财务会计报告、会计档案保管清册、会计档案销毁清册要永久保存，各种会计凭证至少要保存 15 年，各种会计账簿一般至少保存 15 年。其中，库存现金和银行存款日记账至少要保管 25 年；固定资产卡片于固定资产报废清理后保管 5 年；月、季度财务报告（包括文字分析）要保存 3 年；会计移交清册至少保管 15 年；银行存款余额调节表和银行对账单一般要保存 5 年。企业和其他组织会计档案保管期限具体如表 11－1 所示。

表 11－1　企业和其他组织会计档案保管期限表

序　号	档　案　名　称	保管期限	备　　注
一	会计凭证类		
1	原始凭证	15 年	
2	记账凭证	15 年	
3	汇总凭证	15 年	
二	会计账簿类		
4	总账	15 年	包括日记总账
5	明细账	15 年	
6	日记账	15 年	库存现金和银行存款日记账保管 25 年
7	固定资产卡片		固定资产报废清理后保管 5 年
8	辅助账簿	15 年	
三	财务报告类		包括各级主管部门汇总财务报告
9	月、季度财务报告	3 年	包括文字分析

续表

序　号	档　案　名　称	保管期限	备　　注
10	年度财务报告(决算)	永久	包括文字分析
四	其他类		
11	会计移交清册	15 年	
12	会计档案保管清册	永久	
13	会计档案销毁清册	永久	
14	银行存款余额调节表	5 年	
15	银行存款对账单	5 年	

保管期满但未结清的债权债务原始凭证和涉及其他未了事项的原始凭证不得销毁,应当单独抽出立卷,保管到未了事项完结为止。单独抽出立卷的会计档案,应当在会计档案销毁清册和会计档案保管清册中列明。正在项目建设期间的建设单位,其保管期满的会计档案不得销毁。保管期满的其他会计档案,可以按以下程序予以销毁。

(1)由本单位档案机构会同会计机构提出销毁意见,编制会计档案销毁清册,列明销毁会计档案的名称、卷号、册数、起止年度和档案编号、应保管期限、已保管期限、销毁时间等内容。

(2)单位负责人在会计档案销毁清册上签署意见。

(3)销毁会计档案时,应当由档案机构和会计机构共同派员监销。国家机关销毁会计档案时,应当由同级财政部门、审计部门派员参加监销。财政部门销毁会计档案时,应当由同级审计部门派员参加监销。

(4)监销人在销毁会计档案时,应当按照会计档案销毁清册所列内容清点核对所要销毁的会计档案;销毁后,应当在会计档案销毁清册上签名盖章,并将监销情况报告本单位负责人。

各单位应当建立健全会计档案查阅、复制登记制度。各单位保存的会计档案不得借出。如有特殊需要,经本单位负责人批准,可以提供查阅或者复制,并办理登记手续。查阅或者复制会计档案的人员,严禁在会计档案上涂画、拆封和抽换。

单位因撤销、解散、破产或者其他原因而终止的,在终止和办理注销登记手续之前形成的会计档案,一般应当由终止单位和业务主管部门或财产所有者代管或移交有关档案馆代管。会计档案保管人员调动工作,应按照规定办理正式的交接手续。

第六节　会计电算化

一、会计电算化的意义

会计电算化，是指在会计工作中利用电子计算机来代替手工操作，实现数据处理的自动化，使传统的手工会计信息系统发展为电算化会计信息系统。会计电算化是会计发展史上的一次重大革命。实行会计电算化的重大意义主要表现在以下三个方面。

（一）有利于提高会计工作的质量和效率

由于电子计算机有极快的运算速度，会计数据的任何处理都可以由电子计算机完成，而且还能够存储运算结果及数学公式，因此其核算工作效率是手工操作无法比拟的。在手工操作情况下，对各种会计数据的计算，每运算一次都要重复操作一次。例如，对于材料采购费用、制造费用等各种共同费用的分配，每计算一次都要重复操作一次，工作量大、速度慢；而在会计电算化的情况下，可以将计算程序和计算公式存入计算机，只要输入原始数据，即可得到要求的数据。这就提高了核算工作的效率，减少了核算工作量。

（二）有利于提高企业管理工作的质量

在手工操作情况下，会计核算所提供数据的数量和时间，总是有相当的限制。例如产品成本的计算，只能提供较粗的资料，而且在下一个月的若干天以后才能提供。在实行电算化后，所有会计资料都可以按使用者的要求，通过不同分类、归并、筛选，满足不同的要求，做到有求必应。同时，电子计算机对于各种会计资料的提供，可以在极短的时间内满足各种不同的要求，做到一索即得。在手工操作下，结转与编制会计报表只能在月终进行；而在电算化条件下，只要原始数据齐全，可以每月结账，每天编制会计报表。在电算化条件下，还可以减少核算工作中的技术性差错，只要输入的原始数据是正确的，以后的各个核算环节都不会发生技术性差错。

（三）有利于会计档案的保管和查阅

在电算化条件下，除了必要的原始凭证以外，各种记账凭证、账簿和报表都可以用磁带、磁盘等作为信息载体，一般企业一年的会计信息，只需一张光盘即可全部存储起来，其体积仅占一张纸质账页的空间。在查阅会计档案时，盘片中外存的信息,可以立即通过计算机查阅任何数据。

二、会计电算化下的账务处理

会计电算化下的账务处理要以会计业务为主,既要考虑计算机对其进行的数据管理,又要考虑会计人员对其使用的灵活性和方便性。按照财政部颁发的关于电算化软件设计的基本要求,应使账务处理在电算化之后具备这样几个特点:①要采用会计制度规定的会计科目编码方案,一级科目同新的会计科目编码严格一致。②提供的数据输入在内容上要符合会计制度的要求,凭证输入项目与手工填制凭证项目一致。③利用借贷记账法的平衡原理对所录入的凭证进行校验,使数据输入程序具备一定的错误防范功能。④经计算机登记过的记账凭证及账簿,不再提供修改功能。⑤能够按会计制度规定的格式和要求,打印输出各种账簿,并且提供必要的诸如凭证查询、总账查询、明细账查询等查询功能。⑥使系统具有安全性,对指定操作人员的使用权限实行严格的管理和控制。采用按口令进入系统和数据加密等方法,杜绝非指定人员的擅自使用。⑦在计算机发生故障或短期异常时,应有对现有数据进行保存和恢复的功能。

(一)会计科目的设置

为便于编制会计凭证、登记账簿和查阅账目,会计科目的设置应按照会计主体设计的会计制度进行。由于文字会计科目长短不一,不利于计算机识别和处理,因此,电算化下的会计科目一般实行代码化,以便于节省存储单元,提高运算速度,进行数据的分类、汇总、编表、识别和检索等数据处理活动。编码的方法有顺序码、组码和群码,或将各种编码技术结合起来使用。为了做好会计科目编码工作,在科目代码设计时,应注意以下几项原则。

1. 唯一性原则,即一个科目代码只能代表一个意思。

2. 统一性原则,即不同部门的同类经济业务科目的代码应当统一。

3. 规律性原则,即科目代码的顺序和层次应当具有一定的规律性。

4. 稳定性原则,即代码确定后不能随意打乱重编,应保持一定的稳定性。

5. 扩展性原则,即在编制代码时,应预先考虑到因社会环境的变化和内部业务发展使会计科目增减造成扩充代码的可能性,使新扩充的代码易于插入而不打乱原来编制的代码秩序。

6. 简短性原则,即在满足上述原则基础上代码位数应尽量减少,以减少输入和运算的工作量。

(二)会计凭证的设计

在会计电算化条件下,由于传统纸质凭证无法输入计算机,所以需将原始凭证转换为机器可读的媒体后输入。因此,必须合理地设置自制原始凭证,注意凭证的通用性,设计的自制原始凭证能满足各个职能部门的要求,做到一单多用。此外,所设计的凭证还应易于管理人员填写,便于计算机处理,利于传递和归档保管。电算化条件下的自制原始凭证的内容除了应具备手工会计凭证的基本项目外,还应根据计算机处理的需要,设置一些新的项目,如凭证的标志代码、会计科目代码、凭证流转路线等。

对于外来的原始凭证,由于其格式和名称目前还很难统一,因此,当企业收到有关外来原始凭证时,要将审核无误的外来原始凭证,根据企业对输入数据设计的要求和数据输入的特点,把凭证上的数据转换到确定的输入介质上,或直接通过键盘输入。

由于计算机具有准确的逻辑判断能力和按程序指令自动进行分类汇总的功能,所以只要在标准化原始凭证上标明应借、应贷的会计科目代码和金额,机器便可按照事先编好的程序,根据输入凭证上的借方、贷方会计科目代码,调用已建立好的会计账簿文件,将有关数据记入相应账簿文件中去。这样,记账凭证就可和原始凭证合而为一,做到一单两用。

对于少数经济业务不能用原始凭证来替代的记账凭证,或在过渡时间还需保留的记账凭证,则可事先通过人工编制,然后输入计算机进行处理。或者也可在注明了应借、应贷会计科目代码金额的原始凭证输入的同时,根据程序指令由计算机自动编制并打印出记账凭证,以供存档保管。

为了提高计算机识别和处理数据的速度、节省储存空间,记账凭证上的会计分录可采用会计科目代码或标准化会计业务代码编制。如,按科目代码编制分录,用业务代码反映摘要,说明经济业务代码编制,或将会计科目代码和经济业务代码合并,组成会计分录代码,以此来编制分录。记账凭证的设计,应做到易于核对分录,便于记账和保管原始凭证,便于计算机检索、分类和汇总。

(三)账簿文件的设置

根据电算化核算和管理的需要,账务处理一般应建立总账文件、明细账文件和日记账文件。由于总账需要长期使用,所以应建立磁盘文件。总账的记录数量和存取次数相对较少,一般可采用顺序文件的形式,而少数管理上需要经常调动的总账,则可建成顺序索引文件,并采用随机存取的方式。总账磁盘文件的建立,一般按一级科目设置,采用总账科目代码和期末余额建成磁盘文件方式。当经济业务发生后,利用总账磁盘文件记录的期初余额和该科目的本期发生额,算出期末余额。用期末余额更新磁盘文件的余额,并打印总账文件,以便保管。总账磁盘文件也可采用总账文件的全部信息建立磁盘文件的方式,即在总账文件中反映各科目的期初余额、本期发生额和期末余额。

由于明细账文件数量较多，业务量相对较大，因此通常采用索引顺序文件或直接文件方式；业务量较少的则可采用顺序存取方式，按照总账科目设立明细账磁盘文件，文件中按照明细科目代码设置记录，并以明细科目代码作为记录键。反之，则可采用随机存取方式。用几个一级科目组合设置明细账磁盘文件，在文件中按一组科目设置记录，以一级科目加后缀作为记录键。日记账是序时账，所以大多数采用顺序文件。

（四）账务处理程序

账务处理程序是指会计核算中证、账、表的处理过程。在电算化会计系统中，一般包括以下内容。

1. 将凭证上的原始数据输入计算机。

2. 在凭证上的数据输入计算机前，应审核经济业务是否合理合法；审核输入计算机后还应进行校验，以保证输入数据正确无误。

3. 原始数据输入后要进行排序，以便计算机处理和登记账簿。一般原始凭证可按日期、凭证号排序；原始凭证代记账凭证和人工编制的记账凭证，则要按科目代码、日期、凭证号来排序。

4. 将原始数据输入计算机后通过程序指令来处理会计科目（或在人工编制记账凭证下），确定会计分录。

5. 校验输入计算机的凭证数据，按程序指令记入账簿文件。

6. 将计算机处理后的结果按规定的财务报表形式打印输出。

复习思考题

1. 科学组织会计工作的意义是什么?
2. 企业会计机构设置的基本原则是什么?
3. 什么是内部会计管理制度?内部会计管理制度一般包括哪些内容?
4. 会计人员的主要职责是什么?主要权限是什么?
5. 对不同的会计人员的任职要求包括哪些内容?
6. 什么是会计人员的职业道德?包括哪些内容?
7. 会计法、会计准则和会计制度的基本内容是什么?
8. 我国对会计档案有哪些具体规定?

业务操作题

目的:学会分析企业会计工作中的法律问题。

资料:美地亚有限责任公司是一家中外合资经营企业,2008年度发生了以下事项:

1. 1月21日,公司接到市财政局通知,市财政局将要来公司检查会计工作情况。公司董事长兼总经理赵小刚认为,公司作为中外合资经营企业,不应受《会计法》的约束,财政部门无权来检查。

2. 3月5日,公司会计科一名档案管理人员生病临时交接工作,赵小刚委托单位出纳员李娜临时保管会计档案。

3. 4月15日,公司从外地购买了一批原材料,收到发票后,与实际支付款项进行核对时发现发票金额错误,经办人员在原始凭证上进行了更改,并加盖了自己的印章,作为报销凭证。

4. 5月2日,公司会计科科长退休。公司决定任命自参加工作以来一直从事文秘工作的办公室副主任王军为会计科科长。

5. 6月30日,公司有一批保管期满的会计档案,按规定需要进行销毁。公司档案管理部门编制了会计档案销毁清册,档案管理部门的负责人在会计档案销毁清册上签了字,并于当天销毁。

要求:根据上述情况和会计法律制度的有关规定,回答下列问题:

1. 公司董事长兼总经理赵小刚认为中外合资经营企业不受《会计法》约束的观点是否正确?
2. 该公司由出纳员临时保管会计档案的做法是否符合法律规定?为什么?
3. 该公司经办人员更改原始凭证金额的做法是否符合法律规定?为什么?
4. 该公司王军担任会计科科长是否符合法律规定?为什么?
5. 该公司销毁会计档案的做法是否符合法律规定?为什么?

附录 A
中华人民共和国会计法

中华人民共和国主席令

第二十四号

《中华人民共和国会计法》已由中华人民共和国第九届全国人民代表大会常务委员会第十二次会议于1999年10月31日修订通过，现将修订后的《中华人民共和国会计法》公布，自2000年7月1日起施行。

中华人民共和国主席　江泽民

1999年10月31日

中华人民共和国会计法

（1985年1月21日第六届全国人民代表大会常务委员会第九次会议通过 根据1993年12月29日第八届全国人民代表大会常务委员会第五次会议《关于修改〈中华人民共和国会计法〉的决定》修正 1999年10月31日第九届全国人民代表大会常务委员会第十二次会议修订）

第一章　总　　则

第一条　为了规范会计行为，保证会计资料真实、完整，加强经济管理和财务管理，提高经济效益，维护社会主义市场经济秩序，制定本法。

第二条　国家机关、社会团体、公司、企业、事业单位和其他组织（以下统称单位）必须依照本法办理会计事务。

第三条　各单位必须依法设置会计账簿，并保证其真实、完整。

第四条　单位负责人对本单位的会计工作和会计资料的真实性、完整性负责。

第五条　会计机构、会计人员依照本法规定进行会计核算，实行会计监督。

任何单位或者个人不得以任何方式授意、指使、强令会计机构、会计人员伪造、变造会计凭证、会计账簿和其他会计资料，提供虚假财务会计报告。

任何单位或者个人不得对依法履行职责、抵制违反本法规定行为的会计人员实行打击报复。

第六条　对认真执行本法、忠于职守、坚持原则、做出显著成绩的会计人员，给予精神的或者物质的奖励。

第七条　国务院财政部门主管全国的会计工作。

县级以上地方各级人民政府财政部门管理本行政区域内的会计工作。

第八条　国家实行统一的会计制度。国家统一的会计制度由国务院财政部门根据本法制定并公布。

国务院有关部门可以依照本法和国家统一的会计制度制定对会计核算和会计监督有特殊要求的行业实施国家统一的会计制度的具体办法或者补充规定，报国务院财政部门审核批准。

中国人民解放军总后勤部可以依照本法和国家统一的会计制度制定军队实施国家统一的会计制度的具体办法，报国务院财政部门备案。

第二章　会计核算

第九条　各单位必须根据实际发生的经济业务事项进行会计核算，填制会计凭证，登记会计账簿，编制财务会计报告。

任何单位不得以虚假的经济业务事项或者资料进行会计核算。

第十条　下列经济业务事项，应当办理会计手续，进行会计核算：

（一）款项和有价证券的收付；

（二）财物的收发、增减和使用；

（三）债权债务的发生和结算；

（四）资本、基金的增减；

（五）收入、支出、费用、成本的计算；

（六）财务成果的计算和处理；

（七）需要办理会计手续、进行会计核算的其他事项。

第十一条　会计年度自公历1月1日起至12月31日止。

第十二条　会计核算以人民币为记账本位币。

业务收支以人民币以外的货币为主的单位，可以选定其中一种货币作为记账本位币，但是编报的财务会计报告应当折算为人民币。

第十三条　会计凭证、会计账簿、财务会计报告和其他会计资料，必须符合国家统一的会计制度的规定。

使用电子计算机进行会计核算的，其软件及其生成的会计凭证，会计账簿、财务会计报告和其他会计资料，也必须符合国家统一的会计制度的规定。

任何单位和个人不得伪造、变造会计凭证、会计账簿及其他会计资料，不得提供虚假的财务会计报告。

第十四条　会计凭证包括原始凭证和记账凭证。

办理本法第十条所列的经济业务事项，必须填制或者取得原始凭证并及时送交会计机构。

会计机构、会计人员必须按照国家统一的会计制度的规定对原始凭证进行审核,对不真实、不合法的原始凭证有权不予接受,并向单位负责人报告;对记载不准确、不完整的原始凭证予以退回,并要求按照国家统一的会计制度的规定更正、补充。

原始凭证记载的各项内容均不得涂改;原始凭证有错误的,应当由出具单位重开或者更正,更正处应当加盖出具单位印章。原始凭证金额有错误的,应当由出具单位重开,不得在原始凭证上更正。

记账凭证应当根据经过审核的原始凭证及有关资料编制。

第十五条　会计账簿登记,必须以经过审核的会计凭证为依据,并符合有关法律、行政法规和国家统一的会计制度的规定。会计账簿包括总账、明细账、日记账和其他辅助性账簿。

会计账簿应当按照连续记号的页码顺序登记。会计账簿记录发生错误或者隔页、缺号、跳行的,应当按照国家统一的会计制度规定的方法更正,并由会计人员和会计机构负责人(会计主管人员)在更正处盖章。

使用电子计算机进行会计核算的,其会计账簿的登记、更正,应当符合国家统一的会计制度的规定。

第十六条　各单位发生的各项经济业务事项应当在依法设置的会计账簿上统一登记、核算,不得违反本法和国家统一的会计制度的规定私设会计账簿登记、核算。

第十七条　各单位应当定期将会计账簿记录与实物、款项及有关资料相互核对,保证会计账簿记录与实物及款项的实有数额相符、会计账簿记录与会计凭证的有关内容相符、会计账簿和相对应的记录相符、会计账簿记录与会计报表的有关内容相符。

第十八条　各单位采用的会计处理方法,前后各期应当一致,不得随意变更;确有必要变更的,应当按照国家统一的会计制度的规定变更,并将变更的原因、情况及影响在财务会计报告中说明。

第十九条　单位提供的担保、未决诉讼等或有事项,应当按照国家统一的会计制度的规定,在财务会计报告中予以说明。

第二十条　财务会计报告应当根据经过审核的会计账簿记录和有关资料编制,并符合本法和国家统一的会计制度关于财务会计报告的编制要求、提供对象和提供期限的规定;其他法律、行政法规另有规定的,从其规定。

财务会计报告由会计报表、会计报表附注和财务情况说明书组成,向不同的会计资料使用者提供的财务会计报告,其编制依据应当一致,有关法律、行政法规规定会计报表、会计报表附注和财务情况说明书须经注册会计师审计的,注册会计师及其所在的会计师事务所出具的审计报告应当随同财务会计报告一并提供。

第二十一条　财务会计报告应当由单位负责人和主管会计工作的负责人、会计机构负责人(会计主管人员)签名并盖章;设置总会计师的单位,还须由总会计师签名并盖章。

单位负责人应当保证财务会计报告真实、完整。

第二十二条　会计记录的文字应当使用中文。在民族自治地方,会计记录可以同时使用当地通用的一种民族文字。在中华人民共和国境内的外商投资企业、外国企业和其他外国组织的会计记录可以同时使用一种外国文字。

第二十三条　各单位对会计凭证、会计账簿、财务会计报告和其他会计资料应当建立档案，妥善保管。会计档案的保管期限和销毁办法，由国务院财政部门会同有关部门制定。

第三章　公司、企业会计核算的特别规定

第二十四条　公司、企业进行会计核算，除应当遵守本法第二章的规定外，还应当遵守本章规定。

第二十五条　公司、企业必须根据实际发生的经济业务事项，按照国家统一的会计制度的规定确认、计量和记录资产、负债、所有者权益、收入、费用、成本和利润。

第二十六条　公司、企业进行会计核算不得有下列行为：

（一）随意改变资产、负债、所有者权益的确认标准或者计量方法，虚列、多列、不列或者少列资产、负债、所有者权益；

（二）虚列或者隐瞒收入，推迟或者提前确认收入；

（三）随意改变费用、成本的确认标准或者计量方法，虚列、多列、不到或者少列费用、成本；

（四）随意调整利润的计算、分配方法，编造虚假利润或者隐瞒利润；

（五）违反国家统一的会计制度规定的其他行为。

第四章　会计监督

第二十七条　各单位应当建立、健全本单位内部会计监督制度。单位内部会计监督制度应当符合下列要求：

（一）记账人员与经济业务事项和会计事项的审批人员、经办人员、财物保管人员的职责权应当明确，并相互分离、相互制约；

（二）重大对外投资、资产处置、资金调度和其他重要经济业务事项的决策和执行的相互监督、相互制约程序应当明确；

（三）财产清查的范围、期限和组织程序应当明确；

（四）对会计资料定期进行内部审计的办法和程序应当明确。

第二十八条　单位负责人应当保证会计机构、会计人员依法履行职责，不得授意、指使、强令会计机构、会计人员违法办理会计事项。

会计机构、会计人员对违反本法和国家统一的会计制度规定的会计事项，有权拒绝办理或者按照职权予以纠正。

第二十九条　会计机构、会计人员发现会计账簿记录与实物、款项及有关资料不相符的，按照国家统一的会计制度的规定有权自行处理的，应当及时处理；无权处理的，应当立即向单位负责人报告，请求查明原因，作出处理。

第三十条　任何单位和个人对违反本法和国家统一的会计制度规定的行为，有权检举。收到检举的部门有权处理的，应当依法按照职责分工及时处理；无权处理的，应当及时移送有权处理的部门处理。收到检举的部门、负责处理的部门应当为检举人保密，不得将检举人姓

名和检举材料转给被检举单位和被检举人个人。

第三十一条 有关法律、行政法规规定，须经注册会计师进行审计的单位，应当向受委托的会计师事务所如实提供会计凭证、会计账簿、财务会计报告和其他会计资料以及有关情况。

任何单位或者个人不得以任何方式要求或者示意注册会计师及其所在的会计师事务所出具不实或者不当的审计报告。

财政部门有权对会计师事务所出具审计报告的程序和内容进行监督。

第三十二条 财政部门对各单位的下列情况实施监督：

(一)是否依法设置会计账簿；

(二)会计凭证、会计账簿、财务会计报告和其他会计资料是否真实、完整；

(三)会计核算是否符合本法和国家统一的会计制度的规定；

(四)从事会计工作的人员是否具备从业资格。

在对前款第(二)项所列事项实施监督，发现重大违法嫌疑时，国务院财政部门及其派出机构可以向与被监督单位有经济业务往来的单位和被监督单位开立账户的金融机构查询有关情况，有关单位和金融机构应当给予支持。

第三十三条 财政、审计、税务、人民银行、证券监管、保险监管等部门应当依照有关法律、行政法规规定的职责，对有关单位的会计资料实施监督检查。

前款所列监督检查部门对有关单位的会计资料依法实施监督检查后，应当出具检查结论。有关监督检查部门已经作出的检查结论能够满足其他监督检查部门履行本部门职责需要的，其他监督检查部门应当加以利用，避免重复查账。

第三十四条 依法对有关单位的会计资料实施监督检查的部门及其工作人员对在监督检查中知悉的国家秘密和商业秘密负有保密义务。

第三十五条 各单位必须依照有关法律、行政法规的规定，接受有关监督检查部门依法实施的监督检查，如实提供会计凭证、会计账簿、财务会计报告和其他会计资料以及有关情况，不得拒绝、隐瞒、谎报。

第五章 会计机构和会计人员

第三十六条 各单位应当根据会计业务的需要，设置会计机构，或者在有关机构中设置会计人员并指定会计主管人员；不具备设置条件的，应当委托经批准设立从事会计代理记账业务的中介机构代理记账。

国有的和国有资产占控股地位或者主导地位的大、中型企业必须设置总会计师。总会计师的任职资格、任免程序、职责权限由国务院规定。

第三十七条 会计机构内部应当建立稽核制度。

出纳人员不得兼任稽核、会计档案保管和收入、支出、费用、债权债务账目的登记工作。

第三十八条 从事会计工作的人员，必须取得会计从业资格证书。

担任单位会计机构负责人(会计主管人员)的，除取得会计从业资格证书外，还应当具备会计师以上专业技术职务资格或者从事会计工作三年以上经历。

会计人员从业资格管理办法由国务院财政部门规定。

第三十九条　会计人员应当遵守职业道德，提高业务素质。对会计人员的教育和培训工作应当加强。

第四十条　因有提供虚假财务会计报告，做假账，隐匿或者故意销毁会计凭证、会计账簿、财务会计报告，贪污，挪用公款，职务侵占等与会计职务有关的违法行为被依法追究刑事责任的人员，不得取得或者重新取得会计从业资格证书。

除前款规定的人员外，因违法违纪行为被吊销会计从业资格证书的人员，自被吊销会计从业资格证书之日起五年内，不得重新取得会计从业资格证书。

第四十一条　会计人员调动工作或者离职，必须与接管人员办清交接手续。

一般会计人员办理交接手续，由会计机构负责人（会计主管人员）监交；会计机构负责人（会计主管人员）办理交接手续，由单位负责人监交，必要时主管单位可以派人会同监交。

第六章　法律责任

第四十二条　违反本法规定，有下列行为之一的，由县级以上人民政府财政部门责令限期改正，可以对单位并处三千元以上五万 元以下的罚款；对其直接负责的主管人员和其他直接责任人，可以处两千元以上二万元以下的罚款；属于国家工作人员的，还应当由其所在单位或者有关单位依法给予行政处分：

（一）不依法设置会计账簿的；

（二）私设会计账簿的；

（三）未按照规定填制、取得原始凭证或者填制、取得的原始凭证不符合规定的；

（四）以未经审核的会计凭证为依据登记会计账簿或者登记会计账簿不符合规定的；

（五）随意变更会计处理方法的；

（六）向不同的会计资料使用者提供的财务会计报告编制依据不一致的；

（七）未按照规定使用会计记录文字或者记账本位币的；

（八）未按照规定保管会计资料，致使会计资料毁损、灭失的；

（九）未按照规定建立并实施单位内部会计监督制度或者拒绝依法实施的监督或者不如实提供有关会计资料及有关情况的；

（十）任用会计人员不符合本法规定的。

有前款所列行为之一，构成犯罪的，依法追究刑事责任。

会计人员有第一款所列行为之一，情节严重的，由县级以上人民政府财政部门吊销会计从业资格证书。

有关法律对第一款所列行为的处罚另有规定的，依照有关法律的规定办理。

第四十三条　伪造、变造会计凭证、会计账簿，编制虚假财务会计报告的，构成犯罪的，依法追究刑事责任。

有前款行为，尚不构成犯罪的，由县级以上人民政府财政部门予以通报，可以对单位并处五千元以上十万元以下的罚款；对其直接负责的主管人员和其他直接责任人员，可以处三千元以上五万元以下的罚款；属于国家工作人员的，还应当由其所在单位或者有关单位依法给予撤职直至开除的行政处分；对其中的会计人员，并由县级以上人民政府财政部门吊销会计从业资格证书。

第四十四条 隐匿或者故意销毁依法应当保存的会计凭证、会计账簿、财务会计报告，构成犯罪的，依法追究刑事责任。

有前款行为，尚不构成犯罪的，由县级以上人民政府财政部门予以通报；可以对单位并处五千元以上十万元以下的罚款；对其直接负责的主管人员和其他直接责任人员，可以处三千元以上五万元以下的罚款；属于国家工作人员的，还应当由其所在单位或者有关单位依法给予撤职直至开除的行政处分；对其中的会计人员，并由县级以上人民政府财政部门吊销会计从业资格证书。

第四十五条 授意、指使、强令会计机构、会计人员及其他人员伪造、变造会计凭证、会计账簿，编制虚假财务会计报告或者隐匿、故意销毁依法应当保存的会计凭证、会计账簿、财务会计报告，构成犯罪的，依法追究刑事责任；尚不构成犯罪的，可以处五千元以上五 万元以下的罚款；属于国家工作人员的，还应当由其所在单位或者有关单位依法给予降级、撤职、开除的行政处分。

第四十六条 单位负责人对依法履行职责、抵制违反本法规定行为的会计人员以降级、撤职、调离工作岗位、解聘或者开除等方式实行打击报复，构成犯罪的，依法追究刑事责任；尚不构成犯罪的，由其所在单位或者有关单位依法给予行政处分。对受打击报复的会计人员，应当恢复其名誉和原有职务、级别。

第四十七条 财政部门及有关行政部门的工作人员在实施监督管理中滥用职权、玩忽职守、徇私舞弊或者泄露国家秘密、商业秘密，构成犯罪的，依法追究刑事责任；尚不构成犯罪的，依法给予行政处分。

第四十八条 违反本法第三十条规定，将检举人姓名和检举材料转给被检举单位和被检举人个人的，由所在单位或者有关单位依法给予行政处分。

第四十九条 违反本法规定，同时违反其他法律规定的，由有关部门在各自职权范围内依法进行处罚。

第七章 附 则

第五十条 本法下列用语的含义：

单位负责人，是指单位法定代表人或者法律、行政法规规定代表单位行使职权的主要负责人。

国家统一的会计制度，是指国务院财政部门根据本法制定的关于会计核算、会计监督、会计机构和会计人员以及会计工作管理的制度。

第五十一条 个体工商户会计管理的具体办法，由国务院财政部门根据本法的原则另行规定。

第五十二条 本法自 2000 年 7 月 1 日起施行。

附录 B
企业会计准则——基本准则

财政部令第 33 号

根据《国务院关于〈企业财务通则〉、〈企业会计准则〉的批复》(国函[1992]178 号)的规定,财政部对《企业会计准则》(财政部令第 5 号)进行了修订。修订后的《企业会计准则——基本准则》已由部务会议讨论通过,现予公布,自 2007 年 1 月 1 日起施行。

部长:金人庆

二〇〇六年二月 15 日

第一章　总　　则

第一条　为了规范企业会计确认、计量和报告行为,保证会计信息质量,根据《中华人民共和国会计法》和其他有关法律、行政法规,制定本准则。

第二条　本准则适用于在中华人民共和国境内设立的企业(包括公司,下同)。

第三条　企业会计准则包括基本准则和具体准则,具体准则的制定应当遵循本准则。

第四条　企业应当编制财务会计报告(又称财务报告,下同)。财务会计报告的目标是向财务会计报告使用者提供与企业财务状况、经营成果和现金流量等有关的会计信息,反映企业管理层受托责任履行情况,有助于财务会计报告使用者作出经济决策,

财务会计报告使用者包括投资者、债权人、政府及其有关部门和社会公众等。

第五条　企业应当对其本身发生的交易或者事项进行会计确认、计量和报告。

第六条　企业会计确认、计量和报告应当以持续经营为前提。

第七条　企业应当划分会计期间,分期结算账目和编制财务会计报告。

会计期间分为年度和中期。中期是指短于一个完整的会计年度的报告期间。

第八条　企业会计应当以货币计量。

第九条　企业应当以权责发生制为基础进行会计确认、计量和报告。

第十条　企业应当按照交易或者事项的经济特征确定会计要素。会计要素包括资产、负债、所有者权益、收入、费用和利润。

第十一条　企业应当采用借贷记账法记账。

第二章 会计信息质量要求

第十二条 企业应当以实际发生的交易或者事项为依据进行会计确认、计量和报告，如实反映符合确认和计量要求的各项会计要素及其他相关信息，保证会计信息真实可靠、内容完整。

第十三条 企业提供的会计信息应当与财务会计报告使用者的经济决策需要相关，有助于财务会计报告使用者对企业过去、现在或者未来的情况作出评价或者预测。

第十四条 企业提供的会计信息应当清晰明了，便于财务会计报告使用者理解和使用。

第十五条 企业提供的会计信息应当具有可比性。

同一企业不同时期发生的相同或者相似的交易或者事项，应当采用一致的会计政策，不得随意变更。确需变更的，应当在附注中说明。

不同企业发生的相同或者相似的交易或者事项，应当采用规定的会计政策，确保会计信息口径一致、相互可比，

第十六条 企业应当按照交易或者事项的经济实质进行会计确认、计量和报告，不应仅以交易或者事项的法律形式为依据。

第十七条 企业提供的会计信息应当反映与企业财务状况、经营成果和现金流量等有关的所有重要交易或者事项。

第十八条 企业对交易或者事项进行会计确认、计量和报告应当保持应有的谨慎，不应高估资产或者收益、低估负债或者费用。

第十九条 企业对于已经发生的交易或者事项，应当及时进行会计确认、计量和报告，不得提前或者延后。

第三章 资　　产

第二十条 资产是指企业过去的交易或者事项形成的、由企业拥有或者控制的、预期会给企业带来经济利益的资源。

前款所指的企业过去的交易或者事项包括购买、生产、建造行为或其他交易或者事项。预期在未来发生的交易或者事项不形成资产。

由企业拥有或者控制，是指企业享有某项资源的所有权，或者虽然不享有某项资源的所有权，但该资源能被企业所控制。

预期会给企业带来经济利益，是指直接或者间接导致现金和现金等价物流入企业的潜力。

第二十一条 符合本准则第二十条规定的资产定义的资源，在同时满足以下条件时，确认为资产：

（一）与该资源有关的经济利益很可能流入企业；

（二）该资源的成本或者价值能够可靠地计量。

第二十二条 符合资产定义和资产确认条件的项目，应当列入资产负债表；符合资产定义、但不符合资产确认条件的项目，不应当列入资产负债表。

第四章　负　　债

第二十三条　负债是指企业过去的交易或者事项形成的、预期会导致经济利益流出企业的现时义务。

现时义务是指企业在现行条件下已承担的义务。未来发生的交易或者事项形成的义务，不属于现时义务，不应当确认为负债。

第二十四条　符合本准则第二十三条规定的负债定义的义务，在同时满足以下条件时，确认为负债：

（一）与该义务有关的经济利益很可能流出企业；

（二）未来流出的经济利益的金额能够可靠地计量。

第二十五条　符合负债定义和负债确认条件的项目，应当列入资产负债表；符合负债定义，但不符合负债确认条件的项目，不应当列入资产负债表。

第五章　所有者权益

第二十六条　所有者权益是指企业资产扣除负债后由所有者享有的剩余权益。

公司的所有者权益又称为股东权益。

第二十七条　所有者权益的来源包括所有者投入的资本、直接计入所有者权益的利得和损失、留存收益等。

直接计入所有者权益的利得和损失，是指不应计入当期损益、会导致所有者权益发生增减变动的、与所有者投入资本或者向所有者分配利润无关的利得或者损失。

利得是指由企业非日常活动所形成的、会导致所有者权益增加的、与所有者投入资本无关的经济利益的流入。

损失是指由企业非日常活动所发生的、会导致所有者权益减少的、与向所有者分配利润无关的经济利益的流出。

第二十八条　所有者权益金额取决于资产和负债的计量。

第二十九条　所有者权益项目应当列入资产负债表。

第六章　收　　入

第三十条　收入是指企业在日常活动中形成的、会导致所有者权益增加的、与所有者投入资本无关的经济利益的总流入。

第三十一条　收入只有在经济利益很可能流入从而导致企业资产增加或者负债减少、且经济利益的流入额能够可靠计量时才能予以确认。

第三十二条　符合收入定义和收入确认条件的项目，应当列入利润表。

第七章　费　　用

第三十三条　费用是指企业在日常活动中发生的、会导致所有者权益减少的、与向所有者分配利润无关的经济利益的总流出。

第三十四条　费用只有在经济利益很可能流出从而导致企业资产减少或者负债增加、且经济利益的流出额能够可靠计量时才能予以确认。

第三十五条　企业为生产产品、提供劳务等发生的可归属于产品成本、劳务成本等的费用,应当在确认产品销售收入、劳务收入等时,将已销售产品、已提供劳务的成本等计入当期损益。

企业发生的支出不产生经济利益的,或者即使能够产生经济利益但不符合或者不再符合资产确认条件的,应当在发生时确认为费用,计入当期损益。

企业发生的交易或者事项导致其承担了一项负债而又不确认为一项资产的,应当在发生时确认为费用,计入当期损益。

第三十六条　符合费用定义和费用确认条件的项目,应当列入利润表。

第八章　利　　润

第三十七条　利润是指企业在一定会计期间的经营成果,利润包括收入减去费用后的净额、直接计入当期利润的利得和损失等。

第三十八条　直接计入当期利润的利得和损失,是指应当计入当期损益、会导致所有者权益发生增减变动的、与所有者投入资本或者向所有者分配利润无关的利得或者损失。

第三十九条　利润金额取决于收入和费用、直接计入当期利润的利得和损失金额的计量。

第四十条　利润项目应当列入利润表。

第九章　会计计量

第四十一条　企业在将符合确认条件的会计要素登记入账并列报于会计报表及其附注(又称财务报表,下同)时,应当按照规定的会计计量属性进行计量,确定其金额。

第四十二条　会计计量属性主要包括:

(一)历史成本。在历史成本计量下,资产按照购置时支付的现金或者现金等价物的金额,或者按照购置资产时所付出的对价的公允价值计量。负债按照因承担现时义务而实际收到的款项或者资产的金额,或者承担现时义务的合同金额,或者按照日常活动中为偿还负债预期需要支付的现金或者现金等价物的金额计量。

(二)重置成本。在重置成本计量下,资产按照现在购买相同或者相似资产所需支付的现金或者现金等价物的金额计量。负债按照现在偿付该项债务所需支付的现金或者现金等价物的金额计量。

(三)可变现净值。在可变现净值计量下,资产按照其正常对外销售所能收到现金或者现金等价物的金额扣减该资产至完工时估计将要发生的成本、估计的销售费用以及相关税费后的金额计量。

(四)现值。在现值计量下,资产按照预计从其持续使用和最终处置中所产生的未来净现金流入量的折现金额计量。负债按照预计期限内需要偿还的未来净现金流出量的折现金额计量。

(五)公允价值。在公允价值计量下,资产和负债按照在公平交易中,熟悉情况的交易双方自愿进行资产交换或者债务清偿的金额计量。

第四十三条　企业在对会计要素进行计量时,一般应当采用历史成本,采用重置成本、可变现净值、现值、公允价值计量的,应当保证所确定的会计要素金额能够取得并可靠计量。

第十章　财务会计报告

第四十四条　财务会计报告是指企业对外提供的反映企业某一特定日期的财务状况和某一会计期间的经营成果、现金流量等会计信息的文件。

财务会计报告包括会计报表及其附注和其他应当在财务会计报告中披露的相关信息和资料。会计报表至少应当包括资产负债表、利润表、现金流量表等报表。

小企业编制的会计报表可以不包括现金流量表。

第四十五条　资产负债表是指反映企业在某一特定日期的财务状况的会计报表。

第四十六条　利润表是指反映企业在一定会计期间的经营成果的会计报表。

第四十七条　现金流量表是指反映企业在一定会计期间的现金和现金等价物流入和流出的会计报表。

第四十八条　附注是指对在会计报表中列示项目所作的进一步说明,以及对未能在这些报表中列示项目的说明等。

第十一章　附　　则

第四十九条　本准则由财政部负责解释。

第五十条　本准则自 2007 年 1 月 1 起施行。

参考文献

[1] 詹二妹,巫卫．会计模拟实验教[M]．北京:北京大学出版社,2006.

[2] 徐恒山．会计岗位实训[M]．北京:中国金融出版社,2006.

[3] 李继斌,方树栋．会计学原理[M]．北京:科学出版社,2007.

[4] 会计从业资格考试辅导教材编审组．会计基础[J]．北京:经济科学出版社,2008.

[5] 吴国萍．基础会计学[M]．上海:上海财经大学出版社,2006.

[6] 中华人民共和国财政部．企业会计准则[M]．北京:经济科学出版社,2006.

[7] 杜兴强,章永奎．财务会计理论[M]．厦门:厦门大学出版社,2005.

[8] 葛家澍．财务会计研究[M]．厦门:厦门大学出版社,2006.

[9] 葛军,李文杰．会计学原理实训[M]．北京:高等教育出版社,2006.

[10] 国际会计准则委员会．国际会计准则 2002[M]．北京:中国财政经济出版社,2004.

[11] 李海波．新编会计学原理[M]．上海:立信会计出版社,2006.

[12] 美国财务会计准则委员会美国财务会计准则(第 1 – 137 号)[M]．王世定,李海军,译．北京:经济科学出版社,2002.

[13] 美国证券交易委员会．对美国财务报告采用以原则为基础的会计体系的研究[M]．财政部会计司,译．北京:中国财政经济出版社,2003.

[14] 企业会计准则委员会．企业会计准则——应用指南[M]．上海:立信会计出版社,2006.

[15] 张劲松,谭旭红．基础会计学[M]．北京:科学出版社,2007.

[16] 吴鑫奇,徐洪波．基础会计模拟实训[M]．北京:中国经工业出版社,2006.

[17] 汪祥耀．英国会计准则研究与比较[M]．上海:立信会计出版社,2002.

[18] 朱小平．基础会计学[M]．北京:中国人民大学出版社,2003.

[19] 王俊生．基础会计学[M]．北京:中国财政经济出版社,2004.

[20] 中国注册会计师协会．会计[M]．北京:中国财政经济出版社,2004.

[21] 刘永泽,陈文铭．会计学[M]．大连:东北财经大学出版社,2012.

[22] 则政部会计编写组．企业会计准则讲解 2008[M]．北京:人民出版社,2008.